目次　事業承継インデックス

JN248254

introduction

事業承継の考え方

事業承継の意義

　事業承継は、事業を現世代から次世代へ承継するために必要な、経営の承継と株式等の事業資産の承継から構成される。

　事業承継を成功させることは、日本経済にとって重要な課題である。一方で、日本の相続税の負担は重く、それゆえに、事業承継の関心が株式等の事業資産の承継に係る税負担に傾きがちで、経営承継への取組がおざなりになってしまっているケースも少なくない。

　事業承継を進めるに際しては、資産承継のみならず、経営承継もあわせた両輪をうまく回していく視点が重要である。

事業承継の変遷

　一昔前は、現世代の事業を当たり前に子が承継するケースが大半であったため、その子への資産承継に係る税負担を検討することが事業承継の中心的な課題であった。

　しかし、現代では相続人の権利や価値観は変化し、また、少子高齢化と人口減少によって右肩上がりの経済が継続する保証もない。したがって、親族内承継の場合でも、承継しない子が相当の分け前を要求したり、後継者と目していた子が承継を拒否するケースも増えている。また、経営の難易度が高まっているため、安易に子に承継するのではなく、親族外へ事業承継をするケースも増えている。

　現代の事業承継においては、従来からの固定観念で事業承継を進めるのではなく、あらゆるベクトルで検討を進めることが望ましい。

〈少子高齢化とGDP成長の停滞〉

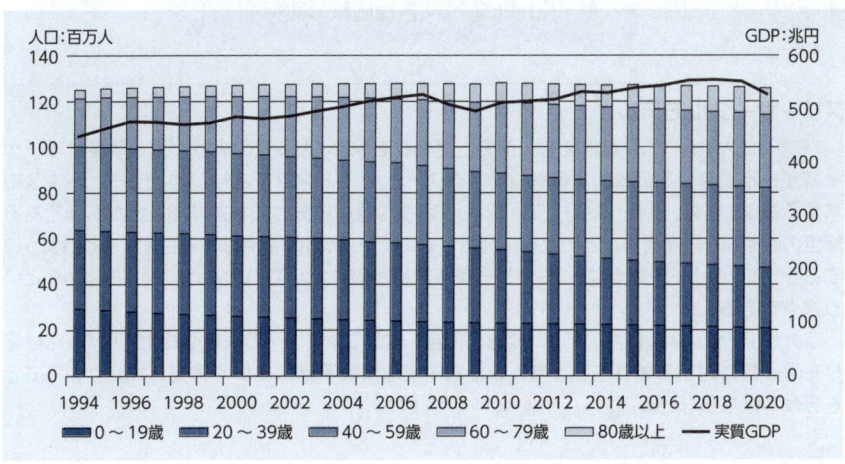

事業承継の検討フロー

　事業承継は、経営承継の現状分析から検討を始める。まずは、後継者候補がいるかどうかから検討をする。後継者候補がいる場合は、自社と外部の経営環境を踏まえて、後継者候補に事業承継をすべきかどうかを検討し、後継者候補が現時点でいない場合には、中長期で後継者候補を育てる仕組みを作るのか、外部の人材又は他社に事業を任せるのかを検討することになる。

　次に、経営承継の現状分析の内容に応じて、株式等の資産承継の現状分析を行い、あるべき姿を目指すための経営承継と資産承継の計画策定を行っていく。そして、策定した計画の内容を都度修正しながら実行していく。

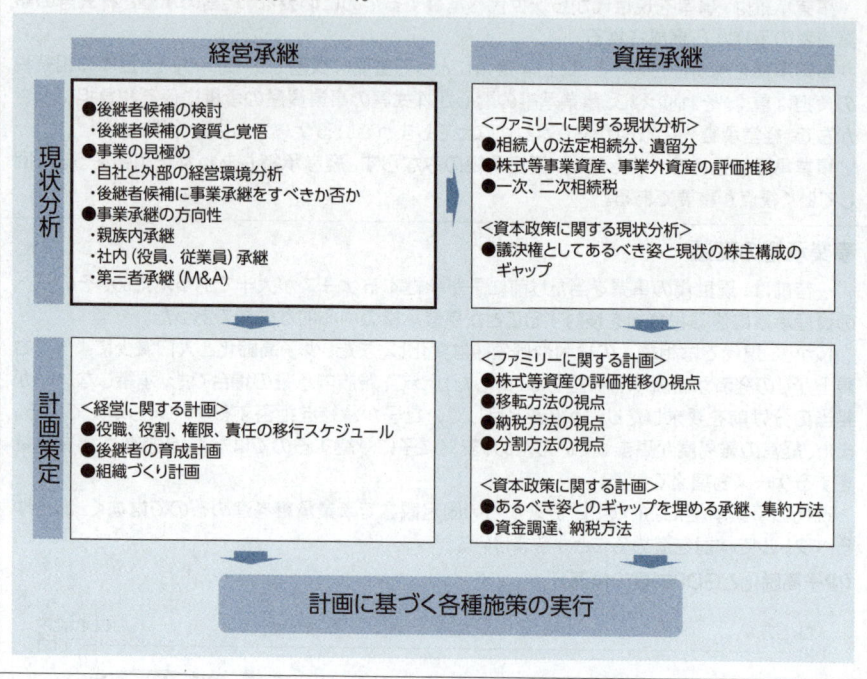

スリーサークルモデル

　パブリックカンパニーと言える一部の上場会社を除き、大多数の会社が営む事業はオーナー家が一定割合以上の株式を保有しているファミリービジネスであり、ファミリービジネスの事業承継は、経営、所有（株主）、ファミリーの3つの視点に分けて検討することが有効である。経営の視点は、経営を誰がどのように経営していくか、所有の視点は、株主構成をどのようにするか、ファミリーの視点は、ファミリーが経営や所有においてどのように関与するか、という視点である。

　ファミリービジネスにおいては、経営に関与しないファミリーの一員や株主ではないファミリーの一員に対する処遇をどう考えるかも円滑な事業承継において重要な場合があることを忘れてはならない。

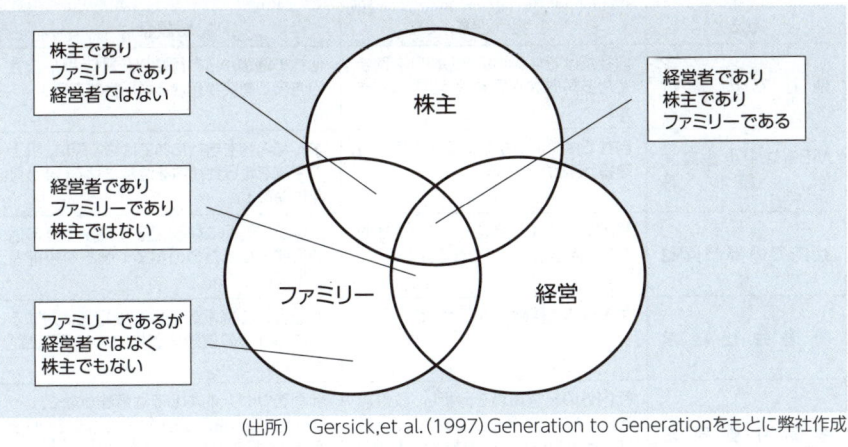

Introduction

課題と対応

相続税・贈与税

民　法

M&A

株式評価

法人税

株式上場

会社法

医業承継

巻末資料

(出所)　Gersick,et al.(1997) Generation to Generationをもとに弊社作成

経営の視点

(1)　経営環境の把握

　経営承継の選択肢を検討するための自社と外部の経営環境分析として、次のような方法がある。過去から現在までにマクロ環境とミクロ環境がどのように変化し、自社がどう経営してきたかを理解する。次に今後のマクロ環境とミクロ環境の変化を想定し、自社がどうあるべきかを検討するという方法である。

〈経営分析のフレームワーク例〉

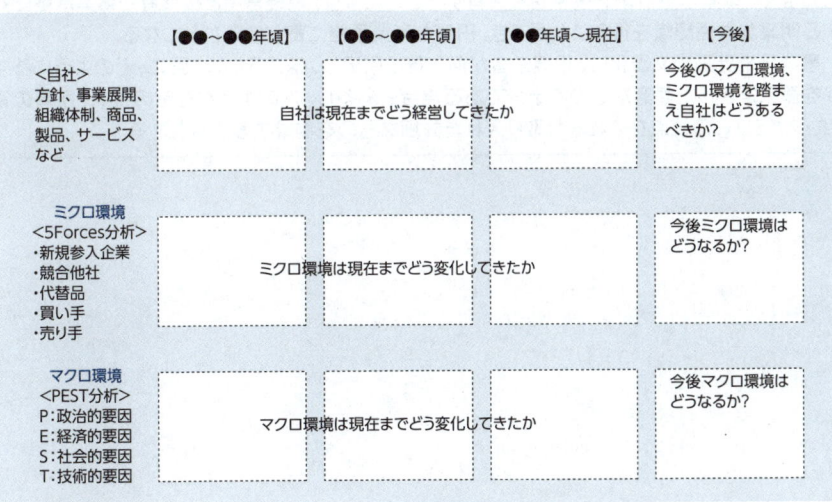

(2)　後継者育成

　後継者として育成すべき要素として、考え方（価値観）、能力、経験が挙げられる。中には創業社長のように、自らこれらの要素を備え成長していく後継者もいるが、そのような成長を後継者に期待し黙って待つのではなく、後継者育成は現経営者の重要な経営事項であることを認識しなければならい。

　後継者育成の方法として、例えば次の方法が実施されている。

方法	狙う効果	留意点
他社での修行	自社だけでなく他社での経験を踏まえた多角的な視野を養うことができる。	他社の経験からの行動や発言により、自社の内部で衝突が起きる可能性がある。
MBAや中小企業大学校等	自社では身につかない知識や考え方を養うことができる。	学んだ内容を自社にあてはめる際に、机上の空論を走らせ社内を混乱させてしまう可能性がある。
社内での部門異動	特定の分野に偏ることなく、全社的な視野を養うことができる。	経験が広範囲になる反面、社内外からの信頼を勝ち取るための実績や強みを後継者が獲得しにくい。
関連会社経営	生の経営を経験することができる。	関連会社の経営の失敗が後継者に対する社内外からの信頼失墜につながることがある。
事業計画策定	社内外の経営環境を分析し、改善点を洗い出し、計画を立て実行し、見直すことを繰り返す中で経営力を養うことができる。	計画をつくりっぱなしでは意味がなく、しっかりと見直し修正していくところまでやりきることで経営力が養われる。
経営会議	現経営者や幹部と経営に関する議論を重ねる中で、経営力を養うことができる。	後継者のまだ狭い視野からの発言により現経営陣と衝突が起きる可能性がある。

(3) 事業承継計画

　経営承継の計画は現経営者の頭の中だけにあることが多い。しかし、経営承継を含む事業承継計画を文書化すると、目指す姿と現状のギャップが明確になり、取り組むべき課題が明確になる。事業承継計画を後継者と共有することにより、現経営者と後継者が事業承継に対する明確な共通認識を得ることができ、円滑な事業承継に寄与することになる。

　事業承継計画の文書化は、現経営者が何年後に引退し、株式をいつ、誰に、どのように移すかを箇条書きした簡素なもので十分である場合もあるし、次のような経営の視点、所有の視点、ファミリーの視点をそれぞれ取り入れた詳細なものを作成する場合もある。

〈中小企業庁「経営者のための事業承継マニュアル」掲載の事業承継計画例〉

社名	中小株式会社	後継者	親族内 ・ 親族外

基本方針
①中小太郎から、長男一郎への親族内承継。
②5年目に社長交代。(代表権を一郎に譲り、太郎は会長へ就任し、10年目には完全に引退)
③10年間のアドバイザーを弁護士と税理士に依頼

項目		現在	1年目	2年目	3年目	4年目	5年目	6年目	7年目	8年目	9年目	10年目
事業計画	売上高	8億円					9億円					12億円
	経営利益	3千万円					3千5百万円					5千万円
会社	定款・株式・その他		相続人に対する売渡請求の導入							親族保有株式を配当優先無議決権株式化		
現経営者	年齢	60歳	61歳	62歳	63歳	64歳	65歳	66歳	67歳	68歳	69歳	70歳
	役職	社長 →					会長 →			相談役 →		引退
	関係者の理解	家族会議	社内へ計画発表		取引先・金融機関に紹介		役員の刷新					
	後継者教育	後継者とコミュニケーションをとり、経営理念、ノウハウ、ネットワーク等の自社の強みを承継 →										
	株式・財産の分配						公正証書遺言の作成					
	持株(%)	70%	65%	60%	55%	50%	0%	0%	0%	0%	0%	0%
		毎年贈与(暦年課税制度) →					事業承継税制					
後継者	年齢	33歳	34歳	35歳	36歳	37歳	38歳	39歳	40歳	41歳	42歳	43歳
	役職		取締役 →		専務 →		社長 →					
	後継者教育 社内	工場	営業部門		本社管理部門							
		経営者とコミュニケーションをとり、経営理念、ノウハウ、ネットワーク等の自社の強みを承継 →										
	後継者教育 社外	外部の研修受講	経営革新塾		→							
	持株(%)	0%	5%	10%	15%	20%	70%	70%	70%	70%	70%	70%
		毎年贈与(暦年課税制度) →					事業承継税制	納税猶予 →				
補足		・5年目の贈与時に事業承継税制の活用を検討。 ・遺留分に配慮して遺言書を作成(配偶者へは自宅不動産と現預金、次男、長女へは現預金を配分)。 ・一部以外の株主(次男・長女)の保有株式を配当優先株式化することで均衡を図る。										

〈弊社作成の事業承継計画例〉

事業承継計画			2021	2022	2023	2024
			1年目	2年目	3年目	4年目
現経営者		年　齢	61	62	63	64
		役　職	代表取締役社長	代表取締役社長	代表取締役社長	代表取締役社長
後継者		年　齢	36	37	38	39
		役　職	課長(営業担当)	課長(財務担当)	部長(財務担当)	取締役営業部長
経営	業績	売上高	10億円	11億円	12億円	13億円
		経常利益	1億円	0.5億円	1億円	1億円
	ビジョン		事業、グループの在り方を見直しつつ、海外売上比率を9%から15%へ引き上げる。			
	施　策		後継者を中心に海外売上比率15%とする施策検討	赤字事業子会社の整理	人事制度、組織の見直し	後継者を中心に新規事業立上げ
株主	株式割合	現経営者	80%	100%	100%	100%
		後継者	—	—	—	—
		その他	20%	—	—	—
	施　策		特例承継計画提出	その他株主からの株式集約		
家族	施　策		財産目録の作成と相続税試算	遺産分割案の検討	遺言	ファミリー憲章作成

2025	2026	2027	2028	2029	2030
5年目	6年目	7年目	8年目	9年目	10年目
65	66	67	68	69	70
代表取締役社長	代表取締役会長	取締役会長	取締役会長	相談役	退任
40	41	42	43	44	45
専務取締役	代表取締役社長	代表取締役社長	代表取締役社長	代表取締役社長	代表取締役社長
13億円	13億円	14億円	15億円	15億円	15億円
1.5億円	1.5億円	0.5億円	2億円	2億円	2億円
新規事業を売上1億円、経常利益0.1億円に育てる。		既存事業65%、海外事業20%、新規事業15%の比率を目指し、確固たる3本柱としてそれぞれ成長を続ける。			
		工場移転完了			
100%	100%	―	―	―	―
―	―	100%	100%	100%	100%
―	―	―	―	―	―
		事業承継税制により株式贈与		財務安定を考え退職金は支給なし	

所有（株主）の視点

(1) ギャップの把握

将来あるべき株主構成と現状のギャップを把握し、ギャップを埋める（株式の移転、集約）ための方策とコストを把握する。

議　決　権	会社法上の議決権割合に応じた株主権限を考慮し、経営の安定の観点から後継者が保有するべき議決権割合を検討する。 議決権割合に応じた株主の権利…179頁参照
株　価　推　移	今後の事業計画を踏まえ、株価がどう変化していくかをシミュレーションする。
コ　ス　ト	ギャップを埋めるための手法はどのような手法があり、各手法による対価と税、負担者を把握する。

(2) 経営と株式の承継タイミング

経営の承継タイミングと株式の承継タイミングは、必ずしも一致させる必要はないが、下記に留意する必要がある。なお、株式承継を先行させる場合において、属人的株式や種類株式を活用し、現経営者に支配権を維持することで下記リスクを抑制する選択肢がある。

経営承継を先行させる場合	株式承継が行われるまで蓄積される利益により株価及び税コストが増大するリスク
株式承継を先行させる場合	後継者が経営上の判断において暴走した場合、抑止できなくなるリスク

属人的株式、種類株式…181頁参照

(3) 事業計画と株価推移

業績によって株価は変化することになるが、下記のようなケースでは株価算定の仕組み自体が変化したり、赤字なのに株価が高騰する可能性があることに留意する。したがって、自社が今後どう変化するかを踏まえて株式承継計画を検討することが重要である。

状況（例）	変化（例）	参照頁
売上、資産、従業員数の変化	株価を構成する類似業種比準価額と純資産価額の割合が変化することがある。	114
業績悪化	支払配当なし、かつ、赤字の状況が2～3期継続すると株価計算における類似業種比準価額の構成割合が低下し、業績とは逆に株価が上昇することがある。	115
グループ資本関係	グループの資本関係の変化により、各グループ会社の株価が変化することがある。	117
ホールディングス化（株式交換・株式移転、現物出資）	株式交換や株式移転、現物出資により、資本金等の額が大幅に上昇し、少数株主の配当還元株価が大きく上昇し、持株会の運営に支障をきたすことがある。	118、119
合併、分割	合併や分割を行った会社は一定期間、類似業種比準価額による株価計算の適用について制限を受けることになる。	117、118
海外子会社	海外子会社の株価が増大していく場合には、日本親会社は株式等保有特定会社に該当することがある。 また、日本親会社の株価のうち、海外子会社の株式の価値から構成される部分は、事業承継税制において納税猶予あるいは免除されないことに留意する必要がある。	57、120

(4) 少数株主

少数株主は議決権上、会社経営に与える影響は大きくないが、放置すると各株主の相続によるさらなる分散、所在不明、買取りの要望等、様々な管理コストが増大していく可能性がある。また、現経営者は各少数株主と株式に関する対話をすることができるが、後継者は各少数株主と面識がなく対話することが困難であるケースがある。

諸々の事情を踏まえ、将来的に少数株主に株式を保有継続してもらうことが望ましいのか、集約すべきなのかを検討する必要がある。

株式の集約方法…14頁参照

ファミリーの視点

(1) 税の観点に囚われすぎない

家系図、前述のスリーサークル、財産目録を作成し、どのように承継したいかという現経営者の思いを整理する。その思いを実現するためにかかる税を含めたコストを把握した上で、財産の分割方針や各人を会社に関与させていくかどうかを検討していく。

財産の分割においては、後継者の税コストに注目することが多いが、現経営者が今後不安なく幸せに生活するための観点や他の相続人の不満や公平感、遺留分の観点をおろそかにしてしまうと、ファミリーの良い関係に悪影響を及ぼすリスクが生じることに留意する必要がある。遺留分について争いとなる場合には、後継者は株式承継に係る税負担より多額の負担を強いられる可能性もある。

遺留分…80頁参照

(2) ファミリー憲章

代々繁栄を継続しているファミリーでは、家訓やファミリー憲章といわれる、ファミリーが守っていく文書化された価値観を継承していることがある。例えば、三井家にも文書化されたファミリー憲章がある。

経営の承継では理念の継承は最重要事項であるが、ファミリーの視点でどうあるべきかを継承することが、人間力の高い優秀な後継者を輩出することやファミリー間における争いを回避する観点から重要な役割を果たすことがある。

(参考) 三井家「宗竺遺書」

- 一、同族の範囲を拡大してはいけない。同族を無制限に拡大すると必ず騒乱が起こる。同族の範囲は本家・連家と限定する。(ファミリーの視点)
- 一、結婚、負債、債務の保証等については必ず同族の協議を経て行わねばならぬ。(ファミリーの視点)
- 一、毎年の収入の一定額を積立金とし、その残りを同族各家に定率に応じて配分する。(所有の視点)
- 一、人は終生働かねばならぬ。理由なくして隠居し、安逸を貪ってはならぬ。(ファミリーの視点)
- 一、大名貸しをしてはならぬ。その回収は困難で、腐れ縁を結んでだんだん深くなると沈没する破目に陥る。やむを得ぬ場合は小額を貸すべし、回収は期待しない方が良い。(経営の視点)
- 一、商売には見切りが大切であって、一時の損失はあっても他日の大損失を招くよりは、ましである。(経営の視点)
- 一、他人を率いる者は業務に精通しなければならぬ。そのためには同族の子弟は丁稚小僧の仕事から見習わせて、習熟するように教育しなければならぬ。(ファミリーの視点)

(三井広報委員会ホームページより一部弊社にて加筆)

事業承継における株価の考え方

目的別の株価

事業承継の各局面において登場する株価は、大きく分けると下表の3通りあり、目的に従った使い分けが必要である。

	目的	算出方法	参照頁
①	相続・贈与を行う場合において、税額算定するための株価	・相続税法上の株価	112
②	株式の売買取引を行う場合において、税務上問題とならない金額を把握するための株価	・相続税法上の株価 ・所得税法、法人税法上の株価	112
③	第三者へ株式を売却する、あるいは、第三者として株式を買い取る場合において、どの程度の株価レンジであれば合理的な取引であるか把握するための株価	・DCF法 ・類似会社比較法 ・時価純資産法 ・その他（注）	120

（注）　中小企業の場合、合理的な事業計画がなかったり、類似会社の選定が困難なため第三者へ株式を売却する際の評価方法として、時価純資産にのれん代を加味した評価方法を用いることがある。中小企業庁「経営者のための事業承継マニュアル」では、時価純資産に経常利益の2年分をのれん代として加味する例が掲載されている。実務上は、のれん代の評価として経常利益だけではなく、営業利益やその他の指標を用いたり、2年分から5年分程度の範囲で評価して株価レンジを検討している。

第三者間取引

上記③の第三者間取引においては、取引価額が上記②と異なっているからといって、ただちに税務上問題とされるわけではない。国税当局者が執筆している「法人税基本通達逐条解説十訂版（税務研究会出版局）9-1-14の解説」では、「純然たる第三者間において種々の経済性を考慮して定められた取引価額は、たとえ上記したところと異なる価額であっても、一般的に合理的なものとして是認されることとなろう。」とされている。

【参考】中小企業庁による事業承継支援策（令和3年4月現在）

①税制
　・事業承継税制
　　非上場株式等にかかる贈与税・相続税を猶予・免除する制度。平成30年度税制改正より創設された法人版事業承継税制の特例措置では、100％猶予・免除することが可能（57頁参照）。
　・経営資源集約化税制
　　M&Aによって生産性向上等を目指す計画の認定を受けた中小企業者が、計画に基づくM&Aを実施した場合に、投資額の最大70％まで中小企業事業再編投資損失準備金として損金算入（153頁参照）。
②金融支援
　・経営承継円滑化法による金融支援
　　事業承継に伴い必要となる資金の調達を支援する制度。自社株式等にかかる相続税等の納税資金やM&A時の株式の買取資金、創業希望者の資金需要にも対応（29頁参照）。
　・事業承継時の経営者保証解除

事業承継時における経営者保証の二重徴収を原則禁止する「経営者保証に関するガイドラインの特則」や、経営者保証を不要とする「事業承継特別保証制度」・「経営承継借換関連保証」を整備（29頁参照）。

③予算措置

・事業承継・引継ぎ支援センター

　　各都道府県において事業承継・引継ぎ支援センターを設置。専門相談員による経営改善・事業承継に係る相談対応、M&Aのマッチング支援等も行う。

・事業承継・引継ぎ補助金

　　経営者交代やM&A後に設備投資・販路開拓等の新たな取組みを実施した場合における費用や、M&A時の仲介手数料、DD費用等の専門家活用費を最大2/3（補助上限400万円等）まで補助。

・事業再構築補助金

　　コロナ禍における新分野展開や業態転換、事業再編等を通じた規模の拡大等を目指す中小企業等に対して最大2/3（補助上限6千万円等）まで補助。

④その他支援施策

・民法特例

　　遺留分による紛争を防止するため、贈与した自社株式等を遺留分の対象外とする合意（除外合意）や価額を固定する合意（固定合意）を行うことができる制度（84頁参照）。

・会社法特例

　　所在不明株主の株式を買取等する会社法上の手続に必要となる期間が5年から1年に短縮できる制度。令和3年6月、経営承継円滑化法の改正により創設され、同年8月2日に施行（16頁参照）。

Introduction

課題と対応

相続税・贈与税

民法

M&A

株式評価

法人税

株式上場

会社法

医業承継

巻末資料

課題と対応

株式の承継方法

内　容				関連法令等
株式の承継方法ごとの主な特徴 　先代経営者から後継者に対する非上場株式の承継方法には主に(1)相続(2)贈与(3)譲渡(売買)の3つがある。				措法70の7の2〜70の7の4 措法70の7の6〜70の7の8 措法70の7、70の7の5 相法21の9 措法39 措法9の7

<table>
<tr><th></th><th>相続</th><th>贈与</th><th>譲渡（売買）</th></tr>
<tr><td>承 継 時 期</td><td>選択できない</td><td>選択できる</td><td>選択できる</td></tr>
<tr><td>後 　 継 　 者</td><td>選択できない
（遺言により選択可）</td><td>選択できる</td><td>選択できる</td></tr>
<tr><td>株 式 評 価</td><td>相続時の相続税評価額</td><td>贈与時の相続税評価額</td><td>譲渡時の時価</td></tr>
<tr><td>先代経営者の課税関係</td><td>なし</td><td>なし</td><td>譲渡益に譲渡所得税課税
（税率は20.315%）</td></tr>
<tr><td>後継者の課税関係</td><td>相続税課税</td><td>贈与税課税</td><td>なし</td></tr>
<tr><td>先代経営者の財産</td><td>株式（相続まで株価が確定しない）</td><td>贈与により財産が減少する</td><td>株式が金銭に換わる</td></tr>
<tr><td>課 　 　 題</td><td>相続税の納税資金確保、遺産分割協議の成立（遺言があれば不要）</td><td>贈与税の納税資金確保</td><td>購入資金の調達</td></tr>
<tr><td>実 行 可 能 性</td><td>－</td><td>先代経営者(贈与者)と後継者(受贈者)に意思能力がないと実行不可</td><td>先代経営者(譲渡者)と後継者(譲受者)に意思能力がないと実行不可</td></tr>
<tr><td>活用できる税制</td><td>・非上場株式等についての相続税の納税猶予（事業承継税制）(57頁)</td><td>・非上場株式等についての贈与税の納税猶予（事業承継税制）(57頁)
・相続時精算課税制度(55頁)</td><td>※相続により取得した株式を、相続開始日の翌日から3年10カ月以内に譲渡した場合(47頁)
・相続財産に係る譲渡所得の特例（取得費加算の特例）
・みなし配当課税不適用の特例</td></tr>
</table>

Introduction
課題と対応
相続税・贈与税
民法
M&A
株式評価
法人税
株式上場
会社法
医業承継
巻末資料

持株会社を使った承継

法法23

　後継者が会社（持株会社）を設立し、先代経営者を含む株主がその持株会社に事業会社の株式を譲渡する方法

＜持株会社に株式を譲渡する場合の流れ＞

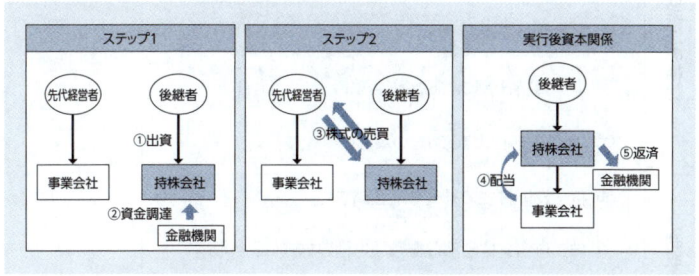

【主なメリットデメリット】

	メリット	デメリット
先代経営者	・株式を現金化できる ・株式が現金になるため遺産分割がし易くなる	・株式譲渡益に対して税負担が発生する ・株式売却代金は相続税の対象となる
後継者・会社	・自社株式が現金化され、株価上昇の局面でも株価変動の影響を受けない ・事業会社の信用力による承継のための資金調達が可能	・持株会社で資金調達が必要 ・持株会社の維持コスト（地方税や税理士費用等）や事務負担が増加

株式の分散

会社127～145、155～165、171～173の2、174～177、179～179の10、180～182の6

　株式が分散している場合、会社や株主に様々なリスクが考えられることから将来のリスクを軽減するためにもコントロール可能な範囲に集約することが望ましい。

【株式が分散している場合の主なリスク】

運営リスク（会社）	議決権確保が困難（179頁参照）
	株主総会等の事務コスト増
経済的リスク（会社）	株主からの高額な買取請求
	株価上昇時の株式集約コスト増
経済的リスク（株主）	同族株主の相続税負担

(1) 株式の集約方法

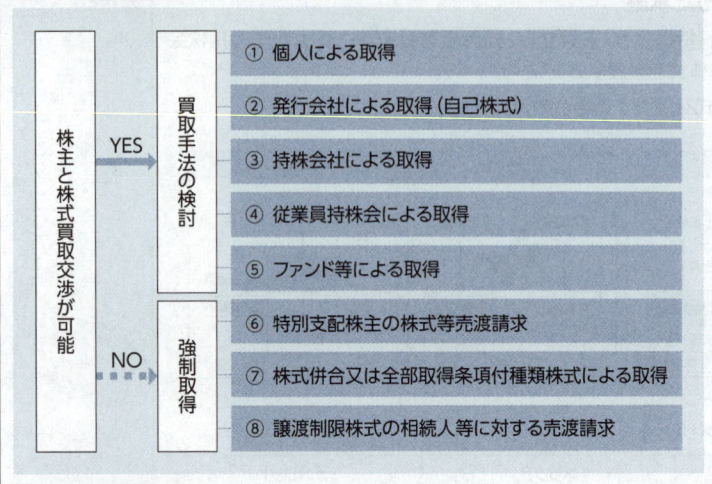

```
                              ① 個人による取得
                              ② 発行会社による取得（自己株式）
株主と株式買取交渉が可能  YES  買取手法の検討  ③ 持株会社による取得
                              ④ 従業員持株会による取得
                              ⑤ ファンド等による取得
                    NO   強制取得  ⑥ 特別支配株主の株式等売渡請求
                              ⑦ 株式併合又は全部取得条項付種類株式による取得
                              ⑧ 譲渡制限株式の相続人等に対する売渡請求
```

(2) 集約方法の検討

①個人による取得

メリット	・個人（経営者等）の信用を活かし円滑に買い取ることができる
課　題	・個人の資金負担が発生する ・取得した株式は、将来の相続財産となり株価上昇時には、多額の相続税が課される可能性がある
対　応	・個人で買取資金の融資を受け、会社からの給与や配当等により返済を行う

②発行会社による取得（自己株式）

所法25、措法9の7

メリット	・個人の資金調達が不要
課　題	・発行会社の資金が流出するため、財務基盤に影響がある ・売り手側はみなし配当が発生し配当所得（総合課税）として最大約50%の税率で課税されるため手取額が少なくなる傾向にある
対　応	・計画的に買取資金を社内に留保させ、財務基盤への影響を抑える ・相続等により財産を取得して相続税を課された者が相続開始日の翌日から3年10カ月以内に、その取得した株式を発行会社に譲渡した場合は、みなし配当は生じず譲渡所得となる（47頁参照）

③持株会社による取得

メリット	・個人の資金調達が不要
課　題	・持株会社で株式買取資金の調達をする必要がある
対　応	・資金調達にあたり返済原資を事業会社からの配当により行う場合は、今後の設備投資計画なども考慮し返済が可能な範囲で資金調達をする ・持株会社独自で返済原資を捻出する場合は、賃貸不動産等の所有や金融統括機関としてグループ内の資金調整役にするなど収入を生む機能を持たせる

④従業員持株会による取得

メリット	・継続した配当により従業員の財産形成に役立つ ・従業員持株会の中で規約を作成し株式を保有するため、株式が分散するリスクがない ・第三者による買取であるため、同族内での資金調達が不要 ・相続財産が増加しない
課　題	・従業員の同意が前提となる ・従業員への説明や従業員持株会として機能させるため規約などの事務手続がある事から一般的に専門家への依頼が必要になる ・退職者の増加や新規加入者減少などにより持株会が破綻した場合、破綻時の加入者個人が株式を保有することになるため、再度集約の問題が発生する ・継続した配当のために資金が必要
対　応	・導入時に対象者や買取価格、長期の運営可能性について検討し、従業員持株会の運営を安定させる

⑤ファンド等による取得

メリット	・継続的な配当を目的としたファンド等の場合、相続で株式が分散するリスクがない ・第三者による買取であるため、同族内での資金調達が不要 ・相続財産が増加しない
課　題	・経営が悪化した場合であってもファンド等に配当する必要があり、配当が困難な状態が続いた場合、ファンド等から買取を請求される可能性がある ・ファンド等が株主になるため、組織再編等に制限が生じる可能性がある
対　応	・中長期的に配当をし続ける際の資金や将来的に組織再編が見込まれた場合等の対応方法なども導入時に検討する

⑥特別支配株主の株式等売渡請求（187頁参照）
⑦株式併合又は全部取得条項付種類株式による取得（188頁参照）
⑧譲渡制限株式の相続人等に対する売渡請求（189頁参照）

所在不明株主の株式の競売又は売却

内　容	関連法令等
(1)　原則 要件 　以下のいずれの要件も満たす場合に限り、株式会社は、所在不明株主の保有株式を競売又は売却（自社による買取りを含む。以下「競売等」という。）することができる。	会社197①②

①	所在不明株主に対する通知・催告（以下「通知等」という。）が5年以上継続して到達しない
②	当該所在不明株主が継続して5年間剰余金の配当を受領しない

※この要件にかかる疎明資料として、連続した6事業年度分の通知書（定時株主総会招集通知等）及び郵便不達による返戻封筒を保存しておく必要がある。さらに、その期間に剰余金配当を行っている場合には当該配当にかかる配当金通知書及び郵便不達による返戻封筒も保存が必要となる場合がある（配当については未払配当金にかかる会計帳簿により代用が認められる場合もある）。

手続

①下記事項についての取締役会決議（取締役会設置会社の場合） 　会社197③④

| イ | 買い取る株式の数（種類株式発行会社の場合は、株式の種類及び種類ごとの数） |
| ロ | イの株式の買取りをするのと引換えに交付する金銭の総額 |

↓

②利害関係人に対する、一定期間内（3カ月以上）に異議申述をすべき旨の公告及び個別催告　会社198　会社則39

↓

③所在不明株主の保有株式の下記の方法による売却　会社197①②

イ	競売
ロ	市場価格のある株式については市場価格による売却
ハ	市場価格のない株式については裁判所の許可を得ての売却

会社則38

※ロ及びハの方法による場合、取締役が2名以上あるときは、その全員の同意が必要。
※ロ及びハの方法により売却する株式は、会社が取締役会決議により自ら買い受けることができる。

↓

④所在不明株主に対する下記の方法による代金の支払

| イ | 会社が弁済の準備をして、従前の株主が代金を受け取りに現れるのを待つ |
| ロ | 債権者不確知として供託する |

民法494
会社196②

※所在不明株主に対する代金支払債務の履行地は会社の本店所在地とされているため、株主が支払請求に現れるまで履行遅滞にならない。
※競売等の代金支払債権にかかる消滅時効は所在不明株主の保有株式を競売等した時から10年間（あるいは、権利を行使することができることを知った時から5年間）行使しないときに消滅する。

民法166①

効果　会社197①②

・所在不明株主の保有株式を競売等することができる。
・会社による所在不明株主の保有株式の競売等により、当該所在不明株主は株主の地位を失う。

(2) 競売等を行うための通知等の期間制限を短縮する会社法の特例

概要

　所在不明株主の保有株式の競売等を行うためには、所在不明株主に対する通知等が到達しない期間及び剰余金の配当を受領しない期間が5年以上継続することが必要である。しかし、中小企業における事業承継やM＆Aでは、100%株式譲渡の手法が取られることが多いところ、この5年の期間要件が株式集約の際に本手続を利用するボトルネックになっていた。

　令和3年6月9日の「中小企業における経営の承継の円滑化に関する法律」の改正により、都道府県知事により一定の要件を満たす旨の認定を受けることと、一定の手続保障を前提に、上場会社等を除く中小企業（特例株式会社）においては、当該5年の期間要件が1年に短縮されることとなった（令和3年8月2日施行）。

経営承継円滑化法12①ⅰ、15、17、同法施行令2

※上場会社等とは、金融商品取引所に上場されている株式又は店頭売買有価証券登録原簿に登録されている株式を発行している株式会社をいう。

経営承継円滑化法12①ⅰ、同法施行規則1①②

適用要件

・都道府県知事により下記イ及びロいずれにも該当する者として認定を受けることが必要。

イ	中小企業者(株式会社に限る。)の代表者が、年齢、健康状態その他の事情により、継続的かつ安定的に経営を行うことが困難であるため、当該中小企業者の事業活動の継続に支障が生じていること【経営困難要件】
ロ	一部の株主の所在が不明であることにより、その経営を当該代表者以外の者(株式会社事業後継者)に円滑に承継させることが困難であること【円滑承継困難要件】

※認定の有効期限は、原則として、認定書の日付の翌日から起算して2年を経過する日まで。ただし、当該2年を経過する日までに裁判所に本特例に基づく株式の競売等に係る事件が申し立てられた場合には、当該株式の競売等が行われた日まで。

各要件の具体例

①経営困難要件

・「年齢」:満60歳超
・「健康状態」:日常業務に支障を生じさせている
・「その他の事情」:代表者以外の役員や幹部従業員の病気や事故、外部環境の急激な変化による突然の業績悪化等

②円滑承継困難要件

※所在不明株主の保有株式の議決権割合について

A:認定申請日時点において株式会社事業後継者が定まっている場合

・株式譲渡の手法による場合:10分の1超かつ「1-株式会社事業後継者が要求する議決権数」超
・事業譲渡、会社分割等の手法による場合:3分の1超

B:認定申請日時点において株式会社事業後継者が定まっていない場合

原　則	3分の1超
例　外	10分の1超かつ経営株主等(代表者又は代表者であった者並びにそれらの親族)と加算して10分の9以上

手続の追加

・本特例を利用する場合、会社法上の公告及び個別催告に先行して、特例措置の利用を明示した公告及び個別催告を行う必要がある。

現行制度(会社法)	会社法特例(認定を受けた場合)
5年以上の通知不到達・配当不受領の継続	1年以上の通知不到達・配当不受領の継続
↓	↓
取締役会決議 (取締役会設置会社の場合)	取締役会決議 (取締役会設置会社の場合)
↓	↓
公告及び個別催告(会社法)	公告及び個別催告(特例法)
↓	↓
裁判所の売却許可等	公告及び個別催告(会社法)
↓	↓

経営承継円滑化法12①ⅰホ、17、同法施行令2

経営承継円滑化法規則7⑭、8⑨

会社198
経営承継円滑化法15②

Introduction

課題と対応

相続税・贈与税

民法

M&A

株式評価

法人税

株式上場

会社法

医業承継

巻末資料

株式の競売等	裁判所の売却許可等 ↓ 株式の競売等	

名義株の対応

内　容	関連法令等
概要 　名義株とは、他人名義で株式の引受けと払込がされた結果、真実の株主と、会社の株主名簿上の株主とが異なる株式のことである。平成2年改正前商法が会社設立に7名以上の発起人を要件としていたことなどが発生原因とされている。 　ある株式が名義株であるか否かは、株式取得資金の出捐者、株主提出書類の署名押印者、株主総会への出席及び議決権行使状況、配当金受領状況、株式売買の意思決定及び売買益の受領状況、新株の割当状況、名義人と名義借用者（真実の株主）と会社の関係及び合意の有無、名義借りの合理性、株式取得の目的などの総合考慮で判断するものとされている。	
名義株の所有者 **⑴　権利の帰属** 　名義株の発生原因としては、承諾を得て他人名義で株式を引き受けた場合、無断で他人名義を使って株式を引き受けた場合、架空人の名義で株式を引き受けた場合が考えられるが、いずれの場合も引受人（金銭支出者）が当該株式の所有者になると解されている。	参考：法基通1-3-2
⑵　株主総会手続 　株主総会手続においては、株主名簿に記載された株主に対して招集通知を送り、議決権を認めればよい。ただし、株主名簿の記載が名義株に過ぎないことが明らかな場合には、真実の株主との関係で紛争リスクがあるため、早期の対応が必要となる。	会社126①、130

名義株による問題と対応

名義株が存在する場合、下記のように状況に応じた対応が必要となる。とりわけ名義人に相続が発生すると、名義株の事情を知らない相続人との交渉となって解決までの負担が大きくなりうるうえ、名義人の相続人に相続税が課される可能性があるため、相続開始前の早期対応が望ましい。

名義人が権利を争わない場合		名義人が当該株式を名義株と認めて権利を争わない場合、名義人の署名押印を得て真実の株主への名義書換手続や、名義株の事実確認書面の作成を行う。	
名義人が権利を争う場合	金銭解決	名義人が金銭解決に応じる場合には、売買や会社の自己株取得（184頁参照）の形式での解決が考えられる。解決時には名義人の署名押印を得て真実の株主への名義書換手続や、名義株の事実確認書面の作成をすべきである。	会社156～164

Introduction

課題と対応

相続税・贈与税

民法

M&A

株式評価

法人税

株式上場

会社法

医業承継

巻末資料

| スクイーズ・アウト | 十分な議決権を持つ株主の協力がある場合には、全部取得条項付種類株式、株式併合、特別支配株主の株式等売渡請求、相続人等売渡請求などのいわゆるスクイーズ・アウトの手法（186頁参照）での解決が考えられる。ただし、名義人との間で株式価格の決定について裁判リスクがあるほか、相続人等売渡請求には期間制限があることに留意すべきである。 | 会社1/1〜182の6、234、235 |
| 裁判等手続 | 訴訟や事業承継ADRにより解決することも考えられる。ただし、株主名簿や法人税申告書別表第2に名義人の氏名が記載されている状況で、真実の株主が異なることを立証することは難易度が高いこと、株券発行会社では株券の善意取得により法律上も真実の株主が権利を失っている場合があることに留意すべきである。 | 会社131 |

公益社団法人・公益財団法人等の活用

内　容	関連法令等

公益社団法人・公益財団法人等を活用した事業承継

　企業オーナーで、社会貢献の観点から公益社団法人・公益財団法人等（以下「公益法人等」という。）を設立し、当該公益法人等に自身の保有する自社株式を寄附する事例がある。

　公益法人等は、寄附された自社株式から得られる配当金を活動原資に充てることができるようになり、また、副次的にではあるが、企業オーナーの事業承継・相続対策・安定株主対策としての効果も得られる。

　ただし、寄附する際に一定の要件を満たさなければ、寄附する側と寄附を受ける側のいずれか一方又は双方に課税が生じるおそれがあるため注意が必要となる。

〔寄附する際の課税関係〕

- 個人が資産を寄附した場合には、時価で譲渡したものとみなされ、譲渡益（＝時価△簿価）に対して譲渡所得税が課される（みなし譲渡課税）
- ただし、国税庁長官の承認を受けることで非課税になる（措置法40条）
- 相続等により取得した財産を国等へ寄附した場合には、相続税が非課税となる（措置法70条）

個人　　　寄附・遺贈　→　公益法人等

- 寄附により、寄附者の親族等の相続税又は贈与税の負担が不当に減少する結果になると認められる場合には、公益法人等に対して贈与税が課税される（相続税法66条4項）
- 受贈益に対する課税は非課税となる（公益目的事業に使われない場合には課税の対象）

社団法人・財団法人の法制上と税制上の区分

法制上の区分	税制上の区分
公 益 社 団 法 人 公 益 財 団 法 人	公益認定を受けた一般社団法人、一般財団法人をいい、法人税法上、公益法人等(注)として取り扱われる。
一 般 社 団 法 人 一 般 財 団 法 人	公益認定を受けていない一般社団法人、一般財団法人をいい、非営利型法人及びそれ以外の法人の2つに区分される。 (1) 非営利型法人 　一定の要件に該当する次のものをいい、法人税法上、公益法人等として取り扱われる。 ①非営利性が徹底された法人 　定款に剰余金の分配を行わない旨の定めがあることなど ②共益的活動を目的とする法人 　会員に共通する利益を図る活動を行うことを主たる目的としていることなど (2) (1)以外の法人 　普通法人(注)として取り扱われる。

(注)　公益法人等:収益事業に対してのみ課税される。
　　　普通法人　:全所得に対して課税される。

公益認定法2
一般法2
法法2⑥
法法2⑨の2
法令3①、②

社団法人・財団法人の機関設計

	一般社団法人	一般財団法人	公益社団法人・ 公益財団法人
法人設立	登記により設立		行政庁の認定
財 産 額	規制なし	300万円以上	一般社団法人、一般財団法人と同様
目　的	制限規定なし		不特定かつ多数の者の利益の増進に寄与するもの
事　業	制限規定なし		主たる事業は「公益認定法」に掲げる事業
情報公開	債権者		一般市民を含む
監　督	なし		行政庁
必置機関	・社員総会 ・設立時社員2名以上 ・理事1名以上 　(任期2年以内)	・評議員会、評議員3名以上(任期4年以内) ・理事会、理事3名以上(任期2年以内) ・監事1名以上(任期4年以内)	・一般社団法人、一般財団法人の必置機関の要件に加え、理事の総数のうち、親族及び同一団体で1/3を超えてはならない (監事も同様に制限あり。) ・公益社団法人の場合は理事会必置
	(非営利型法人の場合) 措法40条適用につき、理事6名以上、監事2名以上、が必置	(非営利型法人の場合) 措法40条適用につき、理事6名以上、監事2名以上、評議員6名以上が必置	
任意設置 機　関	理事会 監事、会計監査人(注1)	会計監査人(注1)	会計監査人(注2)

(注1)　任期は1年以内とし、大規模法人〈負債200億円以上〉の場合は必置
(注2)　任期は1年以内とし、大規模公益社団法人・公益財団法人〈収益1,000億円以上、費用又は損失1,000億円以上、負債の部50億円以上〉の場合は必置

公益認定法2、
4、5、27
一般法
2、23、35、
60、62、66、
67、69、153、
160、163、
170、171、
173、174
措令25の17
⑥一

公益認定取得までの手続

　一般法人設立から公益認定取得までの主な手続の流れは下記の通りである。

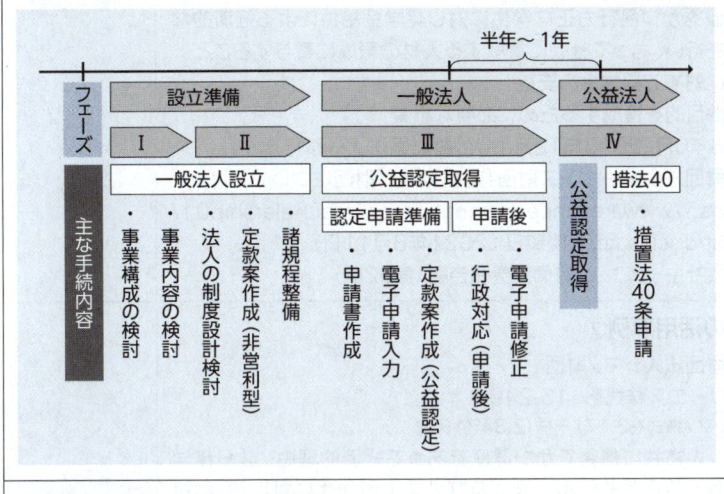

公益認定を受けるための要件

〔認定申請時の主な認定基準〕
・公益目的事業（注）を行うことを主たる目的とするものであること ・公益目的事業を行うのに必要な経理的基礎及び技術的能力を有するものであること ・その公益目的事業に係る収入がその実施に要する適正費用を超えないと見込まれること ・公益目的事業比率が50/100以上と見込まれること ・遊休財産額が一定額を超えないと見込まれること ・同一親族等の理事又は監事の合計数がその総数の3分の1を超えないものであること ・認定取消し等の場合公益目的で取得した財産の残額相当額の財産を類似の事業を目的とする他の公益法人に贈与する旨を定款で定めているものであること　等

(注)　公益目的事業とは、学術、技芸、慈善その他の公益に関する下記に掲げる種類の事業などであって、不特定かつ多数の者の利益の増進に寄与するものをいう
　・学術及び科学技術の振興を目的とする事業
　・文化及び芸術の振興を目的とする事業
　・障害者若しくは生活困窮者又は事故、災害若しくは犯罪による被害者の支援　等

公益認定法5、別表

Introduction

課題と対応

相続税・贈与税

民法

M&A

株式評価

法人税

株式上場

会社法

医業承継

巻末資料

公益財団法人の活用事例①

名　　称：公益財団法人キーエンス財団

基本財産：㈱キーエンス株式　3,650,000株

目　　的：学業優秀かつ品行方正な学生に対し奨学金給付による経済的な
　　　　　支援を行い、もって社会に貢献する人材の育成に寄与すること

事　　業：学生に対する奨学金の支給
　　　　　その他目的を達成するために必要な事業

設　　立：2018年6月（2018年12月より公益財団法人へ移行）

参　　照：公益財団法人キーエンス財団「定款」及び「財団について」、
　　　　　（https://www.keyence-foundation.or.jp/scholarship01/
　　　　　about/disclosure/　閲覧日：2021年8月11日）
　　　　　株式会社キーエンス 有価証券報告書（第52期）

公益財団法人の活用事例②

名　　称：公益財団法人シマノ財団

基本財産：㈱スリーエス株式※　16,249株
　　　　　※㈱シマノ株式を2,171千株（2.34%）保有

目　　的：学業・人物共に優秀でかつ健康であって経済的理由により修学
　　　　　が困難とみられる日本人学生及び外国人留学生に対し、奨学援
　　　　　助を行い、主に、将来の社会に貢献し得る有用な人材を育成する
　　　　　とともに、ものづくり技術において優れた成果を上げた中小企業
　　　　　者を顕彰することによって、ものづくりを通して地域振興に寄与
　　　　　すること

事　　業：日本人学生及び外国人留学生に対する奨学金の支給
　　　　　奨学金を受ける学生の指導及び相談に対する助言
　　　　　ものづくり技術において優れた成果を上げた中小企業者に対す
　　　　　る顕彰
　　　　　その他この法人の目的を達成するために必要な事業

設　　立：2014年9月（2015年4月より公益財団法人へ移行）

参　　照：公益財団法人シマノ財団「定款」及び「財団について」、
　　　　　（http://www.shimanozaidan.jp/concept.html　閲覧日：
　　　　　2021年8月11日）

社団法人・財団法人に関する税制度一覧

		一般社団法人・一般財団法人			公益社団法人 公益財団法人
			非営利		
		普通	共益	非営利徹底	
寄附先	法人税の 課税対象となる事業	全事業	収益事業 のみ	収益事業 のみ	収益事業のみ （公益目的事業を除く）
	利子・配当等 の源泉所得税	課税	課税	課税	非課税
	消費税	課税	課税	課税	課税
	みなし寄附金（注1）	適用なし	適用なし	適用なし	適用あり
寄附者	法人 寄附金の 損金算入限度額	一般枠 （注2）	一般枠 （注2）	一般枠 （注2）	一般枠＋別枠（注3）
	個人 措法40条	適用なし	適用なし	適用あり	適用あり
	措法70条	適用なし	適用なし	適用なし	適用あり
	寄附金控除	適用なし	適用なし	適用なし	適用あり

法法4①
法法7
法法37④
法法37⑤
法令77の3
所法11
所法78
措法41の18
の3

(注1) 収益事業に属する資産のうちから、自ら公益目的事業に支出した金額は、その収益事業に係る寄附金の額とみなして、収益事業に係る法人税の計算上、一定の額を損金の額に算入する。

(注2) 寄附金の損金算入限度額（一般枠）：{所得金額（別表4仮計 ＋ 支出寄附金の額）×2.5% ＋ 資本金等の額※×当期の月数/12×0.25%} ×1/4

(注3) 寄附金の損金算入限度枠（別枠）普通法人の例：
（所得金額×6.25% ＋ 資本金等の額※×当期の月数/12×0.375%）×1/2

※ （注2）、（注3）につき、2022年4月1日以後開始する事業年度から、「資本金等の額」は「資本金と資本準備金の合計額」となる。

措法40条の申請

内　容	みなし譲渡所得課税の非課税
対象法人 （寄附先）	・国、地方公共団体 ・公益社団法人、公益財団法人 ・一般社団法人、一般財団法人のうち、非営利型法人に該当するもの ・その他の公益を目的とする事業を行う法人
申請手続	その贈与・遺贈があった日から4カ月以内に所轄の税務署長を経由して、国税庁長官に申請書を提出する。 （4カ月以内に確定申告書の提出期限が到来する場合は、その提出期限まで）
主な要件	①その贈与・遺贈が、教育又は科学の振興、文化の向上、社会福祉への貢献その他公益の増進に著しく寄与すること ②その贈与・遺贈があった日から2年を経過する日までの期間内に、公益法人等の公益目的事業の用に直接供され、又は供される見込みであること ③その贈与・遺贈をした者の所得税の負担を不当に減少させ、又はその贈与・遺贈をした者の親族等の相続税若しくは贈与税の負担を不当に減少させる結果とならないと認められること

措法40①
措令25の17
①
措令25の17
⑤

措法70条の申請

内　容	相続等により取得した財産を贈与した場合の相続税の非課税
対象法人	・国、地方公共団体 ・公益社団法人、公益財団法人 ・その他の公益を目的とする事業を行う法人のうち、教育若しくは科学の振興、文化の向上、社会福祉への貢献その他公益の増進に著しく寄与するもの
申請手続	相続税の申告書に、この規定を受けようとする旨を記載し、その申告期限までに税務署長に提出する。
主な要件	①その贈与があった日から2年を経過する日までの期間内に、公益法人等の公益目的事業の用に供すること ②その贈与をした者又はその親族等の相続税若しくは贈与税の負担を不当に減少させる結果とならないと認められること

措法70①
措法70②
措法70③

特定の一般社団法人・一般財団法人に対する相続税の課税

特定の一般社団法人・一般財団法人（以下「一般社団法人等」という。）の理事である者（その一般社団法人等の理事でなくなった日から5年を経過していない者を含む）が死亡した場合、その特定の一般社団法人等を個人とみなして、相続税が課される。

相法66の2
相令34

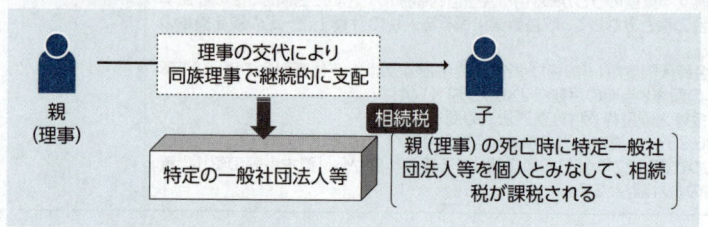

〔特定の一般社団法人等の要件〕

一般社団法人等が下記(1)及び(2)に該当する場合、当該一般社団法人等に相続税が課税される。

(1) 理事が死亡（一般社団法人等の理事でなくなった日から5年を経過していない者を含む）

(2) 特定一般社団法人等（注1）に該当

〔課税される相続税額〕

(1) 下記の金額を死亡した理事から遺贈により取得したものとみなして、特定一般社団法人等に相続税が課税され、かつ、その税額は2割加算となる（注2）

$$\begin{matrix}遺贈により取得した\\ものとみなされる金額\end{matrix} = \frac{特定一般社団法人等の純資産額}{亡くなった理事を含めた同族理事の数}$$

〔適用時期に関する経過措置〕

(1) 2018年3月31日以前に設立された一般社団法人等については、2021年4月1日以後の当該一般社団法人等 の理事の死亡に係る相続税について適用する。

(2) 2018年3月31日以前の期間は特定一般社団法人等に該当するかを判定する期間の算定に含めない。

Introduction

課題と対応

相続税・贈与税

民法

M&A

株式評価

法人税

株式上場

会社法

医業承継

巻末資料

(注1)　特定一般社団法人等とは、一般社団法人等のうち、「相続開始直前」又は「相続開始前5年以内のうち合計3年以上の期間」において次の要件を満たすものをいう

$$\frac{\text{同族理事数}}{\text{総理事数}} > \frac{1}{2}$$

※同族理事とは、一般社団法人等の理事のうち以下の者をいう。
　イ．被相続人、ロ．被相続人の配偶者、ハ．被相続人の3親等内の親族、
　ニ．その他被相続人と特殊の関係がある者
　　（被相続人が役員となっている会社の従業員等）

(注2)　贈与等により取得した財産について既に当該法人に課税された贈与税等の額を控除する。また、死亡した理事の相続開始前3年以内に、当該法人が当該理事から贈与を受けた財産があるときは、相続開始前3年以内の贈与財産の加算は適用しない。

MBOについて

内　容	関連法令等
MBO（マネジメント・バイアウト）について 　現在の経営者や社員が、全部又は一部の資金を出資し、事業の継続を前提として株主から対象会社の株式を取得することをいう。MBOは、上場会社と非上場会社の両方で存在するが、検討される場面は主に以下の通り。なお、親族外への事業承継の場面であっても、買取りではなく納税猶予制度の適用等により事業承継を受けることも可能（57頁参照）。	経済産業省「公正なM&Aの在り方に関する指針」（2019年6月28日）4頁

会社の種類	MBOが主に検討される場面
上場会社	上場会社から非上場会社へ移行する場合
非上場会社	会社内の経営者や社員へ事業承継を行う場合

資金調達方法

　会社の株式を買い取るためには資金調達が必要となるが、MBOの場面では、買取対象会社自身の自己資金や通常の借入（リコースローン）の他に、LBOやPEファンド、返済劣後となるメザニンローンを利用することがある。

用語	定義
LBO（レバレッジド・バイアウト）	会社の収支等を担保に借入を行うことを指す
PEファンド（プライベート・エクイティ・ファンド）	非上場会社の企業価値を高めた後に売却することで利益を獲得するファンドを指す
メザニンローン	返済が劣後となるローンで、普通株式による出資とシニアローンとの中間の特徴を持つ

一般的な買収過程

MBOを行う場合、一般的には以下の買収過程を経る。

①SPC（特別目的会社）の設立

経営者や社員を出資者とするSPCを設立する。

②資金調達

SPCに対して金融機関により借入やPEファンドから資本を注入する。

③SPCによる株式の買取

SPCにおいて、対象会社の株式の買取を行う。

④対象会社とSPCの合併

当該対象会社とSPCとで合併を行う。

⑤買収資金の返済

事業より生まれるキャッシュフローにより買取資金の返済を行う。

（なお、④の合併をせずに対象会社からの配当により買取資金の返済を行うこともある。）

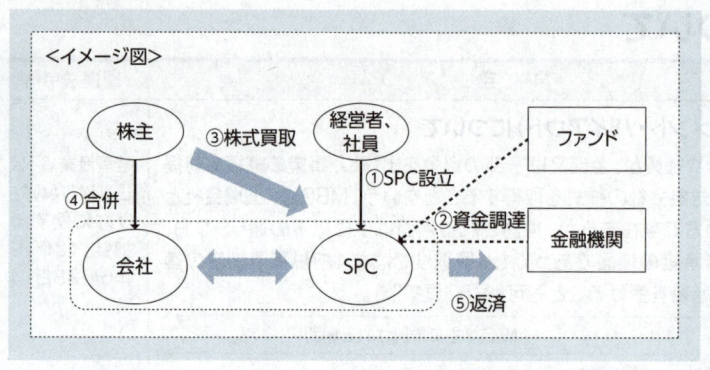

＜イメージ図＞

検討事項

MBOを実行する際には、以下の点も検討する必要がある。

検討事項	内容説明
SPCの株主構成	MBO後の会社経営や、次の世代の事業承継を見据えた株主構成と機関設計を検討する必要がある。
利益相反の問題	役員と株式買取者の立場を兼ねることになるため、企業価値を増加させる役割と買取資金を負担するという立場で利益が相反する可能性がある。
買取価格の決定	利益相反の懸念に対応するため、第三者評価機関による株式価値算定など公正性の担保が求められる。
対象会社に少数株主が存在する場合	合意による買取で話が進まない場合には、スクイーズ・アウト（186頁参照）により強制的に全株式を保有することになる。
買取後の債務保証	会社代表者が変わるため、債務保証を負う者が変わることになる。資金力に応じた資金調達方法の検討が必要となる。

会社使用の個人資産

内　容	関連法令等
オーナー個人が所有している不動産を会社へ賃貸している場合 **(1)　想定される問題例** 　オーナー個人で所有している不動産を会社へ賃貸している場合で、後継者が全ての事業用資産を相続しきれずに、会社とは関わりがない相続人がその不動産を相続した場合には賃料等後々に問題になるケースがある。 **(2)　相続税評価額に与える影響**	財基通25(1) 財基通26 財基通93

所有者	評価
土地建物いずれも個人所有	土地は貸家建付地評価、建物は貸家評価(注1)
土地は個人所有で建物は会社所有	土地は貸宅地評価(注1)(注2)

(注1)　使用貸借の場合は、土地建物いずれも自用地評価
(注2)　借地権利金の支払いの有無、相当の地代の支払いの額、「無償返還届出書」の提出の有無等により、評価は異なります。

(3)　対応策
・オーナーが遺言を書き、会社使用の不動産を含む事業用資産の全てを後継者である相続人に相続させる
・事業用資産の全てを相続する後継者が、他の相続人の遺留分を侵害せずに相続できるよう、保険等を活用した代償分割などの対応策を生前から講じる
・オーナーが生前のうちに会社が買い取る
・後継者が資産管理会社を設立し、その資産管理会社が買い取る

内　容	関連法令等
オーナー個人から会社への貸付金がある場合 **(1)　想定される問題例** 　資金繰り悪化等の理由により、オーナーが会社に対して多額の貸付をしているケースがある。この場合、オーナーに相続が発生した場合には、貸付金が相続税の課税対象となる。 　その貸付金は一括返済されるわけではなく、納税資金が不足する可能性がある。 **(2)　相続税評価額に与える影響** 　貸付金の元本の価額と利息(注)の価額によって評価 (注)　課税時期現在の既経過利息として支払われるべき金額	財基通204

(3) 対応策

貸付金を解消するための対応方法と留意点は以下の通りである。

対応方法	留意点
実際に返済する	・オーナーに対する役員報酬を減額して、その分をオーナーからの借入金の返済に充てる
贈与する	・相続税率と贈与税率を比較する必要がある
債権放棄（会社にとっては債務免除）	・会社に債務免除益が計上され、法人税等が課税される ・会社の株価が上昇し、他の株主へのみなし贈与課税が発生する可能性がある
デット・エクイティー・スワップ（DES）	・貸付金の回収可能性を検証する必要がある ・貸付金の時価と額面金額との差額が生じる場合、会社に債務免除益が計上される

資金調達

調達方法と返済

株式取得に伴う調達

(1) 後継者がオーナーから個人で株式を取得する場合

課 題	・後継者に株式を取得するだけの手元資金が不足
対 応	・事業会社から借入又は金融機関から借入を行う
留 意 点	・給与を増額した場合には、所得税や社会保険料などの増額が伴うことを考慮する必要がある

(2) 後継者中心の資産管理会社が株式を取得する場合

課 題	・不動産賃貸収入などでは返済資金が不足
対 応	・賃貸条件や支出を見直し、資産一部売却等により資金を捻出する ・資産管理会社に、一族として運営する事業や後継者が中心となる事業を集約して収益力を高める
留 意 点	・キャッシュ増額には限界があるため、償却前利益と手元資金の範囲内で取得する必要がある

(3) 後継者中心の純粋持株会社や小規模事業持株会社が株式を取得する場合

課 題	・持株会社自体にキャッシュフローがなく、返済資金が不足
対 応	・子会社である事業会社からの受取配当金を返済資金に充当する
留 意 点	・返済のため配当金が分散しないよう、100％持株会社化などの対応を検討する ・子会社からの配当金は源泉所得税が控除されるため、返済金額は控除分を考慮して決める必要がある

事業承継に伴う金融支援措置

(1) 日本政策金融公庫の直接貸付制度

融 資 制 度	・事業承継・集約・活性化支援資金
対 象 者	1. 現経営者が後継者(候補者含む)と共に事業承継計画を策定している方 2. 安定的な経営権の確保等により、事業の承継・集約を行う方 3. 事業の承継・集約を契機に、新たに第二創業(経営多角化、事業転換)又は新たな取組みを図る方 4. 中小企業経営承継円滑化法に基づく認定を受けた中小企業者の代表者、認定を受けた個人である中小企業者など 5. 経営者個人保証免除等を申し入れたことを契機に、取引金融機関からの資金調達が困難となっている方で、公庫が経営者個人保証を免除する方
資 金 使 途	・事業承継を行うために必要な設備資金や長期運転資金
融 資 限 度	・7億2千万円
利 率	・対象者1〜5いずれか、及び、各種要件により基準利率又は特別利率を適用(詳細はHP参照)
期 間	・設備資金20年以内、運転資金7年以内(借換8年以内)
担 保 ・ 保 証 人	・担保設定の有無及び担保の種類は相談の上決定 ・一定の要件に該当する場合は経営責任者の個人保証必要

(2) 信用保証協会による保証制度

各種保証制度	対象者	資金使途他
事 業 承 継 特 別 保 証	・3年以内に事業承継の計画を有する法人又はR2.1.1〜R7.3.31に事業承継を実施し、承継日から3年を経過していない法人 ・上記法人に該当し、かつ、資産超過、EBITDA有利子負債倍率10倍以内等、一定の要件を満たすもの	・事業資金 ・経営者保証不要 　本制度による既存のプロパー借入金(個人保証あり)の借換えも可能 ・期間　10年以内 ・信用保証料率　0.45%〜1.90% 　経営者保証コーディネーターの確認による軽減措置あり
事 業 承 継 サ ポ ー ト 保 証	・新設持株会社	・事業会社の株式取得資金
経 営 承 継 関 連 保 証	・中小企業経営承継円滑化法に基づく認定を受けた中小企業者	・議決権株式や事業用資産の取得資金、運転資金等
特 定 経 営 承 継 関 連 保 証	・中小企業経営承継円滑化法に基づく認定を受けた代表者	・株式や事業用資産等取得資金、事業用資産等に係る相続税又は贈与税の納税資金等
経営承継準備関連 保 証	・中小企業経営承継円滑化法に基づく認定を受けた中小企業者	・株式や事業用資産等取得資金、M&Aによる事業承継に必要な資金に利用できる制度
特定経営承継準備 関 連 保 証	・中小企業経営承継円滑化法に基づく認定を受けた事業を営んでいない個人	・株式や事業用資産等取得資金、従業員等個人による買収(EBO等)に対応する制度

※上記各保証制度の限度額はいずれも2億8千万円。

(日本政策金融公庫及び全国信用保証協会連合会のHPの資料をもとに作成)

納税資金の調達

　相続税や贈与税は現金による一括納付が原則であるため、市場で売買の出来ない非上場株式を取得した場合には別途納税資金の確保が必要となる。

(1)　個人契約の生命保険を活用する場合

課　　題	・後継者の株式にかかる相続税の納税資金不足
対　　応	・被保険者を被相続人、保険金受取人を後継者にして保険会社から支払われる保険金をもって株式に係る相続税に充てる ・死亡保険金については一定額まで非課税枠がある（37頁参照）
留　意　点	・保険料は個人負担となる ・保険金は納税資金だけではなく遺族の生活資金に充てられることも考えられるため、契約時に将来的な設計を行う必要がある

(2)　法人契約の生命保険を活用する場合

課　　題	・後継者の株式にかかる相続税の納税資金不足
対　　応	・被保険者を被相続人、保険金受取人を法人にして保険会社から支払われる保険金により死亡退職金支給や自己株式取得資金に充てる
留　意　点	・保険料は法人負担となる ・保険金受取時に多額の利益が生じることがある

(3)　死亡退職金・弔慰金を活用する場合

課　　題	・後継者の株式にかかる相続税の納税資金不足
対　　応	・会社から後継者に死亡退職金・弔慰金として金銭を支給することで相続税に充てる ・死亡退職金や弔慰金については一定額まで非課税枠がある（37頁参照）
留　意　点	・会社から資金が流失するため、財務基盤に影響がある ・高額な退職金の支給は、税務上損金不算入となる可能性がある

(4)　自己株式を活用する場合

課　　題	・後継者の株式にかかる相続税(贈与税)の納税資金不足
対　　応	・相続等により取得した株式の一部を発行会社が買い取り、その売買代金をもって相続税に充てる
留　意　点	・会社から資金が流失するため、財務基盤に影響がある ・相続等により財産を取得して相続税を課された者が相続開始日の翌日から3年10カ月以内にその取得した株式を発行会社に譲渡した場合は、みなし配当は生じず譲渡所得となる（47頁参照）

Introduction

課題と対応

相続税・贈与税

民法

M&A

株式評価

法人税

株式上場

会社法

医業承継

巻末資料

経営体制

　事業承継を検討するタイミングは、次世代に向け経営体制を見直す良い機会になることも多い。

事業の運営形態

(1) 一つの法人で運営していく場合

メ リ ッ ト	・人材や資金などの経営資源を集中し、効率を上げて運営を図ることが可能 ・一法人で運営されるため、組織がまとまりやすく意思疎通しやすい。指揮系統も明確になる
課　　題	・オーナーが保有する株式を、後継者が個人間で承継するケースが想定される ・高収益あるいは自己資本の厚い会社は、株価が高く後継者の負担が大きくなることが多い
対　　応	・事業承継税制活用や、納税資金捻出のため相続取得株式の自己株式取得等を検討する ・経営状況や株価、オーナー年齢等からタイミングを慎重に判断し、承継を実施する

(2) 事業会社を分社し運営していく場合

メ リ ッ ト	・業種や業態など一定基準で法人を切り分けることにより、社内外に対し役割や組織等を明確にする効果がある ・同族後継者が複数名いる場合など、それぞれ別組織にて承継することが可能となる
課　　題	・別々の事業法人として運営するため、経営資源が分散し非効率な面が発生する可能性がある ・分割型分割の場合、一旦両社の株主構成は同じになるため、最終的な株主構成については検討が必要
対　　応	・状況に応じて、グループ運営として共有できる部分は共通化を図る ・事業会社両社の独立度合いにより株主構成を決定する

(3) 持株会社で運営していく場合

メ リ ッ ト	・グループ運営の統括会社として、意思決定、経営執行の集約を図ることが可能 ・事業承継においても持株会社を活用した対応も検討可能となり、選択肢が広がる
課　　題	・法人の数が増え、事務負担や税負担などコストが増加する ・持株会社化への移行のため、再編スキームが複雑化する可能性がある
対　　応	・持株会社を中心としたグループ化により間接部門の共通化などを実施しやすくなるため、別途コスト軽減策などを検討する ・持株会社への株式集約方法や資金調達などは専門家や金融機関に相談する

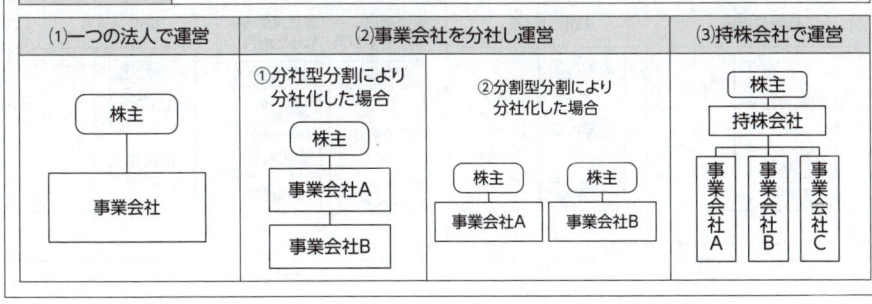

資産の保有形態

(1) 総資産に対し流動資産の比率が高い場合

メ リ ッ ト	・資金化しやすい回転の速い資産中心で経営効率が高い ・余剰資金は手元留保、新規投資、運用など経営計画に基づき臨機応変に対応することが可能
課　　　題	・現預金や有価証券などに余剰がないと、売上回収や在庫が滞留した場合、あるいは、売上急増した場合など資金繰りに対する影響が大きく、緊急時の抵抗力に欠ける
対　　　応	・利益剰余金の一部を預貯金でプールするなど資金の蓄積を図る ・賃借している固定資産について、賃料を考慮し一部を自己所有にすることで長期保有資産を活用した運営を検討する。資金調達時の担保になる効果もある

(2) 総資産に対し固定資産の比率が高い場合

メ リ ッ ト	・事業用資産が自己所有であり、賃料等の外部流出が抑えられる ・担保余力のある不動産等があれば資金調達時に有利となり、安全性が高まる
課　　　題	・固定資産の購入により有利子負債が過大となる可能性がある ・短期借入等流動負債で固定資産等の長期資金を賄う比率高まると、資金繰りが不安定になる可能性がある ・土地の保有比率が過度に高いと土地保有特定会社となり、株価が高くなる可能性がある
対　　　応	・借入金返済ピッチとキャッシュフロー、経営状況等から判断し、無理な投資はしない ・短期調達により固定資産等を賄う比率が高くなった場合は、長期調達への振替や資産売却を検討する ・過去の経緯や事業上土地保有が必要等の理由から、土地保有比率が過度に高くなっている場合は、所有する土地の有効性を精査し、建築や譲渡により保有形態の見直しを行う

(3) 総資産に対し投資の比率が高い場合

メ リ ッ ト	・投資が子会社株式中心の場合は、親会社として支配権を確保できているケースが多い ・上場株式が中心の場合は、早期資金化が可能で、資金調達時の担保としても有効
課　　　題	・株式保有比率が高いと、相続税評価額において株式保有特定会社となり、株価が高くなる可能性がある。特に子会社株式が高額になった場合は留意が必要となる ・投資の内容により、資金が本業以外で長期間固定化されてしまう懸念がある
対　　　応	・今後の経営計画の中で株式以外の資産保有や関係会社の合併等を検討する。事業に関係がない株式の場合は、譲渡による資産の入替ができないかを検討する ・投資内容とその効果を検証し、必要のない投資は投資資金の回収手段を検討する

(1)流動資産比率高い	(2)固定資産比率高い		(3)投資比率高い
貸借対照表	貸借対照表	短期調達により固定資産等賄う比率が高くなった場合	貸借対照表
流動資産 固定資産 投資等	流動資産 固定資産 投資等	流動資産／流動負債 固定資産／過大の場合要注意／固定負債 投資等／純資産	流動資産 固定資産 投資等

海外現地法人を有する場合の留意点

内　容	関連法令等
外国子会社等の評価損 　法人税における資産の評価損は、原則として、法人税法上損金の額に算入できないものの、有価証券（売買目的有価証券を除く）については、その有価証券を発行する法人の資産状態が著しく悪化したために、その価額が著しく低下した場合には認められる。具体的には下記が挙げられる。 ・特別清算開始の命令があったこと ・破産手続開始の決定があったこと ・再生手続開始の決定があったこと ・更生手続開始の決定があったこと ・1株当たり純資産価額が取得した時の価額と比べておおむね50％以上下回ることとなったこと ※特別清算、破産手続、再生手続、更生手続は日本法の手続のため、外国子会社では、これらに準じた現地法の手続であるかの検討が必要。	法法33 法令68① 法基通9-1-9 法基通9-1-11
外国子会社配当益金不算入制度 　日本法人が外国子会社等から受ける配当金について、法人税法上、その配当された額の95％相当額を益金不算入とする制度。 　原則として持株割合25％以上かつ6カ月以上保有している場合に利用できる。ただし、この持株割合は、租税条約の定めによる。	法法23の2
外国事業体、外国信託、外国パートナーシップの留意点 　外国において、現地法の事業体の設置又は信託等の設定をした場合、相続・贈与等の手続は現地法によるが、日本側で相続・贈与等の税額計算が必要となる場合には、日本税法による判定及び計算を行う必要がある。個別性が高い事業体等や、一般に用いられていない事業体等については、必ずしも解釈が一般化されておらず、相続・贈与などの際に時間を要する場合がある。	
外国子会社等でノミニー制度を利用している場合の留意点 　現地法に外資規制等があるために、ノミニー役員、ノミニー株主を利用している場合があるが、これらはあくまで名義上の役員、株主であると解されることから、実質的な役員、株主をもとに子会社等の判定をする必要がある。	
組織再編時の留意点 　日本の親会社において組織再編が行われる場合で、グループ内に海外関連会社を有しているときには、仮に日本側で適格組織再編に該当したとしても、海外現地法人の株主が変更になることで、当該現地国において利益の移転とみなされ課税が発生する場合があるため注意が必要（中国、ベトナム、タイ、インドネシア等）。	日中租税条約13　他

Introduction

課題と対応

相続税・贈与税

民　法

M&A

株式評価

法人税

株式上場

会社法

医業承継

巻末資料

(参考) 中国における組織再編税制 (持分譲渡) の概要

対象	一般性税務処理 (非適格組織再編に相当)	特殊性税務処理 (適格組織再編に相当)
譲 受 法 人	譲渡対象法人の持分を公正時価で取得	譲渡対象法人の持分を簿価で取得
譲 渡 法 人	譲渡所得又は譲渡損失を認識	譲渡所得又は譲渡損失を認識せず繰延べ

中華人民共和国　財政部/国家税務総局発財税【2009】59号第5条、6条(2)

(参考) 中国組織再編税制特殊性税務処理要件

①合理的な商業目的を有し、かつ、課税の回避、免除、遅延を主要な目的としないこと

②譲受法人の取得した持分が譲渡対象法人の全部の持分の75%を下回らないこと

③持分譲渡後の連続する12カ月内に譲渡持分に関する元々の実質的経営活動を変更しないこと

④譲渡取引対価における持分による支払いに係る金額が、その取引支払い総額の85%を下回らないこと

⑤持分による支払いを取得した譲受法人は譲渡後の連続する12カ月内に、取得した持分を譲渡しないこと

(参考) 中国組織再編税制クロスボーダー特殊性税務処理要件

同7条

　企業は、中国国内と国外との間 (香港・マカオ・台湾地区を含む。) に関わる持分の買収取引が発生する場合には、上記所定の条件に適合するほか、更に同時に次に掲げる条件に適合するときに限り、特殊性税務処理規定の適用を選択することができる。

①非居住者企業 (日本法人) がその直接100%の持分を支配する他の非居住者企業(例：香港法人)に対しその保有する中国法人の持分を譲渡し、これ以降に当該持分譲渡所得の源泉徴収税の負担額に変化がなく、かつ、譲渡当事者である非居住者企業(日本法人)が、3年内にその持分(香港法人)を譲渡しない旨の書面承諾書を税務機関に提出すること

②日本法人が自己と直接100%の持分を支配する関係を有する中国法人に対し、その保有する他の中国法人の持分を譲渡すること

③中国法人がその保有する資産又は持分により、その直接100%の持分を支配する日本法人に対し投資をすること

相続税・贈与税

相続税

内　　容	関連法令等

納税義務者と課税財産の範囲

(1)　納税義務者の区分と課税財産

相法1の3、2、3

相続人／被相続人	国内に住所あり	国内に住所なし		
	一時居住者(注2)	日本国籍あり		日本国籍なし
		10年以内に国内に住所あり	10年以内に国内に住所なし	
国内に住所あり	国内財産、国外財産ともに課税(注1①)	国内財産、国外財産ともに課税(注1②)		
一時居住被相続人(注3)	国内財産のみに課税(注1③)	国内財産のみに課税(注1④)		
国内に住所なし／10年以内に国内に住所あり	国内財産、国外財産ともに課税(注1①)	国内財産、国外財産ともに課税(注1②)		
日本国籍なし非居住被相続人(注4①)	国内財産のみに課税(注1③)	国内財産のみに課税(注1④)		
10年以内に国内に住所なし非居住被相続人(注4②)				

(注1)　①居住無制限納税義務者　②非居住無制限納税義務者
　　　　③居住制限納税義務者　④非居住制限納税義務者

(注2)　一時居住者
　　　　相続開始時に一定の在留資格を有する者で、相続開始前15年以内の国内居住期間の合計が10年以下であるもの。

(注3)　外国人被相続人
　　　　相続開始時に一定の在留資格を有するもの。(令和3年3月31日以前の相続等については、相続開始時に一定の在留資格を有し、相続開始前15年以内の国内居住期間の合計が10年以下であるもの。)

(注4)　非居住被相続人
　　　　①相続開始前10年以内において、国内に住所を有していた期間中、継続して日本国籍がなかったもの。
　　　　②相続開始前10年以内に国内に住所を有していたことがないもの。

※1　上記該当者を除く相続時精算課税の適用を受けた者(特定納税義務者)は、相続時精算課税適用財産のみに課税される。

　2　国外転出時課税制度の納税猶予期間中に相続があった場合、原則として、被相続人は相続開始前10年以内に国内に住所を有していたものとみなす。

　3　[経過措置]平成29年4月1日から令和4年3月31日までの間に非居住外国人(平成29年4月1日から相続又は遺贈の時まで継続して国内に住所がなく日本国籍がない者)から相続等により財産を取得した時において、相続人等が国内に住所がなく、かつ、日本国籍がない場合は、非居住制限納税義務者となる。

(2) 財産の所在の判定

相法10

動　　　　産	その動産の所在地
不　動　産	その不動産の所在地
船舶・飛行機	その登録をした機関の所在地
預　　金　　等	受け入れをした金融機関の営業所・事業所の所在地
保　　険　　金	保険契約を締結した保険会社の本店又は主たる事務所の所在地
退職手当金等	退職手当金等を支払った者の住所又は本店若しくは主たる事務所の所在地
貸付金債権	債務者の住所又は本店若しくは主たる事務所の所在地
社債、株式等	発行法人の本店又は主たる事務所の所在地
投資信託等	信託の引受けをした営業所又は事業所の所在地
特　許　権　等	その登録をした機関の所在地
著　作　権　等	その権利の目的物を発行する営業所等の所在地
上記以外の営業上の権利	その営業所又は事業所の所在地
国債、地方債	法施行地(外国債については、当該外国)
その他の財産	その財産の権利者であった被相続人の住所

(3) 相続税の課税価格・課税遺産総額

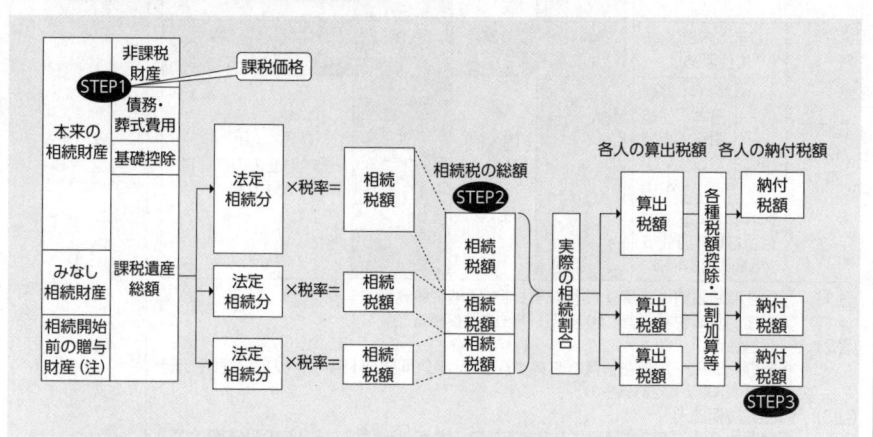

(注)　・贈与の際に相続時精算課税を適用した場合は、相続時精算課税の対象となるすべての贈与
　　　・相続開始前3年以内の、この相続での相続又は遺贈による取得者に対する贈与

本来の相続財産		現金、預貯金、有価証券、土地、家屋、貴金属、貸付金著作権など金銭で見積もることのできる経済的価値のあるもの
みなし相続財産		被相続人が保険料を負担していた死亡保険金、死亡退職金等
相続開始前の贈与財産	相続時精算課税に係る贈与財産	被相続人から生前に相続時精算課税の適用を受ける財産を贈与で取得した場合の贈与財産
	相続開始前3年以内の贈与財産	相続・遺贈で遺産を取得した人が、被相続人から死亡前3年以内に受けた贈与財産

みなし相続財産

(1) 死亡保険金等

① 課税される場合

　被相続人が保険料を負担していた保険契約にかかる生命保険金等を被相続人の死亡により相続人その他の者が取得した場合

保険料負担者	被相続人
被 保 険 者	被相続人（保険事故発生）

② 相続税の課税対象額

$$生命保険金等 \times \frac{被相続人が負担した保険料}{相続開始時までの払込保険料総額}$$

③ 非課税金額

　500万円×法定相続人の数（注）

（注）1　法定相続人の数は、放棄がなかったものとした場合の相続人の数をいう。

　　　2　法定相続人の中に養子がいる場合の法定相続人の数に含めることができる養子の数は、次のとおりとなる。

被相続人に実子あり	養子のうち1人
被相続人に実子なし	養子のうち2人

(2) 退職手当金等

① 課税される場合

　被相続人の死亡により相続人その他の者がその被相続人に支給されるべきであった退職手当金等で被相続人の死亡後3年以内に支給が確定したものの支給を受けた場合

② 非課税金額

　500万円×法定相続人の数（注）

（注）1　法定相続人の数は、放棄がなかったものとした場合の相続人の数をいう。

　　　2　法定相続人の中に養子がいる場合の法定相続人の数に含めることができる養子の数は、生命保険金等の非課税金額の法定相続人の数と同じとなる。

③ 弔慰金の取扱い

　被相続人の死亡により相続人等が弔慰金、花輪代、葬祭料等の支給を受けた場合には、実質的に退職手当金等に該当すると認められるものを除き、次に掲げる金額は弔慰金として認められ、課税されない（次に掲げる金額を超える部分の金額は退職手当金等として相続税の課税財産となる）。

業務上の死亡	死亡時における賞与以外の普通給与の3年分
業務外の死亡	死亡時における賞与以外の普通給与の半年分

(3) 生命保険契約に関する権利

① 課税される場合

　相続開始時において、保険事故が未発生である生命保険契約で被相続人が保険料の全部又は一部を負担し、かつ、被相続人以外の者が当該生命保険契約の契約者である場合

相法3①一

相法12①五、15②③

相法3①二

相法12①六

相基通3-20

相法3①三
財基通214

Introduction

課題と対応

相続税・贈与税

民　法

M&A

株式評価

法人税

株式上場

会社法

医業承継

巻末資料

保険料負担者	被相続人
契 約 者 (注)	被相続人以外
被 保 険 者	被相続人以外 (保険事故未発生)

(注) 契約者が被相続人である場合には本来の財産として課税対象となる。

②相続税の課税対象額

$$\boxed{\begin{array}{c}\text{相続開始時に}\\\text{おける解約返}\\\text{戻金の額}\end{array}} \times \frac{\boxed{\text{被相続人が負担した保険料}}}{\boxed{\text{相続開始時までの払込保険料総額}}}$$

③相続開始時における解約返戻金の額

　相続開始の時においてその契約を解約するとした場合に支払われることとなる解約返戻金の額。

　なお、解約返戻金のほかに支払われることとなる前納保険料の金額、剰余金の分配額等がある場合にはこれらの金額が加算され、源泉徴収されるべき所得税の額に相当する金額がある場合には、その金額を差し引いた金額による。

(4) 定期金に関する権利　相法3①四

①課税される場合

　相続開始時において、定期金給付事由が未発生である定期金給付契約で被相続人が保険料の全部又は一部を負担し、かつ、被相続人以外の者が当該定期金給付契約の契約者である場合

②課税対象額

　当該契約に関する権利の額に払込保険料総額のうちに占める被相続人が負担した保険料の割合を乗じた金額

(5) 保証期間付定期金に関する権利　相法3①五

①課税される場合

　保証期間付定期金給付契約で定期金受取人たる被相続人の死亡後、相続人等が定期金受取人又は一時金受取人となった場合

②課税対象額

　当該定期金給付契約に関する権利の額に払込保険料総額のうちに占める被相続人が負担した保険料の割合を乗じた金額

(6) 低額譲受、債務免除等、その他の利益の享受　相法7、8、9

課税される場合	課税対象額
遺言等により著しく低い価額の対価で財産の譲渡を受けた場合	当該対価と当該譲渡財産の時価との差額相当額
遺言等により対価を支払わないで又は著しく低い価額の対価で債務の免除等を受けた場合	当該債務免除にかかる債務の金額（対価の支払いがあった場合にはその価額を控除した金額）
遺言等により対価を支払わないで又は著しく低い価額の対価で利益を受けた場合（上記の場合を除く）	当該利益の価額に相当する金額（対価の支払いがあった場合にはその価額を控除した金額）

※これらの利益を受けた者が資力を喪失しているなど一定の条件を満たしている場合は遺贈とみなされない。

非課税財産

①墓地、仏壇、祭具等の礼拝の対象とされている財産
②死亡保険金等のうち非課税限度額までの金額（37頁参照）
③死亡退職金等のうち非課税限度額までの金額（37頁参照）
④宗教、慈善、学術等の一定の公益事業を行う者が、公益事業のために使用するもの
⑤相続により取得した財産で、相続税の申告期限までに国・地方公共団体・特定の公益法人に寄附した場合の、その寄附をした相続財産　等

遺産に係る基礎控除

相法15

基礎控除額

| 3,000万円 | + | 600万円 | × | 法定相続人の数 |

※法定相続人の数は、放棄がなかったものとした場合の相続人の数をいう。
※法定相続人の中に養子がいる場合の法定相続人の数に含めることができる養子の数は、次の通りとなる。

区　　分	法定相続人に算入される養子の数
被相続人に実子あり	1人まで
被相続人に実子なし	2人まで

相続税額の計算

(1) 相続税の税率速算表

相法16

法定相続分に応じた各人の取得金額		税率	控除額
1,000万円以下		10%	0円
1,000万円超	3,000万円以下	15%	50万円
3,000万円超	5,000万円以下	20%	200万円
5,000万円超	1億円以下	30%	700万円
1億円超	2億円以下	40%	1,700万円
2億円超	3億円以下	45%	2,700万円
3億円超	6億円以下	50%	4,200万円
6億円超		55%	7,200万円

(2) 相続税額の早見表

※1　課税価格＝相続財産－債務・葬式費用
　2　配偶者有では配偶者の税額軽減を法定相続分まで活用するものとする。
　3　子供はすべて成人とし、孫の養子はないものとする。

①配偶者有　　　　　　　　　　　　　　　　　　　　　　（単位：万円）

課税価格 ＼ 子供の数	1人	2人	3人	4人	5人
5,000	40	10	0	0	0
8,000	235	175	137	100	70
10,000	385	315	262	225	188

Introduction
課題と対応
相続税・贈与税
民法
M&A
株式評価
法人税
株式上場
会社法
医業承継
巻末資料

15,000	920	748	665	588	530
20,000	1,670	1,350	1,217	1,125	1,033
25,000	2,460	1,985	1,800	1,688	1,595
30,000	3,460	2,860	2,540	2,350	2,243
35,000	4,460	3,735	3,290	3,100	2,930
40,000	5,460	4,610	4,155	3,850	3,660
45,000	6,480	5,493	5,030	4,600	4,410
50,000	7,605	6,555	5,962	5,500	5,203
60,000	9,855	8,680	7,838	7,375	6,913
70,000	12,250	10,870	9,885	9,300	8,830
80,000	14,750	13,120	12,135	11,300	10,830
90,000	17,250	15,435	14,385	13,400	12,830
100,000	19,750	17,810	16,635	15,650	14,830
200,000	46,645	43,440	41,182	39,500	38,083
300,000	74,145	70,380	67,433	65,175	63,000

②配偶者無　　　　　　　　　　　　　　　　　　　　　　　　（単位：万円）

課税価格 ＼ 子供の数	1人	2人	3人	4人	5人
5,000	160	80	20	0	0
8,000	680	470	330	260	200
10,000	1,220	770	630	490	400
15,000	2,860	1,840	1,440	1,240	1,100
20,000	4,860	3,340	2,460	2,120	1,850
25,000	6,930	4,920	3,960	3,120	2,800
30,000	9,180	6,920	5,460	4,580	3,800
35,000	11,500	8,920	6,980	6,080	5,200
40,000	14,000	10,920	8,980	7,580	6,700
45,000	16,500	12,960	10,980	9,080	8,200
50,000	19,000	15,210	12,980	11,040	9,700
60,000	24,000	19,710	16,980	15,040	13,100
70,000	29,320	24,500	21,240	19,040	17,100
80,000	34,820	29,500	25,740	23,040	21,100
90,000	40,320	34,500	30,240	27,270	25,100
100,000	45,820	39,500	35,000	31,770	29,100
200,000	100,820	93,290	85,760	80,500	76,000
300,000	155,820	148,290	140,760	133,230	126,000

(3) 相続税の総額

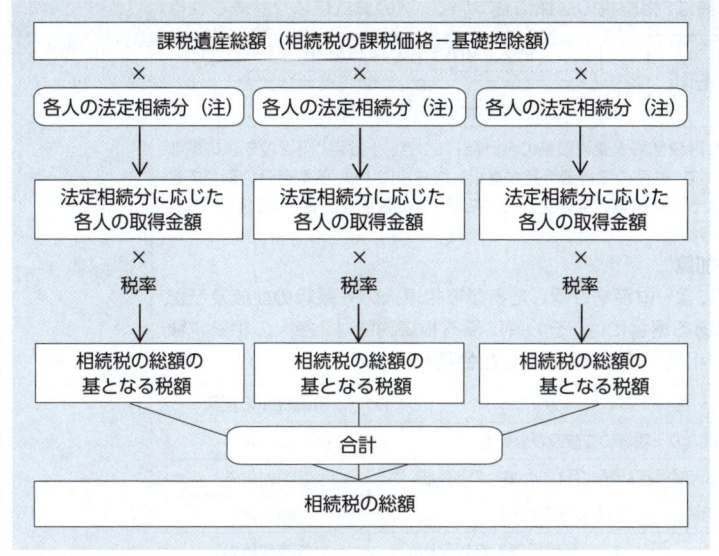

（注） 各人の法定相続分は放棄がなかったものとした場合の相続分をいう。

(4) 各人の納付・還付税額の計算

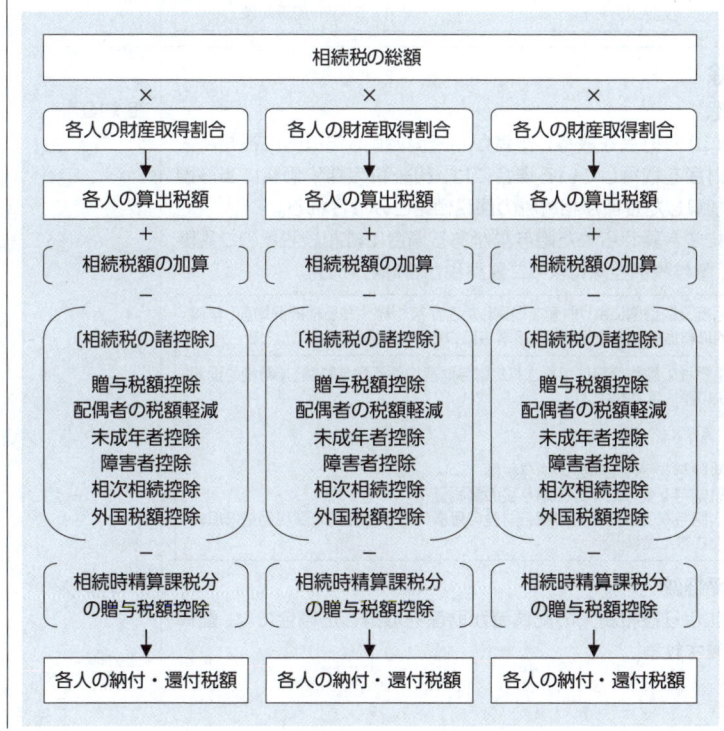

Introduction

課題と対応

相続税・贈与税

民法

M&A

株式評価

法人税

株式上場

会社法

医業承継

巻末資料

41

(5) 各人の算出税額

各人の相続税額は、相続税の総額に基づいて、次の算式により計算される。

$$相続税の総額 \times \frac{各人の相続税の課税価格}{課税価格の合計額}$$

※「各人の相続税の課税価格÷課税価格の合計額」につき、小数点以下2位未満の端数がある場合において、財産の取得者全員が選択した方法により、各取得者の割合の合計値が1になるようにその端数を調整して、各人の算出税額を計算しているときは、その方法が認められる。

(6) 相続税額の加算

相続又は遺贈により財産を取得した者が被相続人の一親等の血族及び配偶者以外の者である場合には、その者に係る相続税額は、各人の相続税額に100分の20に相当する金額を加算した金額とする。

区　　　分		相続税額の加算
被相続人の一親等の血族及び配偶者		加算対象外
直系卑属である代襲相続人（子が死亡した場合の孫など）		加算対象外
被相続人の養子（孫養子を除く）		加算対象外
孫養子	代襲相続人である場合	加算対象外
	代襲相続人でない場合	加算対象
上記以外の者		加算対象

相続税の諸控除

(1) 贈与税額控除

相続又は遺贈により財産を取得した者が相続開始前3年以内に被相続人から贈与により財産を取得している場合には、相続税の課税価格に当該贈与財産の価額を加算した金額が相続税の課税価格とみなされる。

当該贈与財産につき課せられた贈与税がある場合には相続税との二重課税が生じるため、贈与税額控除により二重課税が排除される。

適 用 要 件	相続又は遺贈により財産を取得した者が被相続人から相続開始前3年以内に財産の贈与を受け、当該贈与につき贈与税を課せられたとき
控 　除 　額	相続税の課税価格に加算された贈与財産に係る贈与税額（加算税や延滞税の額は含まれない） $A \times \dfrac{C}{B}$ A：贈与を受けた年分の贈与税額 B：贈与を受けた年分の贈与税の課税価格 C：贈与を受けた年分の贈与財産の価額のうち相続税の課税価格に加算された金額

(2) 配偶者の税額軽減

相続又は遺贈により被相続人の配偶者が財産を取得した場合には、配偶者の相続税が軽減される。

Introduction

課題と対応

相続税・贈与税

民法

M&A

株式評価

法人税

株式上場

会社法

医業承継

巻末資料

税額軽減額	次に掲げる算式により計算される。 $$相続税の総額 \times \dfrac{次の①及び②のいずれか少ない金額}{相続税の課税価格の合計額}$$ ①相続税の課税価格の合計額に民法の規定による配偶者の相続分を乗じて計算した金額（その金額が1億6,000万円に満たない場合には、1億6,000万円） ②配偶者の課税価格に相当する金額（未分割の財産は含まれない）
未分割の場合	①未分割の財産については、適用不可。 ②ただし、相続税の申告書に「申告期限後3年以内の分割見込書」を添付した上で、申告期限までに分割されなかった財産について申告期限から3年以内に分割された場合は、配偶者の税額軽減の適用が受けられる。 ③相続税の申告期限から3年を経過する日までに分割できないやむを得ない事情があり、税務署長の承認を受けた場合で、その事情がなくなった日の翌日から4カ月以内に分割された場合も、配偶者の税額軽減の適用が受けられる。 ④申告後に行われた遺産分割に基づいて配偶者の税額軽減を受ける場合は、分割が成立した日の翌日から4カ月以内に更正の請求を行う必要がある。

(3) 未成年者控除

相法19の3

　相続又は遺贈により財産を取得した者が未成年者である場合には、一定の要件を満たすことにより未成年者控除が受けられる。

適用要件 適用対象者	無制限納税義務者（居住又は非居住）であること
	相続又は遺贈により財産を取得したときに20歳（※）未満であること
	法定相続人であること
控除額	10万円×（20歳（※）−その者の年齢（注）） （注）　年齢計算上、1年未満の端数は切捨
控除しきれない場合	未成年者控除額が控除対象者本人の相続税額（障害者控除・相次相続控除・外国税額控除の適用前）より大きいため控除しきれない場合には、控除しきれない金額はその者の扶養義務者の相続税額から控除する。

※令和4年4月1日以後の相続又は遺贈により財産を取得した場合は18歳

(4) 障害者控除

相法19の4

　相続又は遺贈により財産を取得した者が障害者である場合には、一定の要件を満たすことにより障害者控除が受けられる。

適用要件 適用対象者	居住無制限納税義務者であること
	相続又は遺贈により財産を取得したときに85歳未満の障害者であること
	相続又は遺贈により財産を取得した者が法定相続人であること
控除額	一般障害者：10万円×（85歳−その者の年齢（注）） 特別障害者：20万円×（85歳−その者の年齢（注）） （注）　年齢計算上、1年未満の端数は切捨
控除しきれない場合	障害者控除額が控除対象者本人の相続税額（相次相続控除・外国税額控除の適用前）より大きいため控除しきれない場合には、控除しきれない金額はその者の扶養義務者の相続税額から控除する。

(5) 相次相続控除		相法20

相続人が相続等により財産を取得した場合において、当該相続（第2次相続）に係る被相続人が当該相続の開始前10年以内に開始した相続（第1次相続）により財産を取得しているときは、第1次相続において課せられた相続税のうち一定額につき、相次相続控除の適用がある。

適 用 要 件	被相続人が死亡前10年以内に開始した相続により財産を取得し、当該財産の取得に対し相続税が課税されたこと
	相続又は遺贈により財産を取得した者が相続人であること

<table>
<tr><td rowspan="2">控　除　額</td><td>

$$A \times \frac{C}{(B-A)} \times \frac{D}{C} \times \frac{10-E}{10}$$

A：第1次相続の際に第2次相続に係る被相続人が取得した財産に対して課せられた相続税額
B：第1次相続の際に第2次相続に係る被相続人が取得した財産の価額（債務控除後の金額）
C：第2次相続の際に相続人等の全員が取得した財産の価額の合計額（債務控除後の金額）
D：第2次相続により相続人が取得した財産の価額（債務控除後の金額）
E：第1次相続開始の時から第2次相続の時までの年数（1年未満切捨）

※ $\frac{C}{(B-A)}$ が $\frac{100}{100}$ を超える場合には $\frac{100}{100}$
</td></tr>
</table>

(6) 在外財産に対する相続税額の控除（外国税額控除）		相法20の2

相続又は遺贈により国外の財産を取得した場合において、当該財産につき外国の法令によって相続税に相当する税が課税されているときは、在外財産に対する相続税額の控除が受けられる。

適 用 要 件	相続又は遺贈（相続開始年分の贈与を含む）により、相続税法の施行地外にある財産を取得した場合において、その財産に対して外国の法令により相続税に相当する税が課されたとき

控　除　額	外国の法令によって課税された相続税に相当する税額 ただし、次の算式により計算された金額を超える場合には、次の算式により計算した金額を限度とする。 $$相次相続控除まで控除した後の相続税額 \times \frac{国外に所在する財産の価額（注）}{相続税の課税価格の基礎に算入された金額（債務控除後の金額）}$$ （注）　その財産に係る債務の金額を控除した金額

申告期限等

(1) 申告期限	相法27

相続の開始があったことを知った日の翌日から10カ月以内（その期間内に納税管理人の届出をしないで国内に住所及び居所を有しないこととなる場合には、住所及び居所を有しないこととなる日まで）

(2) 申告書の提出先（納税地）	附則3

被相続人の死亡時における住所が日本国内にある場合には、被相続人の死亡時における住所地を所轄する税務署長

延納・物納

(1) 延納・物納フローチャート

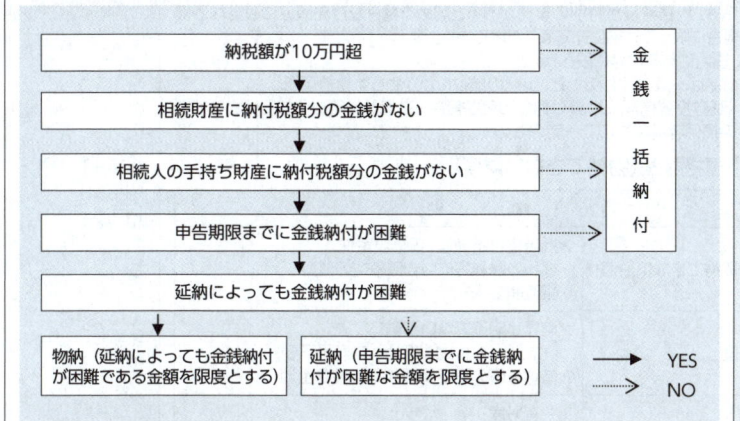

(2) 延納の期間と利子税

区　　　　　分		延納期間（最長）	延納利子税割合（年割合）	特例割合（年割合）
不動産等割合	対象			
75%以上	不動産等	20年	3.6%	0.7%
	動産等	10年	5.4%	1.1%
50%以上75%未満	不動産等	15年	3.6%	0.7%
	動産等	10年	5.4%	1.1%
50%未満	不動産等・動産等	5年	6.0%	1.2%

※1 延納税額及び利子税の額に相当する担保提供を要する。ただし、延納税額が100万円
以下で、かつ、延納期間が3年以下である場合には担保提供不要
2 不動産等割合…不動産等の価額が相続税の課税価格に占める割合
3 不動産等…不動産、不動産の上に存する権利、立木、事業用減価償却資産、特定同族会
社の株式及び出資（一定の立木及び特別緑地保全地区等内の土地については一定の割合
による）
4 動産等…不動産等以外のもの
5 特例割合…延納利子税割合（年割合）×延納特例基準割合÷7.3%
6 延納特例基準割合…銀行の新規の短期貸出約定平均金利の合計を12で除して計算し
た割合として各年の前年の12月15日までに財務大臣が告示する割合（令和3年は0.5%）
に年1%の割合を加算した割合。
7 延納期間…延納税額を10万円で除して得た年数を超えることはできない

(3) 物納の収納価額

原則として、相続税の課税価格計算の基礎となった相続税評価額
※小規模宅地等の評価減の適用を受けた財産は、その適用後の価額

(4) 物納財産の順位

第　1　順　位	不動産、船舶、国債、地方債、上場株式等（注）
第1順位劣後財産	不動産及び上場株式のうち物納劣後財産
第　2　順　位	非上場株式等

第2順位劣後財産	非上場株式のうち物納劣後財産
第　3　順　位	動産

※1　後順位の財産は、税務署長が特別の事情があると認める場合及び先順位に適当な価額
　　のものがない場合に限って物納に充てることができる。
　2　物納財産は、国内にある財産に限られる。
　3　特定登録美術品は一定の要件のもと、上記の順位にかかわらず物納可能。
（注）　株式・社債・証券投資信託又は貸付信託の受益証券・投資証券等のうち上場されてい
　　るものその他の換価容易なもので一定のもの

(5) 管理処分不適格財産（物納できない財産）

相法41
相令18
相規21

具　　体　　例	
完全な所有権を取得できない財産	・抵当権付不動産、質権設定株式 ・権利の帰属等につき係争中の財産 ・譲渡制限株式
特定できない財産	・境界が明確でない不動産 　（ただし、山林は原則として測量不要） ・借地権等の設定範囲が不明確な土地
単独処分が困難な財産	・共有財産 ・通行権が不明確な無道路地 ・著しく狭い土地、著しい不整形地
公序良俗を害する恐れがある財産	・性風俗営業用不動産 ・暴力団事務所利用不動産 ・暴力団所有不動産 ・暴力団支配株式
債務負担が必要な財産又は管理処分費用が過大となる財産	・返還すべき敷金等の債務がある不動産 ・生産緑地指定農地 ・特定有害物質等汚染不動産

(6) 物納劣後財産（他に物納に適した財産がない場合に限り物納できる財産）

相令19

具　　体　　例	
不　動　産	・地上権等の用益権が設定されている土地 ・法令違反建築の建物及びその敷地 ・土地区画整理事業、住宅街区整備事業等が施行された土地で仮換地又は一時利用地指定のない土地 ・納税義務者の居住用又は事業用の建物及びその敷地 ・工場等で維持管理に特殊技能を要する建物及びその敷地 ・接道義務を満たしていない土地、建物建築ができない土地 ・宅地造成できない市街化区域外の土地 ・農用地区域として定められた区域内の土地 ・保安林として指定された区域内の土地 ・忌み地
株　　式	・休眠会社株式

(7) 特定物納

相法48の2

　延納の許可を受けた者がその後の資力の悪化等により延納条件の変更によっても納付が困難となったときは、申告期限から10年以内の申請に限り、延納の許可を受けた相続税額から納付期限が到来した分納税額を控除した残額につき、物納へ変更することができる制度。

その他関連する特例

(1) 相続財産に係る譲渡所得の特例(取得費加算の特例)　措法39

相続又は遺贈により財産を取得して、相続税を課された者が、相続開始日の翌日から3年10カ月以内に当該財産を譲渡した場合には、相続税額のうち一定金額を譲渡所得の計算上取得費に加算することができる。

(2) みなし配当課税不適用の特例　措法9の7

相続又は遺贈により財産を取得して、相続税を課された者が、相続開始日の翌日から3年10カ月以内に、相続税の課税対象となった非上場株式をその発行会社に譲渡した場合は、みなし配当所得は生じず、譲渡対価全額が譲渡所得に係る収入金額となる。

(3) 国等に財産を寄附した場合のみなし譲渡の非課税　措法40

個人が国等又は一定の要件を満たす公益法人等に対して、財産を贈与又は遺贈により寄附をし、国税庁長官の承認を受けた場合には、当該贈与又は遺贈がなかったものとみなされ、みなし譲渡所得は生じない。

(4) 国等に財産を贈与した場合の相続税の非課税　措法70

相続又は遺贈により取得した財産を、相続税の法定申告期限までに国等又は一定の要件を満たす公益法人等に贈与した場合には、その贈与をした財産は相続税が非課税となる。

(5) 国外転出時課税　所法60の3

1億円以上の有価証券を有する一定の居住者から、贈与又は相続等により、非居住者である受贈者又は相続人等に有価証券等が移転した場合には、当該有価証券等を譲渡したものとみなして贈与者又は被相続人等に所得税が課される。

(6) 特定の一般社団法人等に対する相続税の課税　相法66の2

特定一般社団法人等(注1)の理事(注2)が死亡した場合には、当該特定一般社団法人等の純資産額を理事死亡時の同族理事(注3)の数(被相続人を含む)で除した金額を、死亡した理事から当該特定一般社団法人等が遺贈により取得したものとみなして、相続税が課される。

(注1)　特定一般社団法人等とは、次のいずれかに該当する一般社団法人等をいう。
　　　①相続開始の直前における同族理事数の総理事数に占める割合が2分の1を超える
　　　②相続開始前5年以内において、同族理事数の総理事数に占める割合が2分の1を超える期間の合計が3年以上
(注2)　特定一般社団法人等の理事でなくなった日から5年を経過していない者を含む。
(注3)　同族理事とは、一般社団法人等の理事のうち次の者をいう。
　　　①被相続人
　　　②被相続人の配偶者、3親等内の親族
　　　③その他被相続人と特殊の関係がある者(被相続人が役員となっている会社の従業員等)

Introduction
課題と対応
相続税・贈与税
民法
M&A
株式評価
法人税
株式上場
会社法
医業承継
巻末資料

相続開始後のスケジュール

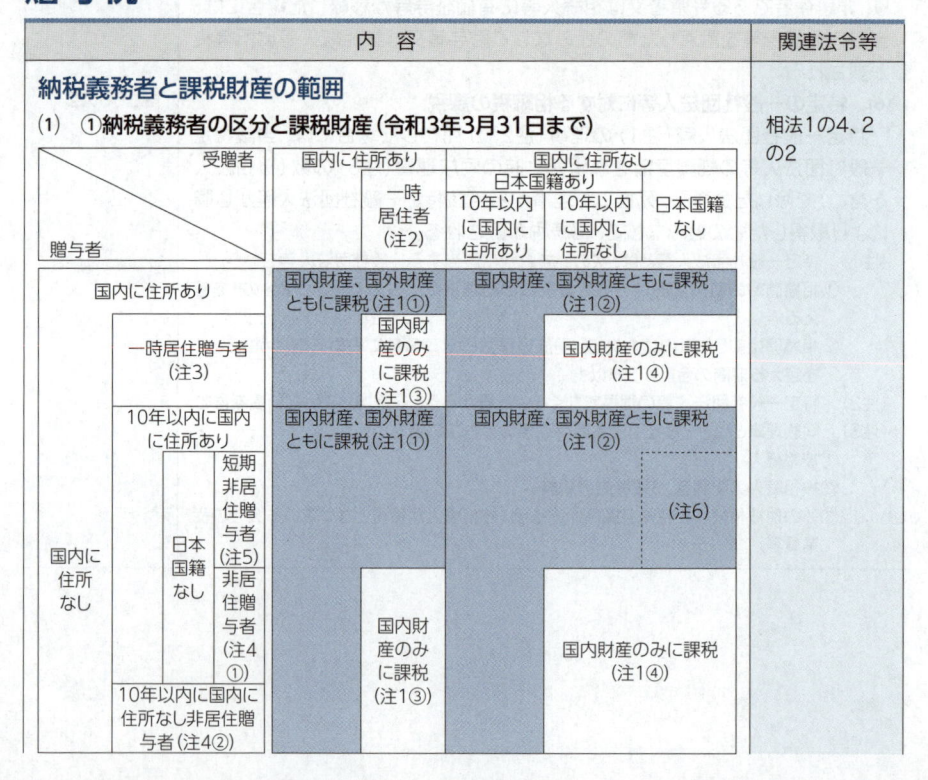

贈与税

内　容	関連法令等
納税義務者と課税財産の範囲	相法1の4、2の2

(1)　①納税義務者の区分と課税財産（令和3年3月31日まで）

	受贈者	国内に住所あり	国内に住所なし		
贈与者		一時居住者（注2）	日本国籍あり		日本国籍なし
			10年以内に国内に住所あり	10年以内に国内に住所なし	
国内に住所あり		国内財産、国外財産ともに課税（注1①）	国内財産、国外財産ともに課税（注1②）		
	一時居住贈与者（注3）		国内財産のみに課税（注1③）	国内財産のみに課税（注1④）	
国内に住所なし	10年以内に国内に住所あり	国内財産、国外財産ともに課税（注1①）	国内財産、国外財産ともに課税（注1②）		
	日本国籍なし　短期非居住贈与者（注5）			（注6）	
	日本国籍なし　非居住贈与者（注4①）	国内財産のみに課税（注1③）	国内財産のみに課税（注1④）		
	10年以内に国内に住所なし非居住贈与者（注4②）				

(注1) ①居住無制限納税義務者 ②非居住無制限納税義務者
③居住制限納税義務者 ④非居住制限納税義務者

(注2) 一時居住者
贈与時に在留資格を有する者で、贈与前15年以内の国内居住期間の合計が10年以下であるもの

(注3) 一時居住贈与者
贈与時に在留資格を有し、贈与前15年以内の国内居住期間の合計が10年以下であるもの

(注4) 非居住贈与者
①贈与前10年以内のいずれかの時に国内に居住しており、国内に住所を有しなくなった日前15年以内の国内居住期間の合計が10年以下であるもの(継続して日本国籍なし)又は国内居住期間の合計が10年を超えるもの(継続して日本国籍なし)のうち同日から2年を経過しているもの
②贈与前10年以内に国内に住所を有していたことがないもの

(注5) 短期非居住贈与者
贈与前10年以内のいずれかの時に国内に居住しており、国内に住所を有しなくなった日前15年以内の国内居住期間の合計が10年を超えるもの(継続して日本国籍なし)のうち同日から2年を経過していないもの

(注6) 短期非居住贈与者から当該受贈者への国外財産の贈与は一旦申告不要となるが、短期非居住贈与者が出国後2年以内に国内に居住した場合には、その時に出国前に遡って申告をしなければならない

※国外転出時課税制度の納税猶予期間中に贈与があった場合、原則として、贈与者は贈与前10年以内に国内に住所を有していたものとみなす。

②納税義務者の区分と課税財産(令和3年4月1日以後)

相法1の4、2の2

贈与者＼受贈者		国内に住所あり		国内に住所なし		
		一時居住者(注2)	日本国籍あり		日本国籍なし
			10年以内に国内に住所あり	10年以内に国内に住所なし	
国内に住所あり		国内財産、国外財産ともに課税(注1①)	国内財産、国外財産ともに課税(注1②)		
	外国人贈与者(注3)		国内財産のみに課税(注1③)	国内財産のみに課税(注1④)	
国内に住所なし	10年以内に国内に住所あり	国内財産、国外財産ともに課税(注1①)	国内財産、国外財産ともに課税(注1②)		
	日本国籍なし 非居住贈与者(注4①)		国内財産のみに課税(注1③)	国内財産のみに課税(注1④)	
	10年以内に国内に住所なし 非居住贈与者(注4②)				

(注1) ①居住無制限納税義務者 ②非居住無制限納税義務者
③居住制限納税義務者 ④非居住制限納税義務者

(注2) 一時居住者
贈与時に一定の在留資格を有する者で、贈与前15年以内の国内居住期間の合計が10年以下であるもの

(注3) 外国人贈与者
贈与時に一定の在留資格を有するもの。

(注4) 非居住贈与者
①贈与前10年以内において、国内に住所を有していた期間中継続して日本国籍がなかったもの。
②贈与前10年以内に国内に住所を有していたことがないもの

※国外転出時課税制度の納税猶予期間中に贈与があった場合、原則として、贈与者は贈与前10年以内に国内に住所を有していたものとみなす。

(2) みなし贈与財産

① 満期保険金や死亡保険金等を取得した場合において、保険料負担者と保険金受取人が異なるときは、保険金受取人が保険料負担者から当該保険金を贈与により取得したものとみなす（相続により取得したものとみなされる場合を除く）。

② 個人年金等の定期金給付が始まった場合において、掛金負担者と年金受取人が異なるときは、年金受取人が掛金負担者から年金受給権を贈与により取得したものとみなす。

③ 低額譲受け、債務免除等、その他の経済的利益の享受を受けた場合には、これらにより利益を受けた者が、当該利益を受けさせた者から、当該利益相当額の贈与を受けたものとみなす。

※これらの利益を受けた者が資力を喪失しているなど一定の条件を満たしている場合は贈与とみなされない。

(3) 非課税財産

① 法人からの贈与により取得した財産（ただし、所得税の課税対象となる）

② 扶養義務者相互間の生活費・教育費（通常必要と認められるもの）

③ 宗教家など公益目的の事業者が贈与を受けた財産で、公益目的の事業に供されることが確実なもの

④ 一定の特定公益信託から交付を受ける奨学金等

⑤ 心身障害者共済制度に基づく給付金の受給権

⑥ 公職選挙法の候補者が選挙活動に関し贈与を受けた財産

⑦ 特定障害者扶養信託契約に基づく信託受益権の価額のうち6,000万円（特定障害者のうち特別障害者以外の者は3,000万円）までの金額。一定の申告が必要。

⑧ 一般社交上、必要と認められる香典、お見舞い、お祝い等

⑨ 相続又は遺贈により財産を取得した者が、相続開始の年に被相続人から贈与を受けた財産（ただし、相続税の課税対象となる）

(4) 基礎控除と税額計算

基礎控除：110万円

税額計算：（贈与税の課税価格－110万円）×贈与税の税率

※同一年中に一般贈与と特例贈与（贈与年の1月1日において20歳（注1）以上の者が直系尊属より受ける贈与）の両方の贈与がある場合の税額計算

その年分の贈与税額＝①＋②

① 基礎控除後（注2）の課税価格に特例贈与の税率を適用して計算した贈与税額 $\times \dfrac{\text{特例贈与財産の価額}}{\text{合計贈与価額（注3）}}$

② 基礎控除後（注2）の課税価格に一般贈与の税率を適用して計算した贈与税額 $\times \dfrac{\text{一般贈与財産の価額（注4）}}{\text{合計贈与価額（注3）}}$

（注1）　令和4年4月1日以後の贈与により財産を取得した場合は18歳

（注2）　基礎控除後……基礎控除110万、贈与税の配偶者控除2,000万円を控除後

（注3）　合計贈与価額＝特例贈与財産の価額と一般贈与財産の価額の合計額

（注4）　贈与税の配偶者控除後の金額

（右欄・条文参照）

相法5

相法6

相法7、8、9

相法21の3、21の4、21の2④

相法21の5
措法70の2の4
措法70の2の5
相法21の7

(5) 税率

速算表

(イ)一般贈与 ((ロ)以外)

基礎控除後の金額		税率	控除額
0万円超	200万円以下	10%	0万円
200万円超	300万円以下	15%	10万円
300万円超	400万円以下	20%	25万円
400万円超	600万円以下	30%	65万円
600万円超	1,000万円以下	40%	125万円
1,000万円超	1,500万円以下	45%	175万円
1,500万円超	3,000万円以下	50%	250万円
3,000万円超		55%	400万円

(ロ)特例贈与(20歳(注)以上の者が直系尊属より受ける贈与)

基礎控除後の金額		税率	控除額
0万円超	200万円以下	10%	0万円
200万円超	400万円以下	15%	10万円
400万円超	600万円以下	20%	30万円
600万円超	1,000万円以下	30%	90万円
1,000万円超	1,500万円以下	40%	190万円
1,500万円超	3,000万円以下	45%	265万円
3,000万円超	4,500万円以下	50%	415万円
4,500万円超		55%	640万円

(注)　令和4年4月1日以後の贈与により財産を取得した場合は18歳

(6) 申告

期　　間：贈与日の翌年2月1日から3月15日

提出先：受贈者の納税地の所轄税務署長

※特例贈与の場合には、受贈者の戸籍謄本等で受贈者の氏名、生年月日及び受贈者が贈与者の直系卑属に該当することを証する書類の提出が必要。ただし、基礎控除後の課税価格が300万円以下である場合は提出不要。

税負担率表

(単位:万円)

贈与額	一般贈与		特例贈与	
	贈与税	負担割合	贈与税	負担割合
A	B	B÷A	C	C÷A
100	0.0	0.0%	0.0	0.0%
150	4.0	2.7%	4.0	2.7%
200	9.0	4.5%	9.0	4.5%
250	14.0	5.6%	14.0	5.6%
300	19.0	6.3%	19.0	6.3%
400	33.5	8.4%	33.5	8.4%
500	53.0	10.6%	48.5	9.7%
600	82.0	13.7%	68.0	11.3%
700	112.0	16.0%	88.0	12.6%
800	151.0	18.9%	117.0	14.6%
900	191.0	21.2%	147.0	16.3%
1,000	231.0	23.1%	177.0	17.7%
1,500	450.5	30.0%	366.0	24.4%
2,000	695.0	34.8%	585.5	29.3%
2,500	945.0	37.8%	810.5	32.4%
3,000	1,195.0	39.8%	1,035.5	34.5%
4,000	1,739.5	43.5%	1,530.0	38.3%
5,000	2,289.5	45.8%	2,049.5	41.0%
6,000	2,839.5	47.3%	2,599.5	43.3%

相法21の7
措法70の2の5

相法28
措則23の5の5

Introduction
課題と対応
相続税・贈与税
民法
M&A
株式評価
法人税
株式上場
会社法
医業承継
巻末資料

7,000	3,389.5	48.4%	3,149.5	45.0%
8,000	3,939.5	49.2%	3,699.5	46.2%
9,000	4,489.5	49.9%	4,249.5	47.2%
10,000	5,039.5	50.4%	4,799.5	48.0%

贈与税の配偶者控除

（概要）

相法21の6

　下記の要件を満たす配偶者から贈与を受けた場合には、基礎控除とは別に、課税価格から2,000万円（当該居住用不動産の価額を限度）が控除される。

（要件）

①婚姻期間満20年以上の配偶者からの贈与であること

②居住用不動産（専ら居住の用に供する土地、借地権若しくは家屋で国内に存するもの）の贈与又は居住用不動産を取得するための金銭の贈与を受け、贈与日の翌年3月15日までに当該居住用不動産に居住し、かつ、その後も居住し続ける見込みであること

③その配偶者からの贈与について、過去にこの規定の適用を受けたことがないこと

④この規定の適用を受けることを記載した贈与税申告書を所轄税務署長に提出していること

住宅取得等資金の贈与税の特例

①取扱い

措法70の2

　平成27年1月1日から令和3年12月31日までの間に直系尊属から住宅取得等資金の贈与を受けた場合には、基礎控除（相続時精算課税の適用を受ける場合は、特別控除額）とは別に当該資金のうち下記の非課税限度額までの金額は贈与税の課税価格に算入されない。

住宅区分 家屋の取得等の契約締結日		省エネルギー性 耐震性 バリアフリー性 を備えた良質な住宅用家屋				左記以外の住宅用家屋			
非課税限度額	平成28年1月1日～平成31年3月31日	1,200万円				700万円			
	平成31年4月1日～令和2年3月31日	消費税率10%	3,000万円	左記以外(注)	1,200万円	消費税率10%	2,500万円	左記以外(注)	700万円
	令和2年4月1日～令和3年12月31日	消費税率10%	1,500万円	左記以外(注)	1,000万円	消費税率10%	1,000万円	左記以外(注)	500万円

（注）　個人間売買等（仲介を含む）により中古住宅を取得した者は、消費税等が課税されないため、「左記以外」に含まれる。

Introduction

課題と対応

相続税・贈与税

民法

M&A

株式評価

法人税

株式上場

会社法

医業承継

巻末資料

②適用要件

(イ)	平成27年1月1日から令和3年12月31日までの間に贈与を受けた年の1月1日において20歳以上である者(制限納税義務者(居住及び非居住)を除く)が直系尊属から受けた贈与であること
(ロ)	受贈者の贈与を受けた年の合計所得金額が2,000万円以下であること
(ハ)	受贈者の一定の住宅用家屋の購入・新築・増改築のための金銭の贈与であること
(ニ)	贈与日の翌年3月15日までに当該住宅用家屋に居住すること、又は同日後遅滞なく居住することが確実と見込まれること(注)
(ホ)	この規定の適用を受けることを記載した贈与税申告書を申告期限内に所轄税務署長に提出していること

(注) 災害があったことにより当該住宅用家屋に居住できなかった場合はこの要件は免除される。

③住宅取得等資金に係る特例の適用対象となる家屋

措令40の4の2
措令40の5

区　分		主　な　要　件
新築若しくは建築後使用されたことのない住宅用家屋(新築住宅)	(イ)	国内にあること
	(ロ)	床面積の2分の1以上が専ら居住の用に供されるもの
	(ハ)	床面積が50㎡以上240㎡以下であるもの(注)
建築後使用されたことのある住宅用家屋(中古住宅)	(ニ)	(イ)〜(ハ)の要件を満たすこと
	(ホ)	取得の日以前20年以内(耐火建築物は25年以内)に建築されたものであること又は一定の耐震基準を満たしているものであること
一定の増改築等	(ヘ)	改築後につき(イ)及び(ロ)の要件を満たすこと
	(ト)	増改築等の工事費が100万円以上であること(居住用部分の工事費が工事費全体の2分の1以上であること)
	(チ)	一定の工事に該当することについて「確認済証の写し」、「検査済証の写し」又は「増改築等工事証明書」により証明されていること

(注) 令和3年1月1日以後は贈与を受ける年分の合計所得金額が1000万円以下の受贈者については、床面積が40㎡以上240㎡以下であるもの

教育資金の一括贈与

直系尊属から教育資金の一括贈与を受けた場合の贈与税の非課税

(概要)

　個人が直系尊属から教育資金の一括贈与を受け、原則として受贈者が30歳に達するまでの間に教育資金として支出した金額は、1,500万円を限度として非課税とされる。

(要件)

(1)　贈与時期：平成25年4月1日から令和5年3月31日までの間の贈与。

(2)　贈与財産：教育資金に充てるための金銭等。

(3)　贈与手段：金銭等を金融機関(信託銀行、銀行等)に信託等する。

(4)　非課税限度額：学校等に直接支払われる入学金、授業料等1,500万円（学校等以外の者に教育に関する役務の提供等の対価として支払われる金銭等(注)については500万円を限度)。

　(注)　令和元年7月1日以後に支払われる教育資金については、23歳以上の受贈者に係る趣味の習い事等の費用は除外される。

措法70の2の2
措令40の4の3
措規23の5の3
告示(文部科学省第68号)

(5) 受贈者の所得要件：平成31年4月1日以後の贈与については、贈与年の前年の合計所得金額が1,000万円を超える場合は非課税措置を受けることができない。

(6) 申告：受贈者は教育資金非課税申告書を金融機関を経由して所轄税務署長に提出しなければならない。

(7) 領収証等の提出：受贈者は教育資金の領収証等を次の期間内に金融機関に提出しなければならない。提出しなかった場合には教育資金に支出しなかった金額とされる。

※平成28年1月1日以降は、領収証等に記載された金額が1万円以下で、かつ、その年中の合計金額が24万円までのものについては、領収証等に代えて、内訳を記載した明細書を提出することができる。

①教育資金に充てた金額を金融機関から払い出す場合……領収証等に記載された支払年月日から1年を経過する日

②①以外の場合……領収証等に記載された支払年月日の翌年3月15日

（贈与税の課税）

(1) 受贈者が30歳に達したとき（注）又は金融機関等と合意解約したとき等の残額（教育資金に支出しなかった金額）に対して贈与税が課税される。

（注）　令和元年7月1日以後は、受贈者が30歳に達した場合においても、下記（相続税の課税）のB又はCに該当するときは、該当しなくなった年の翌年12月31日又は40歳に達する日のいずれか早い日まで非課税対応期間が延長される。

(2) 受贈者が死亡したときは、残額があっても贈与税は課税されない。

（相続税の課税）

　贈与者が平成31年4月1日以後に死亡した場合、贈与を受けた金額から教育資金として支出した金額を引いた残額は、受贈者が贈与者から相続又は遺贈により取得したものとみなして相続税が課税される。ただし、死亡日において次のいずれかに該当する場合を除く。

　　A　受贈者が23歳未満である場合

　　B　受贈者が学校等に在学している場合

　　C　受贈者が雇用保険法に規定する教育訓練を受けている場合

※1　平成31年3月31日までに贈与を受け、非課税措置の適用を受けた金額については、相続税の課税対象とはならない。

※2　平成31年4月1日から令和3年3月31日までの間に贈与を受け、非課税措置の適用を受けた金額については、贈与者の死亡前3年以内に受けたものを除き、相続税の課税対象にならない（死亡前3年以内に受けたものは、上記A〜Cに該当する場合を除き相続税の対象となるが、その場合でも相続税額の二割加算の適用はない。）。

結婚・子育て資金の一括贈与

直系尊属から結婚・子育て資金の一括贈与を受けた場合の贈与税の非課税

（概要）

　20歳以上50歳未満の個人が直系尊属から結婚・子育て資金の一括贈与を受け、受贈者が50歳に達するまでの間に結婚・子育て資金として支出した金額は、1,000万円を限度として非課税とされる。

（要件）

(1) 贈与時期：平成27年4月1日から令和5年3月31日までの間の贈与。

(2) 贈与財産：結婚費用・子育て費用に充てるための金銭等。

措法70の2の3
措令40の4の4
措規23の5の4
告示（内閣府第48号）

Introduction

課題と対応

相続税・贈与税

民法

M&A

株式評価

法人税

株式上場

会社法

医業承継

巻末資料

(3) 贈与手段：金銭等を金融機関（信託銀行、銀行等）に信託等する。

(4) 非課税限度額：①結婚費用…婚礼（披露宴を含む）費用、住居費用、引越費用。②子育て費用…不妊治療・妊婦健診・出産の費用、産後ケア費用、小学校就学前の子の医療費用・育児費用。①と②を合わせて1,000万円を限度（うち①結婚費用は300万円を限度）。

(5) 受贈者の所得要件：平成31年4月1日以後の贈与については、贈与年の前年の合計所得金額が1,000万円を超える場合は非課税措置を受けることができない。

(6) 申告：受贈者は結婚・子育て資金非課税申告書を金融機関を経由して所轄税務署長に提出しなければならない。

(7) 領収証等の提出：受贈者は結婚・子育て資金の領収証等を次の期間内に金融機関に提出しなければならない。提出しなかった場合には結婚・子育て資金に支出しなかった金額とされる。

　①結婚・子育て資金に充てた金額を金融機関から払い出す場合…領収証等に記載された支払年月日から1年を経過する日

　②①以外の場合…領収証等に記載された支払年月日の翌年3月15日

（贈与税の課税）

(1) 受贈者が50歳に達したとき又は金融機関等と合意解約したとき等の残額（結婚・子育て資金に支出しなかった金額）に対して贈与税が課税される。

(2) 受贈者が死亡したときは、残額があっても贈与税は課税されない。

（相続税の課税）

　贈与者が死亡した場合、贈与を受けた金額から結婚・子育て資金として支出した金額を引いた残額は、受贈者が贈与者から相続又は遺贈により取得したものとみなして相続税が課税される。

※令和3年3月31日までに贈与を受け、非課税措置の適用を受けた金額については、相続税額の二割加算の適用はない。

相続時精算課税

(1) 概要

　相続時精算課税とは、60歳以上の贈与者から贈与者の推定相続人（20歳（注）以上の直系卑属に限る。）又は20歳（注）以上の孫への贈与につき認められる贈与税の課税制度をいう。

　贈与時に贈与税を納付し、贈与者の相続発生時にはその贈与財産の価額を相続税の課税価格に加算して計算した相続税から贈与時に納付した贈与税を控除した金額を納付すべき相続税とする。

(注)　令和4年4月1日以後の贈与により財産を取得した場合は18歳

相法21の9ほか
措法70の2の6

(2) 適用対象者

区　分	適　用　対　象　者
受贈者	・贈与者の推定相続人である直系卑属のうち、贈与を受けた年の1月1日において20歳（注）以上である者。 ・贈与者の孫のうち、贈与を受けた年の1月1日において20歳（注）以上である者 （注）　令和4年4月1日以後の贈与により財産を取得した場合は18歳
贈与者 （特定贈与者）	贈与を行った年の1月1日において60歳以上である者

相法21の9①
措法70の2の6①

※推定相続人には代襲相続人も含む。

(3) 贈与税額の計算方法

$$\left(\ \boxed{贈与税の課税価格}\ -\ \boxed{特別控除額}\ \right)\ \times\ 20\%$$

※1　贈与税の課税価格は、特定贈与者ごとの課税価格をいう。

　2　特別控除額は、2,500万円を限度(前年以前において、既に特別控除額を控除している場合は、その残額が限度)とする。

相法21の10、21の11、21の12、21の13

(4) 相続税額の計算方法(特定贈与者に相続が発生した場合)

①相続税の課税価格の計算

$$\boxed{\begin{array}{c}特定贈与者から相続又は\\遺贈により取得した財産\\の価額\end{array}}\ +\ \boxed{\begin{array}{c}相続時精算課税の適用を\\受けた財産の価額(贈与\\時の価額)\end{array}}$$

※特定贈与者から相続又は遺贈により財産を取得しなかった場合も相続時精算課税の適用を受けた財産の価額については相続税の対象となる。

②相続税額の計算

$$\boxed{\begin{array}{c}上記により計算した課税価格に\\より算出した相続税額\end{array}}\ -\ \boxed{\begin{array}{c}相続時精算課税に\\係る贈与税額相当額\end{array}}$$

※控除しきれない場合には、控除しきれない贈与税相当額は還付される。

相法21の14、21の15、21の16

(5) 適用手続

　贈与を受けた財産に係る贈与税の申告期限内に相続時精算課税選択届出書他以下の書類を当該贈与税の申告書に添付して納税地の所轄税務署長に提出する。

　受贈者の戸籍謄本又は抄本及び戸籍の附票の写しその他の書類で次の内容を証する書類

①受贈者の氏名、生年月日

②受贈者が贈与者の推定相続人であること

　なお、一度、「相続時精算課税選択届出書」を提出した場合には、その贈与者からの贈与については、以後必ず相続時精算課税制度が適用される(暦年課税に戻ることはできない)。

相法21の9②③⑥
相規11

6) 住宅取得等資金に係る贈与の特例

①相続時精算課税の特例

　令和3年12月31日までの間に、住宅取得等資金の贈与を受けた場合には、贈与者が贈与を行った年の1月1日において60歳未満であっても当該資金については相続時精算課税の適用を受けることができる。

措法70の3

区　分	適 用 対 象 者
受　贈　者	贈与者の推定相続人(孫を含む)である直系卑属のうち、贈与を受けた年の1月1日において20歳以上である者(制限納税義務者(居住及び非居住)を除く)

※推定相続人には代襲相続人も含む。

②直系尊属から住宅取得等資金の贈与を受けた場合の贈与税の非課税
　(52頁参照)

措法70の2

法人版事業承継税制（贈与税・相続税の納税猶予及び免除制度）

内　容	関連法令等
	措法70の7の5〜措法70の7の8ほか

事業承継税制（特例制度）

(1) 概要

　一定の要件を満たす非上場会社のオーナー兼経営者（先代経営者）から後継者へ代表取締役の交代と自社株式等の承継（贈与・相続・遺贈。以下「贈与等」という。）を実施した場合に、対象株式等に係る贈与税・相続税の納税を全額猶予できる制度。その後、後継者に相続発生又は次の後継者へ事業承継税制による贈与承継した場合等には猶予額が免除される。

　この特例は、平成30年4月1日から令和5年3月31日までの5年間に特例承継計画を都道府県に提出した場合に限り、平成30年1月1日から令和9年12月31日までの間の贈与等について適用される。

①贈与税の納税猶予の適用を受ける場合の猶予から免除の流れ

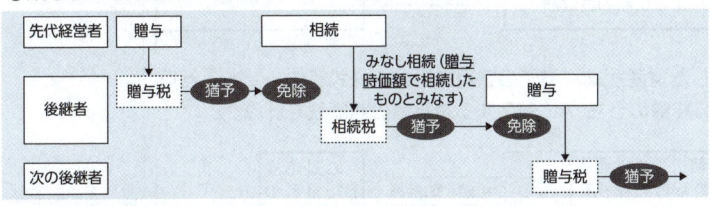

②相続税の納税猶予の適用を受ける場合の猶予から免除の流れ

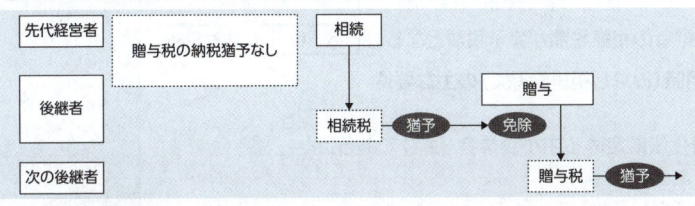

(2) 対象株式等

・後継者が次の者から贈与等により取得する全ての完全議決権株式等
　①先代経営者
　②先代経営者以外の株主等（先代経営者からの贈与等の日以後、贈与税又は相続税の申告期限が先代経営者からの株式等の贈与等に係る特例経営承継期間内（注）に到来する贈与等に限る）
　　（注）　特例経営承継期間は、原則として猶予適用の最初の株式等の贈与等に係る贈与税又は相続税の申告期限の翌日から5年間

(3) 納税猶予の対象となる税額

・贈与税、相続税ともに対象株式等の100%部分
※承継会社が外国子会社株式等（注）を有している場合には、外国子会社株式等を有していなかったものとして計算した株価を基に納税猶予額を算定する。
　また、みなし相続時においては対象株式等の価額から相続時の承継会社の純資産額に占める外国子会社株式等の価額等の割合分を除外して納税猶予額を算定する。
（注）　外国子会社株式等とは、代表者の同族関係者等で50%超所有する外国子会社株式（特別関係会社に限る）・医療法人の出資持分、承継会社が資産保有型会社等に該当し代表者の同族関係者で発行済株式の3%以上所有する上場会社株式をいう。

措法70の7の5②ハほか

措規23の12③、措令40の8⑫ほか

(4) 贈与税の納税猶予の適用を受ける場合の計算方法

	後継者が1年間に贈与を受けた対象株式等を除く全ての財産合計 (A)	対象株式等価額 (B)
①	贈与財産すべて (A+B) に対する贈与税額	
②	ないものとみなす	贈与財産を (B) のみとみなした場合の贈与税額

・贈与税納税額 (納税猶予考慮前) ＝①
・贈与税納税猶予額＝②
・贈与税納税額 (納税猶予額控除後) ＝①－②
　※暦年贈与又は相続時精算課税贈与を選択可能

(5) 相続税の納税猶予の適用を受ける場合の計算方法

①課税価格の合計額に基づいて計算した相続税の総額のうち、後継者の課税価格に対応する相続税を計算。

後継者以外の相続人等が取得した財産の価額の合計額	後継者が取得した全ての財産の価額の合計額	相続税の計算	後継者の相続税

②後継者が取得した財産が納税猶予の適用を受ける株式等のみであると仮定した相続税の総額のうち、Aに対応する後継者の相続税を計算。

後継者以外の相続人等が取得した財産の価額の合計額	納税猶予の適用を受ける株式等の額 (A)	相続税の計算	Aに対応する後継者の相続税

③Aに対応する後継者の相続税額が猶予税額となる。

猶予税額	納付税額

(6) 納税猶予適用時 (みなし相続時除く) の主な要件

①承継会社要件
　・経営承継円滑化法に定める中小企業者 (注1) であること
　・非上場会社であること
　・風俗営業会社でないこと
　・主たる事業収入が零超で、従業員数が1人以上であること
　・後継者以外の者が黄金株 (拒否権付き種類株式) を有していないこと
　・事業実態要件 (注2) を満たさない資産保有型会社等 (注3) でないこと
　・特定特別関係会社 (代表者、代表者と生計一の同族関係者で50%超所有の会社) が、中小企業者、非上場会社であり、風俗営業会社でないこと

(注1)　経営承継円滑化法に定める中小企業者とは、下記の業種・分類ごとに、資本金基準又は従業員数基準のいずれかを満たす会社をいう。

業種	分類	資本金	又は	従業員数
製造業その他	ゴム製品製造業 (自動車又は航空機用タイヤ及びチューブ製造並びに工業用ベルト製造業を除く)	3億円以下		900人以下
	上記以外			300人以下
卸売業		1億円以下		100人以下
小売業		5,000万円以下		50人以下
サービス業	ソフトウェア・情報処理サービス業	3億円以下		300人以下
	旅館業	5,000万円以下		200人以下
	上記以外			100人以下

Introduction

課題と対応

相続税・贈与税

民法

M&A

株式評価

法人税

株式上場

会社法

医業承継

巻末資料

(注2) 事業実態要件とは次のすべてをいい、これらを満たす場合には、資産保有型会社又は資産運用型会社に該当しても納税猶予の対象となる。
・常時使用する従業員の数が5名以上であること
※「従業員」には、後継者、後継者と生計を一にする親族を含めない。
・事務所、店舗、工場その他これらに類するものを所有又は賃借していること
・贈与等の日まで3年以上継続して商品販売等又は商品販売等を行うために必要となる資産を所有又は賃借していること

措令40の8の5⑤、40の8⑥ほか

(注3) 資産保有型会社等とは、下記に該当する会社をいう。
・資産保有型会社

$$\frac{特定資産（注4）の帳簿価額＋一定の配当＋損金不算入役員給与}{総資産の帳簿価額＋一定の配当＋損金不算入役員給与} ≥70\%$$

・資産運用型会社

$$\frac{特定資産（注4）の運用収入}{総収入金額} ≥75\%$$

措法70の7の5②三・四、70の7②八・九、措令40の8㉑ほか

(注4) 特定資産となる資産の主なものは、現預金等、有価証券等（資産保有型会社等に該当しない、又は、事業実態要件を満たす特別子会社株式（注5）を除く）、自ら使用していない不動産、ゴルフ会員権等、絵画・貴金属等で一定のものをいう。
(注5) 特別子会社株式とは、承継会社及び代表者、代表者の同族関係者が合わせて総株主等議決権の50%超を有する会社の株式をいう。

経承円規1⑰二

②先代経営者要件
・特例承継計画に記載された先代経営者であること
・贈与等の日前のいずれかの日において承継会社の代表権（制限が加えられた代表権を除く）を有していたこと
・代表者であった時及び贈与等の直前において同族で議決権数の過半数を有し、同族内で筆頭株主（後継者除く）であったこと
・【贈与のみ】贈与時点で承継会社の代表権を有していないこと
③後継者要件
・特例承継計画に記載された後継者であること
・贈与等の直後において、同族で議決権数の過半数を有し、同族内で筆頭株主（注）であること
(注) 後継者が2人又は3人の場合には、贈与等の直後において、各後継者が議決権割合の10%以上を有し、かつ、同族内で筆頭株主（他の後継者を除く）であること
・先代経営者の保有している株式等の全部又は一定数以上を贈与等により取得すること
・承継会社の代表権を有していること（贈与は贈与時点、相続は相続翌日から5ヵ月経過時点）
・【贈与のみ】20歳以上（注）であること
(注) 令和4年4月1日以降に贈与により取得する財産に係る贈与税については、18歳以上
・【贈与のみ】承継会社の役員を贈与日まで3年以上継続していること
・【相続のみ】先代経営者が70歳以上で死亡した場合、相続開始の直前において承継会社の役員であること（ただし、相続開始前に確認を受けた特例承継計画に後継者が特例後継者として記載されている場合は、相続直前の後継者の役員要件なし）

④担保提供要件
- ・猶予税額及び利子税の合計額に相当する担保を提供すること
※対象株式等を全て担保提供すれば、担保充足とみなされる。

(7) **納税猶予適用後、猶予継続のための主な要件**

①特例経営承継期間中（5年間）の納税猶予継続要件
- ・雇用の8割を維持すること（5年間の平均）
※雇用の8割を維持できない場合であっても、一定の書類を都道府県へ提出し確認を
受ければ納税猶予を継続できる。
- ・後継者は承継会社の代表者でいること
- ・後継者は、同族で議決権数の過半数を有し、同族内で筆頭株主（注）であ
ること　　　　　　　　　　　　　　　　　（注）　前記(6)③（注）を参照。
- ・対象株式等を継続して保有すること
- ・承継会社要件を満たしていること（中小企業者要件、特定特別関係会社
の中小企業者要件・非上場会社要件を除く）
- ・承継会社が減資をしていないこと
- ・承継会社が一定の組織再編を行っていないこと（再編によっては継続可）
- ・年次報告を都道府県知事へ毎年提出すること
- ・継続届出書を税務署へ毎年提出すること

②特例経営承継期間経過後の納税猶予継続要件
- ・対象株式等を継続して保有すること
- ・承継会社要件を満たしていること（中小企業者要件、非上場会社要件、
非風俗営業会社要件、黄金株要件、特定特別関係会社の要件を除く）
- ・承継会社が減資をしていないこと
- ・承継会社が一定の組織再編を行っていないこと（再編によっては継続可）
- ・継続届出書を税務署へ3年毎に提出すること

(8) **みなし相続時（贈与税納税猶予から相続税納税猶予へ切替時）の適用要件**　措置法70の7
の8②

①承継会社要件
- ・風俗営業会社でないこと
- ・主たる事業収入が零超で、従業員数が1人以上であること
- ・事業実態要件を満たさない資産保有型会社等でないこと
- ・後継者以外の者が黄金株を有していないこと
- ・特定特別関係会社が風俗営業会社でないこと
- ・承継期間内に相続発生した場合には、承継会社、特定特別関係会社とも
に非上場会社であること

②後継者要件
- ・相続開始時に同族で議決権数の過半数を有し、同族内で筆頭株主（注）で
あること　　　　　　　　　　　　　　　　（注）　前記(6)③（注）を参照。
- ・相続開始時に承継会社の代表権を有していること

③担保提供要件
- ・猶予税額及び利子税の合計額に相当する担保を提供すること
※対象株式等を全て担保提供すれば、担保充足とみなされる。

Introduction

課題と対応

相続税・贈与税

民法

M&A

株式評価

法人税

株式上場

会社法

医業承継

巻末資料

(9) **納税猶予後の主な納税免除事由**
- 【贈与のみ】先代経営者の死亡（贈与税納税猶予額が免除され、対象株式等を相続により取得したものとみなされる）
- 後継者の死亡
- 特例経営承継期間経過後に、後継者が、次の後継者に贈与税納税猶予の適用を受ける贈与を実施
- 特例経営承継期間経過後の特別清算等
- 特例経営承継期間経過後の全対象株式等の譲渡等（時価が猶予額を下回る一定の部分のみ）
- 特例経営承継期間経過後の対象株式等の譲渡等（経営環境悪化の要件を満たす場合に限り、時価に対応する税額が猶予額を下回る一定の部分のみ）

措法70の7⑮⑯、措法70の7の2⑯⑰、措法70の7の5⑫、措法70の7の6⑬ほか

(10) **租税回避防止規定**
- 現物出資規制（納税猶予適用時）
  承継会社の資産につき次に該当する場合には事業承継税制の適用除外となる。

措法70の7の5㉔、70の7の6㉕、70の7㉙、70の7の2㉚

$$\frac{\text{贈与等の日前3年以内に後継者及びその同族関係者からの現物出資又は贈与により取得した資産の価額の合計額}}{\text{総資産の価額の合計額}} \geqq 70\%$$

措法70の7の5⑩、70の7の6⑪、70の7⑭、70の7の2⑮

- 行為計算の否認規定
  贈与税や相続税の負担を不当に減少させる結果となると認められるものについては、承継会社の行為計算否認規定が設けられている。

一般制度と特例制度の主な違い

主な違いは次の通りである。適用要件などはほぼ同じであるので、一般制度利用の場合には先の特例制度の内容を参照されたい。

項目	一般制度	特例制度	
対象株式	発行済議決権株式総数の2/3まで	全株式	
相続時の納税猶予税額	対象株式に係る相続税の80%	全額	
後継者の要件	1名のみ	3名まで	
雇用確保要件	5年平均8割	8割未満でも届出による確認で猶予継続が可	
経営環境悪化事由による猶予税額の一部免除	特別な措置はなし	経営環境悪化により対象株式等を譲渡した場合、猶予額を下回る時価対応税額の一部分を免除	措法70の7の5⑫ほか
相続時精算課税制度	特別な措置はなし	先代経営者から推定相続人等以外の後継者への贈与も適用可	措法70の2の8

事業承継税制（特例）の手続

手続	提出書類	提出先	提出期限	留意点
確認申請	特例承継計画（確認申請書）	都道府県	認定申請書の提出まで（注1）	認定経営革新等支援機関の所見が必要。
贈与相続又は遺贈			（特例制度は令和9年12月31日までの贈与等が対象）	確認申請前の贈与・相続又は遺贈についても適用可能。
認定申請	認定申請書	都道府県	申告期限の2カ月前まで	確認書の写し、定款等の会社関係書類の添付が必要。
税務申告	贈与税申告書相続税申告書	税務署	申告期限（期限内申告）	確認書・認定書の写し等の添付が必要。相続税は、対象株式の遺産分割確定が必要。
担保提供	担保提供関係書類	税務署	申告期限（期限内申告）	株券発行会社と株券不発行会社で手続が異なる。
継続（承継期間内）	年次報告書	都道府県	基準日（注2）の翌日から3カ月以内	当初5年間、毎年1回。会社関係書類の添付が必要。
	継続報告書	税務署	基準日（注2）の翌日から5カ月以内	当初5年間、毎年1回。年次報告書の確認書の添付が必要。
実績報告	報告書	都道府県	承継期間の末日の翌日から4カ月以内	雇用5年平均8割を下回った場合のみ提出。認定経営革新等支援機関の所見が必要。
継続（承継期間後）	継続届出書	税務署	基準日（注3）の翌日から3カ月以内	申告期限から5年経過後、3年に1回。
一部免除（猶予贈与税）（猶予相続税）	免除届出書	税務署	一部免除事由発生日から2カ月以内	特例制度特有の一部免除における再申請期限も、事由発生日2年経過から2カ月。
切替	切替確認申請書	都道府県	先代経営者の相続開始日の翌日から8カ月以内	先代経営者の相続発生後、贈与税から相続税の納税猶予制度に切り替える場合。
免除（猶予贈与税）	免除届出書	税務署	先代経営者の相続開始日の翌日から10カ月以内	先代経営者の相続発生により、後継者の猶予贈与税額が免除。
免除（猶予贈与税）（猶予相続税）	免除届出書	税務署	後継者の次の後継者への贈与に係る贈与税申告書提出日から6カ月以内	後継者から次の後継者への贈与で事業承継税制を適用したことにより、後継者の猶予税額が免除。
認定取消事由等に該当	随時報告書臨時報告書	都道府県	事由により異なる（1カ月、相続関係は4カ月が多い）	認定取消事由に該当した場合等、一定の状況変更があったときに報告書の提出が必要。

（注1）　令和5年3月31日までに提出する必要がある。
（注2）　申告期限の翌日から1年を経過する日ごとの日をいう。
（注3）　承継期間末日の翌日から3年を経過する日ごとの日をいう。

国際相続

内　容	関連法令等

海外にジョイント口座、ジョイント・テナンシーを有している場合の留意点

　現地法において、ジョイント口座、ジョイント・テナンシー制度の利用が認められている国や地域があるが、これらは共有（合有）所有形態と解され、相続・贈与等が生じた場合、その際に財産の移転があったものとみなして計算する。

(参考)日本とアメリカにおける相続税（遺産税）の相違点

関連法令等：相法15　相法16　IRC2010

	日本	アメリカ
納税義務者	相続人	被相続人
課税範囲	○無制限納税義務者 ：全世界財産 ○非居住者のうち上記以外 ：国内所在財産	○米国市民・米国居住者：全世界財産 ○上記以外　　　：米国国内所在財産
基礎控除	3,000万円+600万円×法定相続人の数	○米国市民・米国居住者： 課税遺産額ベースで1,170万USD ※2021年の場合 ○米国非居住者(上記以外) 課税遺産額ベースで6万USD ※2021年の場合 ※日米相続税条約により特例あり
配偶者控除	法定相続分又は1億6,000万円のいずれか大きい額まで控除可	○米国市民である配偶者が相続した財産：全額非課税 （ただし、被相続人が米国非居住者の場合には米国国内財産のみ非課税） ○米国市民でない配偶者が相続した財産：原則適用なし
申告納税期限	相続発生日より10カ月以内	原則として相続発生日より9カ月以内 ※延長申請により申告期限から6カ月間延長可能
税　率	10%～55%（累進税率）	18%～40%（累進税率）

※上記は連邦税における取扱いであり、州税について各々異なるため確認が必要となります。

(参考)アメリカにおける情報開示制度

　米国籍保有者又は米国居住者（グリーンカード保有者を含む）が米国外に一定の金融資産を有している場合は、その資産情報をFBAR，Form 8938という書類により毎年米国へ開示する義務がある。

	FBAR (FinCEN Form 114)	Form 8938
対象者	米国市民、米国居住者（グリーンカード保有者など）、米国で設立された法人・パートナーシップ・信託・遺産財団等	米国市民、米国居住者（グリーンカード保有者等）
要件	海外に合計$10,000を超える銀行・証券口座を暦年中に一時点でも保有していた場合等	海外に一定の金融資産（※）を持つ場合 例：米国在住の夫婦の場合、年末残高$100,000超、年間最高残高$150,000超等

開 示 資 産	米国外金融機関口座、米国外証券口座、50%超所有し支配しているEntityで保有している海外金融資産、外国ミューチュアルファンド、外国生命保険 等	米国外金融機関口座、米国外証券口座、口座外で保有する外国株式、外国パートナーシップ持分、外国ミューチュアルファンド、外国生命保険 等
主な開示情報	暦年中の最高残高及び金融機関・口座情報	暦年中の最高残高及び金融機関・口座情報
提 出 先	FinCEN (Financial Crimes Enforcement Network) ペナルティに関してはIRSに権限を委譲	IRS (Internal Revenue Service)
提 出 期 限	所得税申告書の提出期限(4/15)と同様 (延長も可能)	所得税申告書の提出期限(4/15)と同様 (延長も可能)
ペ ナ ル テ ィ (1年ごと)	・過失の場合…1口座につき$10,000 ・故意の場合…1口座につき$100,000か口座残高の50%のいずれか高い方 ※悪質な場合は、上記の他に刑事罰あり	$10,000 IRSの通知があってから90日以内に提出しない場合には30日ごとに$10,000の追加ペナルティ最高$50,000 ※悪質な場合は、上記の他に刑事罰あり

(※一定の金融資産)

		独身	夫婦合算申告	夫婦個別申告
米 国 居 住	暦年最高残高	$75,000	$150,000	$75,000
	暦年末残高	$50,000	$100,000	$50,000
国 外 居 住	暦年最高残高	$300,000	$600,000	$300,000
	暦年末残高	$200,000	$400,000	$200,000

　また、米国外の会社の株式を保有している場合や、米国非居住者から、相続等により財産を取得した場合には、それぞれForm 5471若しくはForm 3520を提出する義務が生じる場合がある。

	Form 5471	Form 3520
対 象 者	米国市民、米国居住者(グリーンカード保有者など)、米国内のパートナーシップ・法人・遺産財団・信託	米国市民、米国居住者(グリーンカード保有者など)、米国内のパートナーシップ・法人・遺産財団・信託 など
要 件	・取締役や執行役になっている外国法人株式を10%以上取得した場合 ・外国法人株式を50%超保有している場合 ・米国株主が50%超の株式を保有している外国法人の株式を10%以上保有している場合 など	・米国非居住外国人から$100,000を超える財産を相続又は贈与により取得した場合 ・米国外法人又はパートナーシップから$16,388を超える財産を贈与により取得した場合 など
主な開示情報	・株式保有状況 ・外国法人の財務内容 ・サブパートF所得に関する発生状況	・贈与者及び受贈財産の詳細、時価
提 出 先	IRS (Internal Revenue Service)	IRS (Internal Revenue Service)
提 出 期 限	所得税申告書の提出期限(4/15)と同様 (延長も可能)	所得税申告書の提出期限(4/15)と同様 (延長も可能)
ペ ナ ル テ ィ (1年ごと)	$10,000 IRSの通知があってから90日以内に提出しない場合には30日ごとに$10,000の追加ペナルティ最高$50,000 など	$10,000又は受贈財産の5%いずれか大きい額 IRSの通知があってからも開示しない場合は30日ごとに5%の追加ペナルティ(最大25%) など 情報開示の失念が故意でなく、合理的な理由があったことを示すことができれば、ペナルティーは免除される。

民 法

相続人の範囲・法定相続分

内　容	関連法令等
相続の原則 　相続は、人の死亡により、その被相続人の住所において開始する。 ※日本国籍の者が海外で死亡した場合や外国籍の者が国内で死亡した場合は、本国法、居所地法の確認が必要。原則として、被相続人の本国法による。ただし、反致規定あり。	民法882、883、適用法36、41

相続人の範囲と法定相続分

配偶者と先順位の血族相続人が相続人となる。

	順位	相続人	配偶者・血族相続人間の法定相続分	
			配偶者	血族相続人
配偶者	配偶者は常に相続人となる			
血族相続人	1	子	1/2	1/2
	2	直系尊属	2/3	1/3
	3	兄弟姉妹	3/4	1/4

関連法令等：民法887、889、890、900

※血族相続人間の法定相続分は等分（半血兄弟姉妹を除く）

内　容	関連法令等
胎児 　相続開始時に胎児であった者も相続人となる。ただし、胎児が生きて生まれなかったときは相続人とはならない。	民法886
半血兄弟姉妹（父母の一方のみ同一の兄弟姉妹） 　相続分は、全血兄弟姉妹（父母の双方同一）の1/2となる。	民法900
非嫡出子（婚姻以外の関係で生まれた子） 　相続分は嫡出子と同等となる。 ※平成25年9月4日以前に開始した相続で、同日までに確定的なものとなった法律関係については相続分は嫡出子の1/2。	民法900
代襲相続人 　相続人である子・兄弟姉妹が、既に死亡していた場合等は、その者の子が相続人となる。代襲相続人の相続分は、被代襲者の受けるべきだった相続分を等分したものとなる。 ※被相続人の直系卑属は再代襲もある。兄弟姉妹が相続人となる場合、再代襲はない。 ※相続放棄は代襲原因ではない。	民法887、889、901
普通養子 　養親及び実親の相続権を有する。	民法809
特別養子 　養親の相続権を有し、実親の相続権は有さない。	民法817の9

Introduction
課題と対応
相続税・贈与税
民法
M&A
株式評価
法人税
株式上場
会社法
医業承継
巻末資料

相続分

内　容	関連法令等
指定相続分 　被相続人は、遺言によって、相続人の相続分を指定することができる。	民法902
具体的相続分 　法定相続分（指定相続分があるときは指定相続分）に特別受益の持戻し及び寄与分による修正を加え、具体的相続分を算出する。	民法903、904の2
特別受益 　被相続人から共同相続人が受けた以下のものが特別受益となる。 ①遺贈 ②婚姻や養子縁組のための贈与 ③生計の資本としての贈与	民法903①
特別受益の価額評価時点 ・贈与時点の価額ではなく、相続開始時点の価額で評価する。 ・受贈者の行為によって、贈与財産が滅失し、又は価値が増減したときは、滅失や増減がなかったと仮定し価額を評価する。 　**自社株贈与の価額評価時点** 　　特別受益に該当する自社株の贈与を受けた場合、贈与を受けた自社株は、原則として、相続開始時の価額で評価し持ち戻す。そのため、後継者への自社株贈与後に、相続開始時には自社株の価値が上昇していた場合には、価値上昇後の価額によって評価し持ち戻すこととなるリスクがある。	民法904
特別受益の持戻し免除 　被相続人が持戻し免除の意思表示をした場合、その特別受益は持ち戻さない。	民法903③
特別受益の持戻し免除の意思表示の推定 　婚姻期間が20年以上の配偶者に対して、居住用の建物又はその敷地（配偶者居住権を含む）を遺贈・贈与した場合、持戻し免除の意思表示が推定される。	民法903④、1028③
寄与分 　共同相続人が特別の寄与により、相続財産の維持又は増加があった場合、寄与分として具体的相続分の増加が認められる。	民法904の2

	主張のポイント
1	被相続人の事業に関する労務や財産の提供や被相続人の介護等の貢献があったこと
2	被相続人との身分関係から見て特別といえる程度の貢献であったこと
3	（労務提供・介護等の場合）ある程度長期間に及ぶこと
4	（労務提供・介護等の場合）専従性があること
5	対価を受け取っていないこと
6	特別の寄与により、相続財産の維持・増加があること

具体的相続分の計算	民法903①、904の2①
①みなし相続財産 　相続開始時における被相続人が有した積極財産＋全相続人の受けた特別受益となる贈与の総額－寄与分が認められた者の寄与分の総額 ②各相続人の一応の相続分 　みなし相続財産×法定相続分（相続分の指定があるときは指定相続分） ③各相続人の具体的相続分 　一応の相続分－各自の受けた特別受益（贈与・遺贈）の額＋各自の寄与分額	

相続財産

内　　容	関連法令等
概要 　被相続人の有していた権利や地位のすべてが相続の対象となるわけではない。被相続人の死亡を契機として、相続人が取得又は負担する財産や債務・費用の全てが相続財産や相続債務にあたるわけではない。遺言がなかった場合でも、すべての相続財産が共同相続人間での共有となるわけではなく、何らの手続なく当然に分割されるものもある。	民法915①
一身専属権（その人個人にのみ帰属する権利） 　一身専属権は遺産とはならない。 　（例）代理における本人・代理人の地位（民法111条）・使用貸借契約における借主の地位（民法597条3項）・委任契約における委任者・受任者の地位（民法653条1項）雇用契約上の被用者の地位（民法625条2項）・組合員の地位（民法679条）・身元保証人の地位・扶養の権利義務	

遺産分割の対象

遺産分割の対象	
1	相続開始時に存在すること
2	分割時にも存在すること（※例外：民法906条の2）
3	未分割である事

| **相続開始後遺産分割前の遺産の処分**
　相続開始後遺産分割前に処分された財産は、遺産分割時に存在しないため、原則として、遺産分割の対象とならない。ただし、処分を行った者以外の共同相続人全員の同意がある場合、その処分された財産を遺産分割の対象に組み入れることができる。 | 民法906の2 |

遺産共有・当然分割

遺言がない場合でもすべての遺産が遺産共有となるわけではない。

	遺産共有	当然分割
遺産の種類	不動産・動産・現金・預貯金債権・株式・不動産賃借権・不可分債権	可分債権

| | 分割方法 | 遺産分割協議を経て、分割される。 | ・相続開始により、相続分によって、当然に分割され、各共同相続人が単独で承継する。
・共同相続人の合意により、遺産分割の対象にできる。 | |

株式の共有

　株主に相続が発生し株式が遺産共有となった場合の株主権の行使は、当該株主権の行使が、株式の処分又は株式内容の変更につながるなどの特段の事情のない限り、共有物の管理行為にあたるため、原則として以下の取扱いとなる。

項目	内容	
各自の持分	相続分	会社106
権利行使者の決定・通知	株式の権利行使者を一人定めて会社に通知しなければ、権利行使ができない。ただし、会社の同意がある場合はこの限りでない。	民法252
権利行使者の決定方法	共有持分の過半数による多数決で権利行使者を定める。	

預貯金の単独払戻し

　各相続人は相続預金の一部を単独で払戻し請求することができる。

限度額	以下のいずれかの少ない方の金額 ・相続開始時の債権額×1/3×法定相続分 ・金融機関ごとに150万円

右欄: 民法909の2、民法909条の2に規定する法務省令で定める額を定める省令

預貯金債権の仮分割

　家庭裁判所の手続を経て預貯金債権を先行して仮分割し、払戻しできるようにすることができる。

右欄: 家手法200③

	預貯金債権の仮分割の要件
1	遺産分割調停又は遺産分割審判の申立があったこと
2	相続財産に属する債務の弁済、相続人の生活費の支弁、その他の事情により、預貯金債権の行使の必要があるとき
3	他の共同相続人の利益を害しないこと

死亡退職金

　死亡退職金は賃金の後払い的性質と遺族の生活保障の性質がある。前者に注目すれば遺産に含まれると考える方向に、後者に注目すれば遺産には含まれず受給者固有の権利と考える方向に傾く。個別的判断を要する。また、遺産性が否定されたとしても、特別受益となる場合がある。

死亡保険金

受取人	性質	備考	
特定の相続人	相続財産でない。	・原則として特別受益にあたらない。 ・共同相続人間に著しい不公平がある場合等の特段の事情のある場合、特別受益として持ち戻しの対象となる。	
「相続人」	相続財産でない。	特段の事情のない限り、契約の解釈として法定相続分の割合で各相続人が取得する。	

Introduction

課題と対応

相続税・贈与税

民法

M&A

株式評価

法人税

株式上場

会社法

医業承継

巻末資料

内　容	関連法令等
相続債務 　可分債務：相続分の指定があった場合でも、債権者は各相続人に対して法定相続分に応じて権利行使できる。また、債権者は指定相続分での債務の負担を承認することもできる。承認した場合には、その債権者は、その後は指定相続分に応じてしか権利行使できない。 　不可分債務：各相続人が全部について履行する義務を負う。	民法902の2
葬儀費用・香典 　葬儀費用は原則として喪主負担であり、相続財産に対する請求はできない。他方、香典も原則として喪主に対する贈与であって、相続財産を構成しない。	
祭祀財産 　祭祀財産は、共同相続の対象とならない。①被相続人の指定、②慣習、③家庭裁判所の判断、の順で承継者が決まる。	民法897
遺産から生じた賃料・地代 相続開始後〜遺産分割確定：各相続人が相続分に応じて取得する。 遺産分割確定〜　　　　　：各不動産を取得した各相続人に帰属する。	

配偶者居住権

内　容	関連法令等
概要 　配偶者居住権とは、一定の要件の下で、被相続人の配偶者に対し、終身又は一定の期間、被相続人の居住建物の全部について、対価を支払うことなく無償で使用、収益することを認める権利である。	民法1028
配偶者居住権の成立要件 　配偶者居住権が成立するためには、以下の要件が必要である。	民法1028

①配偶者が、相続開始の時に、遺産である建物（建物持分を含む）に居住していたこと（以下「居住建物」という。）	「居住していた」とは、配偶者が当該建物を生活の本拠としていたことを意味し、病気や体調不良等を理由とする一時的な退去と言えるに過ぎない場合には、実質的に「居住していた」ものと認められる。
②居住建物が、被相続人の単独所有あるいは配偶者と2人の共有にかかるものであること	被相続人と配偶者の共有でもよい。被相続人と第三者の共有の場合は、配偶者居住権は成立しない。
③居住建物について、配偶者に配偶者居住権を取得させる旨の遺産分割、遺贈又は死因贈与がされたこと	「相続させる旨の遺言」の場合には、配偶者が配偶者居住権の取得を希望しない場合に配偶者居住権のみを放棄できず配偶者の利益を害するおそれがある等の理由から、遺贈によることが必要とされている。

配偶者居住権の効力		民法1028①・1032・1033・1034・605
項目	内容	
居住建物の使用収益	配偶者は居住建物の全部を無償で使用収益することができる。しかし、所有者の承諾を得なければ、第三者に居住建物を使用又は収益させることはできない。	

用法遵守義務	配偶者は、従前の用法に従い、善良な管理者の注意をもって、居住建物の使用及び収益をしなければならない。
譲渡禁止	配偶者居住権は、譲渡することができない。
居住建物の増改築	配偶者は、居住建物の所有者の承諾を得なければ、居住建物の改築・増築をすることができない。
建物の修繕	配偶者は、居住建物の使用及び収益に必要な修繕をすることができるが、配偶者が居住建物の修繕が必要な場合において相当の期間内に必要な修繕をしないときは、居住建物の所有者において修繕することができる。
費用負担	配偶者は、居住建物の通常の必要費(居住建物の保存に必要な修繕費、居住建物やその敷地の固定資産税等)を負担する。
登記	配偶者居住権は登記でき、登記したときは居住建物について物権を取得した者その他の第三者に対抗することができる。

	関連法令等
配偶者居住権の消滅 　配偶者居住権の消滅事由は以下の通りである。 ①配偶者の死亡 ②存続期間の満了 ③居住建物の全部滅失 ④居住建物が配偶者の財産に属することとなった場合(混同による消滅) ⑤配偶者が配偶者居住権を放棄した場合(債権放棄による消滅) ⑥配偶者居住権の消滅請求が行使された場合	民法1036・597・616の2・1032④

特別寄与料

内　容	関連法令等
概要 　相続人等ではない親族の特別の寄与により、被相続人の財産の維持・増加があった場合、相続人に対して、特別寄与料として寄与に応じた額の金銭の支払を請求できる。 ※特別寄与料請求者は遺産分割手続の当事者にならない。	民法1050
要件	民法1050

項目	内容
身分関係	相続人等でない親族 ※相続人等:相続人・相続放棄者・相続欠格者・被廃除者
請求相手	各相続人(全員に請求する必要はない)
寄与	療養看護その他労務の提供をしたこと
無償性	対価を受け取っていないこと
特別性	寄与の程度が一定の程度を超えた特別なものであること
相続財産の維持・増加	特別の寄与により、相続財産の維持・増加があったこと
権利行使期間	家庭裁判所への調停・審判の申立は、以下のうち短い方の期間内に行うことが必要である。 ①　特別寄与者が相続の開始及び相続人を知ったときから6カ月以内 ②　相続開始の時から1年以内

手続　特別寄与料は、遺産分割とは独立の手続で金額を定める。	
特別寄与料の上限　特別寄与料は、被相続人が相続開始時に有した財産の価額から遺贈の価額を控除した残額を超えることができない。	民法1050④
特別寄与料の負担　各相続人は法定相続分（相続分の指定があるときは指定相続分）の割合で、特別寄与料を負担する。	民法1050⑤

遺産分割の流れ

内　　容	関連法令等
遺産分割の流れ	

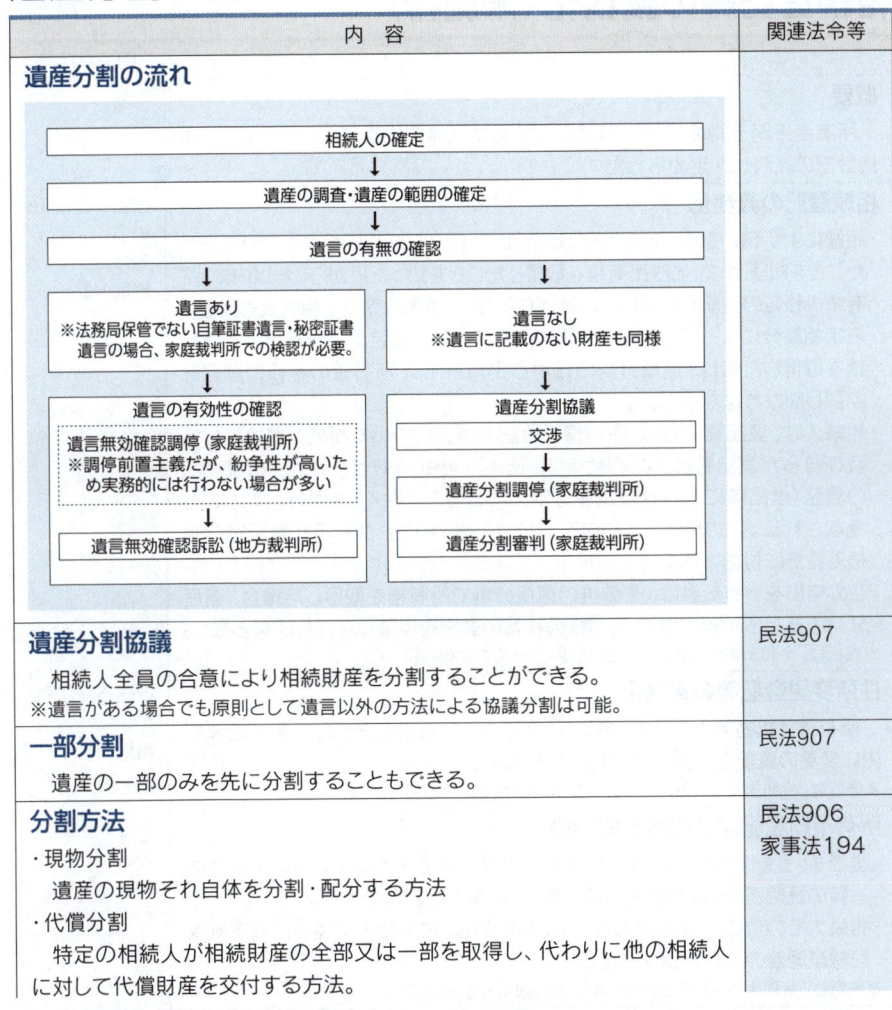

遺産分割協議　相続人全員の合意により相続財産を分割することができる。　※遺言がある場合でも原則として遺言以外の方法による協議分割は可能。	民法907
一部分割　遺産の一部のみを先に分割することもできる。	民法907
分割方法　・現物分割　　遺産の現物それ自体を分割・配分する方法　・代償分割　　特定の相続人が相続財産の全部又は一部を取得し、代わりに他の相続人に対して代償財産を交付する方法。	民法906家事法194

Introduction
課題と対応
相続税・贈与税
民法
M&A
株式評価
法人税
株式上場
会社法
医業承継
巻末資料

内　容	関連法令等
※代償交付財産が金銭以外の場合は、交付者は時価で譲渡したとみなさるため、交付者に対して所得税及び住民税が課税される。 ・換価分割 　相続財産を処分した上でその代金を相続人が取得する方法。 ※換価分割の割合により換価前の相続財産を譲渡したものとみなされるため、換価財産取得者に対して所得税及び住民税が課税される。	
特別代理人 　未成年者とその親権者が共に相続人となった場合は、遺産分割協議を行うためには、家庭裁判にて未成年者の代理人として、特別代理人を選任しなければならない。	民法826

相続登記等の義務化（未施行）

内　容	関連法令等
概要 　所有者不明土地の解消に向けた民事基本法制の見直しの一環として、相続登記の義務化が定められた。	
相続登記の義務化 ・相続により不動産の所有権を取得した者は、自己のために相続の開始があったことを知り、かつ、当該所有権を取得したことを知った日から3年以内に、所有権の移転の登記を申請しなければならない。遺贈を受けた相続人も同様。 ・法定相続分による登記がなされた後、遺産分割で法定相続分を超えて所有権を取得した者は、遺産分割の日から3年以内に、所有権の移転の登記を申請しなければならない。 ・相続人は、登記官に対し、所有権の登記名義人について相続が開始した旨及び自らが登記名義人の相続人である旨の申出を行った場合、相続登記の義務（申出前に行われた遺産分割によるものを除く）を履行したものとみなされる。この場合、当該申出を行った者の氏名・住所等が登記官の職権で登記に付記される。 ・この申出を行った者は、その後の遺産分割で所有権を取得した場合、遺産分割の日から3年以内に、所有権の移転の登記を申請しなければならない。 ※施行は、令和3年4月28日から3年以内の政令で定める日	改正不登法76の2、 76の3、 附則1②
住所変更登記等の義務化 　所有権登記名義人の氏名・名称・住所について変更があったときは、2年以内に変更の登記を申請しなければならない。 ※施行は、令和3年4月28日から5年以内の政令で定める日	改正不登法76の5、 附則1③
所有不動産記録証明制度の創設 ・誰でも、登記官に対し、自らが所有権の登記名義人となっている不動産の一覧の証明書（所有不動産記録証明書）の交付を請求できる。 ・相続人その他の一般承継人も、登記官に対し、被承継人に係る所有不動産記録証明書の交付を請求できる。 ※施行は、令和3年4月28日から5年以内の政令で定める日	改正不登法119の2、 附則1③

相続土地の国庫帰属制度（未施行）

内　容	関連法令等
概要 　相続又は相続人に対する遺贈により取得した土地を国庫に帰属させることを可能とする制度が創設される。 ※施行は、令和3年4月28日から2年以内の政令で定める日	相続土地国庫帰属法附則①
手続の流れ 1　法務大臣に対し、その土地の所有権を国庫に帰属させることについての承認を申請 2　法務大臣（法務局）による要件審査（実地調査・国有財産の管理担当部局等への調査協力要請等）及び承認 3　承認申請者による負担金の納付 4　国庫帰属	相続土地国庫帰属法2、5、6、7、8、10、11
要件 ・相続又は相続人に対する遺贈により取得した土地であること ・以下のような土地に該当しないこと ①建物の存する土地 ②担保権又は使用及び収益を目的とする権利が設定されている土地 ③通路等他人による使用が予定される土地として政令で定めるものが含まれる土地 ④特定有害物質（法務省令で定める基準を超えるものに限る。）により汚染されている土地 ⑤境界が明らかでない土地その他の所有権の存否、帰属又は範囲について争いがある土地 ⑥崖がある土地のうち、その通常の管理に当たり過分の費用又は労力を要するもの ⑦土地の通常の管理又は処分を阻害する工作物、車両又は樹木その他の有体物が地上に存する土地 ⑧除去しなければ土地の通常の管理又は処分をすることができない有体物が地下に存する土地 ⑨隣接する土地の所有者その他の者との争訟によらなければ通常の管理又は処分をすることができない土地として政令で定めるもの ⑩その他、通常の管理又は処分をするに当たり過分の費用又は労力を要する土地として政令で定めるもの	相続土地国庫帰属法2①、③、5①
共有地の例外 ・共有地は、共有者の全員が共同して、申請しなければならない。 ・共有者の一部が、共有持分権の全部を相続等以外の原因により取得していた場合でも、相続等により共有持分権を取得した共有者と共同して申請できる。	相続土地国庫帰属法2②
負担金の納付 　承認申請者は、承認申請を行った土地の管理に要する10年分の標準的な費用の額を考慮して政令で定めるところにより算定した額の負担金を納付しなければならい。	相続土地国庫帰属法10

課題と対応

相続税・贈与税

民法

M&A

株式評価

法人税

株式上場

会社法

医業承継

巻末資料

遺産分割の見直し（未施行）

内　容	関連法令等
相続開始後10年間経過後の遺産分割 ・相続開始から10年を経過後に、遺産分割を行う場合、特別受益及び寄与分の規定の適用を排除し、画一的に法定相続分で遺産分割を行う。 ・ただし、以下の場合を除く ①相続開始から10年経過する前に、相続人が家庭裁判所に遺産の分割を請求した場合 ②相続開始の時から始まる10年間の期間の満了前6カ月以内の間に、遺産の分割を請求することができないやむを得ない事由が相続人にあった場合において、その事由が消滅した時から6カ月を経過する前に、当該相続人が家庭裁判所に遺産の分割を請求したとき ※施行は、令和3年4月28日から2年以内の政令で定める日 ※改正前に開始した相続については、以下のいずれか遅いときが経過した相続について適用する。 ①相続開始の時から10年を経過する時 ②改正法の施行の時から5年を経過する時	改正民法904の3、附則1、3
遺産分割しない旨の契約 ・共同相続人は、5年以内の期間を定めて、遺産の全部又は一部について、その分割をしない旨の契約をすることができる。 ・この契約は、5年以内の期間を定めて更新可能。 ・ただし、期間の終期は、相続開始の時から10年を経過する時まで。 ※施行は、令和3年4月28日から2年以内の政令で定める日 ※改正前に開始した相続についても、適用する。ただし、その場合の遺産の分割をしない旨の契約の終期は、以下のいずれか遅いときまで。 ①相続開始の時から10年を経過する時 ②改正法の施行の時から5年を経過する時	改正民法908②③、附則1、3

相続放棄・限定承認・熟慮期間の伸長

内　容	関連法令等
概要 　相続人は、相続開始を知った時から3カ月内以内の間は、単純承認（被相続人の積極財産も消極財産もすべて引き継ぐ）、限定承認（消極財産が積極財産を上回った場合、積極財産の範囲でのみ消極財産と遺贈の弁済を行う。ただし、清算手続が必要。）、相続放棄（被相続人の積極財産も消極財産も一切引き継がない）のいずれかを選択できる。この選択できる期間を熟慮期間という。	民法915①
熟慮期間の伸長 　遺産が複雑である等の理由により、3カ月内に単純承認、限定承認、相続放棄のいずれを選択するかを決定できない場合、家庭裁判所の審判を経て熟慮期間を伸長できる。	民法915①

単純承認・限定承認・相続放棄

項目	効果	手続	
単純承認	被相続人の権利義務を無限に引き継ぐ。	不要（法定単純承認事由により生じる）	民法920
限定承認	相続債務と遺贈が相続財産を超過した場合、相続財産の限度でのみ、相続債務と遺贈を弁済する。清算手続を行う。	・熟慮期間内に家庭裁判所に相続財産目録を提出し、申述。 ・相続人全員が共同で行う。 （包括受遺者を含む）	民法922、923、924 民法938、939
相続放棄	はじめから相続人でなかったものとみなされる。	熟慮期間内に家庭裁判所に申述	

法定単純承認

	項目	内容	
一	相続財産の全部又は一部の処分	（例）相続財産の譲渡、相続債権の取立て、相続財産の故意の損壊	民法921
二	熟慮期間の徒過	熟慮期間内に、限定承認も相続放棄もしなかったとき	
三	相続財産の隠匿・消費等	限定承認や相続放棄をした後でも、相続人が相続財産の全部又は一部を隠匿したり、債権者を害することを知って消費したり、悪意で相続財産目録に記載しなかったとき ※ただし、これらを行った者がした相続放棄によって新たに相続人となった者が、相続の承認をした後はこの限りでない。	

相続人の行方不明・相続人の不存在

内　容	関連法令等
概要 　戸籍上相続人がいるが、その者の行方や生死が不明なときは、不在者の財産管理制度や失踪宣告を行う。 　戸籍上相続人がいない場合や相続人全員が相続放棄等を行ったことにより、相続権を有する者がいなくなった場合、相続人の不存在の制度が適用される。	民法25、30、951
不在者財産管理人 　相続人に行方不明の者がいる場合、利害関係人の請求によって、家庭裁判所が不在者財産管理人を選任して遺産分割を行う。ただし、遺産分割協議を行う際には家庭裁判所の許可を要する。	民法25、28
失踪宣告 　生死不明の者がいる場合に、家庭裁判所の審判により、その者が死亡したものと扱う制度	民法30、31

要件	死亡したとみなされる時期
生存が証明された最後の時から7年間生死不明のとき	生存が証明された最後の時から7年間が満了した時
戦争、船の沈没等の、死亡の原因となる危難に遭遇した者の生死が、危難が去った後1年間不明なとき	当該危難が去った時

相続人の不存在	民法951
・相続財産法人 　戸籍上相続人がいない場合や相続人全員が相続放棄等を行ったことにより、相続権を有する者がいなくなった場合、相続財産は法律上当然に法人となる。	
・相続財産管理人 　利害関係人等の請求により、家庭裁判所が、相続財産を管理する者として、相続財産管理人を選任し、公告を行う。	民法952
・その後の手続 ①相続財産管理人による相続財産の清算 　相続財産管理人選任の公告後、2カ月以内に相続人の存在が明らかにならない場合、相続財産管理人は、すべての相続債権者及び受遺者に対して2カ月以上の申出期間を定めて債権の申出をすべき旨の公告を行う。また、申出期間の満了後、相続債権者及び受遺者への配当弁済を行う。	民法957
②相続人捜索の公告 　相続財産管理人又は検察官の請求により、6カ月以上の期間を定めて、家庭裁判所は、相続人捜索の公告を行う。	民法958
③その後の相続財産の帰属	
特別縁故者：被相続人と生計を同じくしていた者、被相続人の療養看護に努めた者、その他被相続人と特別の縁故があった者の請求により、家庭裁判所は、それらの者に、清算後残存すべき相続財産の全部又は一部を与えることができる。この請求は、相続人捜索の公告の期間満了後3カ月以内にしなければならない。	民法958の3
共有者帰属：共有者の一人が死亡し相続人がおらず、共有物の持分が特別縁故者に対し分与されなかった場合、当該共有持分は共有者に帰属する。準共有も同様である。	民法255
国庫帰属：特別縁故者に対する分与がなかった場合や特別縁故者に対する分与後も残余財産がある場合、残余財産は国庫に帰属する。	民法959

公正証書遺言と自筆証書遺言の違い

公正証書遺言と自筆証書遺言（自筆証書遺言の保管制度の利用なし・あり）の比較

比較項目	(1)公正証書遺言	(2)自筆証書遺言（自筆証書遺言の保管制度の利用がない場合）	(3)自筆証書遺言（自筆証遺言の保管制度を利用した場合）	
作成方法	遺言者が公証人に遺言内容を口述し、公証人が遺言の内容を文書化し、遺言者・証人・公証人が署名・捺印をして作成する	遺言者が遺言内容の全文、日付、氏名を自書し、押印して作成する（添付する財産目録については自書不要だが、目録の毎葉に署名と押印が必要）。	(2)と同じ	(1)民法969 (2)民法968①②

				関連法令等
遺言者の本人確認の要否	本人確認必要（通常、遺言作成時に印鑑証明書で本人確認を行う。）	不要	遺言者自身が必ず遺言書保管所へ出頭し、保管法務局は出頭した者が遺言者本人であることを確認する。	(3)法務局における遺言書の保管等に関する法律46、同969①
証人の要否	2人必要	不要	不要	(1)民法969①
保管方法	公証役場及び本人	本人	法務局	(3)法務局における遺言書の保管等に関する法律2①
通知制度の有無	なし	なし	遺言者が死亡した後に遺言書情報証明書の交付を請求するか保管法務局に遺言書の閲覧を請求したとき、相続人等へ通知される。	(3)法務局における遺言書の保管等に関する法律9⑤
家庭裁判所の検認の要否	不要	必要	不要	(1)(2)民法1004
遺言が破棄又は隠匿されるおそれ	なし	あり	なし	(3)法務局における遺言書の保管等に関する法律11
遺言能力が否定される／その抑制	(2)(3)より期待できる。	期待できない。	(2)より期待できる。	

包括遺贈と特定遺贈

内　容	関連法令等

包括遺贈

1. 定義
遺言者が財産の全部又は一部を一定の割合で示して遺贈することをいう。

2. 種類
(1) 全部包括遺贈

　積極・消極の財産を包括する相続財産の全部を受遺者に取得させよう とする遺贈であり、被相続人に属した権利のみならず義務を含めて遺産 の100%が受遺者に承継される。

（全部包括遺贈の文例）

「遺言者は、遺言者の有する財産の全部を、遺言者の内縁の妻○○（昭和 　年 　月　 日生） に包括して遺贈する。」

(2) 割合的包括遺贈

　例えばAに全遺産の4分の3を、Bに4分の1をそれぞれ遺贈する旨の数 的な割合による包括遺贈（遺言で示された割合が受遺者に承継される）をいう。

<table>
<tr><td colspan="2">

（割合的包括遺贈の文例）
「遺言者は、遺言者の有する一切の財産のうち2分の1を、遺言者の内縁の妻〇〇（昭和　年　月　日生）に包括して遺贈する。」

</td></tr>
</table>

内容	関連法令等
3．効果 ①包括遺贈がなされると、包括遺贈を受けた受遺者は、被相続人の権利及び義務（債務などの消極財産を含む）を取得し、新たに相続人が現れたのと同様の関係になる。 ②全部包括遺贈が第三者になされた場合は、本来相続人であった者は遺産を取得することができなくなるから、結果として、本来相続人であった者が相続から排除される。 　他方、割合的包括遺贈が第三者になされた場合は、受遺者は、あたかも受遺された割合の相続分を有する相続人と同様の立場で関与することになる。 ③包括受遺者は、相続人と同様に、遺贈の放棄・承認に関する民法の規律に服する。 ④包括遺贈も遺留分侵害額請求の対象となる。 ⑤包括遺贈される財産の対象の中に不動産が含まれている場合、遺贈による登記は共同申請となる。	民法990、915、920〜922

特定遺贈

内容	関連法令等
1．定義 　遺言者の有する特定の財産を具体的に特定して無償で与えることをいう。 2．効果 ①受遺者は、被相続人の権利のみを承継し、義務（債務などの消極財産を含む）は承継しない。 ②特定遺贈の対象財産は遺産分割の対象から除かれる。 ③特定遺贈の放棄はいつでもできる。	民法986①

（特定遺贈の文例）
「遺言者は、遺言者の有する次の土地及び建物を、遺言者の姪〇〇（平成　年　月　日生）に遺贈する。」

遺言執行

内　容	関連法令等
遺言執行の基本的な手続の流れ ①遺言執行者の就職の承諾、遺言内容の相続人への通知 ②相続財産目録の作成、相続人への交付 ③特定受遺者に対する遺贈の承認又は放棄の催告 ④個々の財産等の執行 ⑤執行状況の報告 ⑥遺言執行の任務終了の報告等 ⑦保管、管理物の引渡し	民法1007①②、1011、987前段、1012②、644、645 1020、1012②、646①、1012②、

⑧執行の経過及び結果の報告	645②
⑨任務完了後の報酬の受領	1018①②

遺言執行における実務上の留意点

(1) 他の遺言書の有無の確認

　他に遺言があった場合、前の遺言と後の遺言で抵触するときは、抵触する部分については、後の遺言で前の遺言を撤回したものとみなされるから、他に遺言書があるか、相続人らにその存否の確認をするべきである。 　　民法1023

(2) 財産目録の交付の相手先

　遺言執行者は、相続人が遺留分を有るか否か、相続させる遺言が個別の財産を相続させるものであるか、全財産を包括的に相続させるものであるか、また包括遺贈か特定遺贈かにかかわらず、相続人に対して等しく財産目録を交付しなければならない。 　　民法1011①

(3) 遺言執行者の復任

　民法改正前は、遺言執行者は、遺言者がその遺言に反対の意思を表示した場合を除き、やむを得ない事由がなければ第三者にその任務を行わせることができなかったが、改正民法は、やむをえない事由がなくとも、遺言執行者が自己の責任で第三者にその任務を行わせることができるとした。 　　民法1016①

(4) 相続させる旨の遺言（特定財産承継遺言）の執行

　ア　不動産

　　包括的に相続させる旨遺言の場合及び特定の財産を相続させる遺言の場合に、当該不動産が被相続人名義である限りは、受益相続人において単独で登記申請が可能であるから（不動産登記法63Ⅱ）、遺言執行者の職務として顕在化せず、遺言執行者は登記手続をすべき権利も義務も有しないとされてきた（最判平成7年1月24日集民174号67号）。 　　民法1014②

　　しかしながら、こうしたいわゆる「相続させる旨」の遺言（改正民法では、「特定財産承継遺言」という。）について、従前の判例と異なり、改正民法では、原則として遺言執行者にも受益相続人が対抗要件を具備するための権限が認められている(注)。

　イ　定期預金の解約及び払戻し

　　改正民法では、相続させる旨の遺言（特定財産承継遺言）の対象となる遺産が預貯金債権である場合、遺言者は対抗要件具備行為のほか、預貯金の払戻しを請求でき、また預貯金債権の全部が相続させる旨の遺言（特定財産承継遺言）の目的である場合には当該預貯金契約の解約の申し入れを行うことができる。 　　民法1014③

　　ただし、遺言執行者は、払戻しの「請求」や解約の「申し入れ」をする権限を有するにとどまり、強制的な解約権限までは有しない。したがって、定期預貯金の満期が到来していない場合等は金融機関は当該請求又は申入れに応じるかについてなお裁量を有しており、金融機関は当定期預金の解約及び払戻しに応じる義務はない。

　(注)　その理由は、改正民法により、特定財産承継遺言による権利の承継についても、法定相続分を超える部分について対抗要件主義が採られることになった（民法899条の2）ことから、遺言執行者の権限に含める必要性が高まったためと説明されている。

Introduction
課題と対応
相続税・贈与税
民法
M&A
株式評価
法人税
株式上場
会社法
医業承継
巻末資料

遺留分

内　容	関連法令等
概要 　遺留分とは、相続人が最低限の遺産を確保するために設けられた制度のことで、兄弟姉妹以外の相続人が相続財産の一定割合を取得できる権利。	民法1042
遺留分侵害額請求の法的性質 　遺留分権利者は遺留分侵害額請求権を行使することができ、これにより遺留分侵害額に相当する金銭の支払を求める金銭債権を取得することになる。平成30年相続法改正により、遺留分減殺請求により物権的効果が発生するという考え方が改められた。 ※例えば、旧法では被相続人が特定の相続人に家業を継がせるため、自社株式について相続させる遺言をした場合に、遺留分減殺請求が行使されると、自社株式が共有状態となり、事業承継後の経営に支障が生じることがあった。	民法1046

遺留分の割合

<table>
<tr><td colspan="2"></td><td>民法1042</td></tr>
</table>

内　容	関連法令等
遺留分の割合 　遺留分権利者全体に残されるべき遺産全体に対する割合(総体的遺留分)は以下の通りである。	民法1042

直系尊属のみが相続人である場合	遺留分を算定するための財産の価額の1/3
上記以外の場合	遺留分を算定するための財産の価額の1/2

　遺留分権利者各人に留保された相続財産上の持分的割合(個別的遺留分)は以下の通りである。

相続人の組み合わせ	総体的遺留分	各人の個別的遺留分
配偶者と子	1/2	配偶者1/4　子1/4
配偶者と直系尊属	1/2	配偶者2/6　直系尊属1/6
配偶者と兄弟姉妹	1/2	配偶者1/2　兄弟姉妹なし
配偶者のみ	1/2	配偶者1/2
子のみ	1/2	子1/2
直系尊属のみ	1/3	直系尊属1/3
兄弟姉妹のみ	なし	兄弟姉妹なし

遺留分を算定するための財産の価額

民法 1043 1044 1045

　遺留分を算定するための財産の価額＝①②③④の合計額－⑤の価額
※平成30年相続法改正後の算定式。令和元年7月1日以降の相続に適用される。
①相続開始時における被相続人の積極財産の価額
②第三者に対する生前贈与の価額※1
③相続人に対する生前贈与の価額※2
④不相当な対価をもってした有償行為※3
⑤被相続人の債務の価額

※1(第三者に対する生前贈与の価額)の範囲

原則	・相続開始前の1年間にしたものに限り、②に算入する。 ・上記のうち負担付贈与として算入する価額は、 　(負担付贈与の目的の価額)－(負担の価額)

Introduction

課題と対応

相続税・贈与税

民法

M&A

株式評価

法人税

株式上場

会社法

医業承継

巻末資料

| 例外 | 当事者双方が遺留分権利者に損害を加えることを知って贈与をしたときは、1年前の日より前にしたものについても、②に算入する。
(参考裁判例)
・大判昭和4年6月22日民集8巻618頁
　「遺留分権利者に損害を加えることを知って」とは、遺留分権利者に損害を加えることとの認識で足りる。積極的に遺留分権利者に損害を加えようとする意思は不要。
・大判昭和11年6月17日民集15巻1246頁
　贈与当時に遺留分権利者に損害を与えることを認識していただけでは足らず、将来相続開始時までに被相続人の財産に何らの変動もないこと、少なくともその増加のないことを予見していた事実があることが必要。
・東京地判昭和51年10月22日判時852号80頁
　「損害を加えることを知ってなした贈与」であるか否かは、贈与財産の全財産に対する割合だけでなく、贈与の時期、贈与者の年齢、健康状態、職業などから将来財産が増加する可能性が少ないことを認識してなされた贈与であるか否かによるものと解するべき。 |

※2(相続人に対する生前贈与の価額)の範囲

| 原則 | ・相続開始前の10年間にしたものに限り、③の価額に算入する。旧法では期間の限定がなかったが、平成30年相続法改正により定められた。
・上記のうち負担付贈与として算入する価額は、
(負担付贈与の目的の価額)−(負担の価額) |
| 例外 | 当事者双方が遺留分権利者に損害を加えることを知って贈与をしたときは、10年前の日より前にしたものについても、③に算入する。 |

※3(不相当な対価をもってした有償行為) の範囲

(要件1)	不相当な対価であること
(要件2)	被相続人と受贈者双方が遺留分権利者に損害を加えることを知っていたこと
算定方法	(不相当な対価をもってした有償行為の目的の価額)−(対価の価額)

遺留分侵害額の計算方法

　各人の遺留分侵害額＝①から②③を控除し、これに④を加算した金額
①各人の具体的遺留分額＝遺留分を算定するための財産の価額×各人の個別的遺留分
②遺留分権利者の特別受益の額
③遺産分割の対象財産がある場合(既に遺産分割が終了している場合も含む)には遺留分権利者が具体的相続分に応じて取得すべき遺産の価額(ただし、寄与分による修正は考慮しない)
④遺留分権利者が相続によって負担する債務の額

民法
1042
1046②

死亡保険金の取扱い

| 相続財産性 | ①受取人が被相続人と指定されていた場合
　保険金請求権は被相続人に帰属し、それが相続人に相続されるため、遺留分算定の基礎となる財産に算入される。 |
| | ②受取人が相続人以外の者と指定されていた場合
　保険金請求権は、遺留分算定の基礎となる財産に算入されないし、遺留分減殺の対象ともならない。 |

民法
1043①
1044
1046
903

	③受取人が相続人と指定されていた場合 　　保険金請求権は、遺留分算定の基礎となる財産に算入されない。
特別受益	死亡保険金の受取人として相続人が指定されている場合には、原則的には持ち戻しを否定するが、例外的に特別受益として持ち戻しの対象となる。 （参考裁判例） ・最二小決平成16年10月29日民集58巻7号1979頁

死亡退職金の取扱い

民法
1043①
1044
1046
903

相続財産性	①受給権者が定められている場合 　　死亡退職金請求権は遺族固有の権利であり、相続財産には含まれないと解されている。
	②受給権者が定められていない場合 　　退職金が相続財産に含まれることを肯定する審判例と、否定する審判例がある。 （相続財産に含まれることを肯定した審判例） ・東京家審昭和47年11月15日家月25巻9号107頁 （相続財産に含まれることを否定した審判例） ・大阪家審昭和53年9月26日家月31巻6号33頁
特別受益	相続人間の衡平を図る趣旨から特別受益性を肯定する審判例と、否定する審判例がある。 （特別受益性を肯定する審判例） ・広島高岡山支決昭和48年10月3日家月26巻3号43頁 ・福島家審昭和55年9月16日家月33巻1号78頁 （特別受益性を否定する審判例） ・福岡家審昭和41年9月29日家月19巻4号107頁 ・東京家審昭和44年5月10日家月22巻3号89頁 ・東京家審昭和55年2月12日家月32巻5号46頁

遺留分侵害額請求の方法

内　容	関連法令等
遺留分侵害額請求の手続	民法 1046 家事事件手続 法257

・当事者間の協議　　・家庭裁判所での協議

内　容	関連法令等
遺留分侵害額請求の順序 　遺留分侵害額を負担する順序は以下の通りである。 ①受遺者と受贈者とがあるときは、受遺者が先に負担する。 ②受遺者が複数あるとき、又は受贈者が複数ある場合においてその贈与が同時になされたものであるときは、受遺者又は受贈者がその目的の価額に応じて負担する。ただし、遺言者がその遺言に別段の意思表示をしたときは、その意思に従う。 ③受贈者が複数あるときは、後の贈与に係る受贈者から順次前の贈与に係る受贈者が負担する。	民法 1047①
期限の許与 　裁判所は、受遺者等の請求により、遺留分侵害額請求権の行使により負担する金銭債務の全部又は一部の支払につき、相当の期限を許与することができる。	民法 1047⑤
遺留分侵害額請求の期間制限 　以下のいずれかの場合には、遺留分侵害額請求が行使できなくなる。	民法 1048

遺留分権利者が、相続の開始及び遺留分を侵害する贈与又は遺贈があったことを知った時から	1年間行使しないときは、時効によって消滅する
相続開始の時から	10年間経過した時も、消滅する

Introduction
課題と対応
相続税・贈与税
民法
M&A
株式評価
法人税
株式上場
会社法
医業承継
巻末資料

遺留分特例

内　容	関連法令等
概要 　生前に後継者に自社株や事業用資産を承継させようとした場合に、後継者以外の相続人から遺留分侵害額請求を行使されることで、事業承継に支障が生じる場合がある。このような遺留分の問題に対応するため、「遺留分に関する民法の特例」が定められている。	

遺留分の事前放棄との違い

	遺留分の事前放棄制度	除外合意・固定合意
利用可能時期	生前	生前
判断権者	家庭裁判所	経済産業大臣・家庭裁判所
手続主体	各相続人が自ら申立て手続を行う	・後継者と各相続人の合意 ・後継者による申請
放棄・合意の対象	遺留分の放棄	遺留分を算定するための財産の価額についての合意

関連法令等：民法1049　中小企業における経営の承継の円滑化に関する法律4

除外合意・固定合意の手続

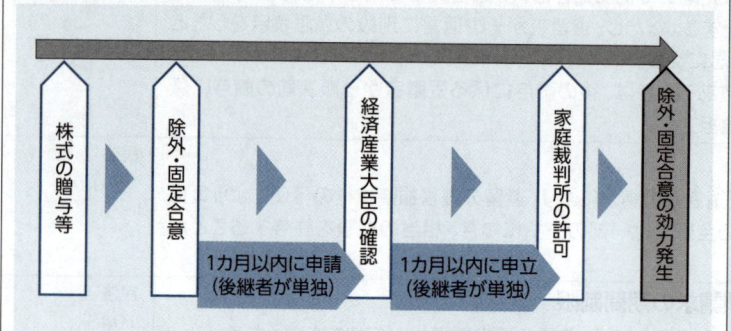

	内容
適用条件	①会社 ・中小企業者であること。 ・合意時点において3年以上継続して事業を行っている非上場企業であること。 ②先代経営者 ・過去又は合意時点において会社の代表者であること。 ③後継者 ・合意時点において会社の代表者であること。 ・現経営者から贈与等により株式を取得したことにより、会社の議決権の過半数を保有していること。

除外合意

　除外合意とは、推定相続人全員が法人の自社株式等を遺留分を算定するための財産の価額から除外することに合意することにより、同株式等を遺留分算定基礎財産から除外することができる制度である。

（具体例）

　次のように、被相続人が、自社株式5,000万円及びその他財産5,000万

関連法令等：中小企業における経営の承継の円滑化に関する法律4①一

円を有する場合に、除外合意があれば、自社株式部分について遺留分を算定するための財産の価額から除くことができる。

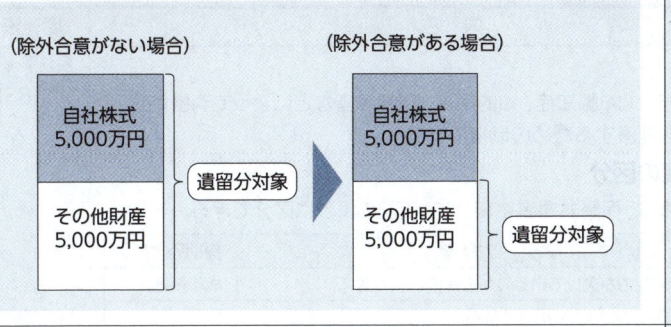

（除外合意がない場合）
自社株式 5,000万円
その他財産 5,000万円
遺留分対象

（除外合意がある場合）
自社株式 5,000万円
その他財産 5,000万円
遺留分対象

固定合意

中小企業における経営の承継の円滑化に関する法律4①二

固定合意とは、法人の自社株式等を遺留分対象の財産から除外はしないものの、同株式等の価額を贈与等の時点で固定することに推定相続人全員が合意する制度である。

（具体例）

次のように、被相続人が、自社株式5,000万円及びその他財産5,000万円を有する場合に、固定合意があれば、自社株式部分の価額が5,000万円から1億円に値上がりをしていても、遺留分を算定するための財産の価額となるのは固定合意時の株式価額が用いられる。

自社株式 5,000万円
その他財産 5,000万円
遺留分対象

（固定合意がある場合）

（値上がり部分）
自社株式 1億円
その他財産 5,000万円
遺留分対象

①先代経営者から後継者に自社株式の贈与

②株式価格上昇及び先代経営者相続発生

成年後見制度

内　　容			関連法令等
概要			民法7〜
成年後見制度とは、認知症、知的障害、精神障害などによって判断能力が十分でない者を保護するための制度である。			民法838〜
成年後見制度の区分			
成年後見制度は、保護対象者に応じて、下記のように区分できる。			

区分	対象者	援助者(注1)
後見	判断能力が欠けているのが通常の状態の者	成年後見人
保佐	判断能力が著しく不十分な者	保佐人
補助(注2)	判断能力が不十分な者	補助人
任意後見	本人の判断能力が不十分となったときに備えて、本人が予め締結した任意後見契約に従って、任意後見人が本人を援助する制度。(注3)	

(注1)　事案に応じて、監督人が選任されるケースがある。
(注2)　本人以外が補助の申立てを行う場合は、本人の同意が必要となる。
(注3)　家庭裁判所が任意後見監督人を選任したときから、任意後見契約の効力が生じる。

関連法令等: 任意後見契約に関する法律　民法15②

援助者の役割

区分	役割	関連法令等
成年後見人	成年後見人は、本人の行為ついて、取消権を有する。ただし、日用品の購入など日常生活に関する行為は取消権の対象とならない。また、財産に関する法律行為について本人の代理権を有する。	民法9
保佐人	保佐人は、不動産の購入や借財などの本人の一定の重要な行為に対する同意権を有する。この同意を得ないで、本人が行った行為については取消権を有する。 なお、保佐人は、予め本人が望んだ一定の事項について、家庭裁判所の審判により代理権の付与を受けることができる。	民法13
補助人	補助人は、本人が望んだ一定の事項について同意権を有する。この同意を得ないで、本人が行った行為については取消権を有する。 また、補助人は、予め本人が望んだ一定の事項について、家庭裁判所の審判により代理権の付与を受けることができる。	民法17
任意後見人	任意後見とは、十分な判断能力がある者が、将来判断能力が不十分になった場合にそなえて予め公正証書で任意後見契約を結んでおき、判断能力が不十分になったときに、その契約にもとづいて任意後見人が本人を援助する制度である。そのため、任意後見人が有する代理権の内容は、任意後見契約の内容により決定する。	

後見制度支援信託

　後見制度支援信託は、本人の財産のうち、日常的な支払をするのに必要十分な金銭を預貯金等として後見人が管理し、通常使用しない金銭を信託銀行等に信託する仕組みのことである。

　信託財産は、元本が保証され、預金保険制度の保護対象となる。後見制度支援信託を利用すると、信託財産を払い戻したり、信託契約を解約したりするには予め家庭裁判所が発行する指示書を必要とする。

成年後見制度の利用に関する注意点

①法人の役員や各種資格に関して権利制限がありましたが、欠格条項が廃止されています。

　　例：改正会社法331条の2、被後見人の同意を得た上で、成年後見人が取
　　　締役就任の承諾を行う。
②申立書に記載した候補者が成年後見人等に選任されない可能性もある。
　なお、原則、だれが成年後見人等に選任されるかについて、不服申立ては
できない。
③利益相反の場合、特別代理人の選任が必要になる
　成年後見人と被後見人の利益が相反する行為の場合には、公正な代理権
の行使を期待することができない。そこで、その行為についてのみ家庭裁判
所の選任した特別代理人が代理権を行使する。例：成年後見人と被後見人
が共同相続人である場合の遺産分割
④成年後見制度の利用を取り下げることはできない。
　例えば、遺産分割協議のために成年後見の申立てを行った場合、遺産分割
協議が成立しても、本人の状態が回復しない限り、原則として、成年後見制
度の利用を取り下げることはできない。
⑤被後見人の親族が成年後見人となることもあるが、多額の流動資産を所
　有している場合、弁護士・司法書士などの専門家が就任することが原則で
　ある。

養子縁組

内　容		関連法令等
概要		民法792〜817
養子縁組とは、自然的親子関係のない者の間に法律上の親子関係を創出することを目的とした制度である。		
養子縁組の区分		
養子縁組は、普通養子縁組と特別養子縁組の二種類が存在する。 　普通養子縁組とは、戸籍上において養親とともに実親が並記され、実親と法律上の関係が残る縁組形式である。 　特別養子縁組とは、戸籍の記載が実親子とほぼ同様の縁組形式である。		

項目	普通養子縁組	特別養子縁組
成立	養親と養子の同意により成立（注1）	①特別養子適格の確認の申立て ②特別養子縁組の成立の申立てを行い、家庭裁判所において養親子関係が成立する
要件（親）	成年に達した者	原則25歳以上（夫婦の一方が25歳以上の場合、20歳以上で可）
要件（子）	尊属又は養親より年長でない者	原則、15歳に達していない者、子の利益のために必要があるときに成立
監護期間（注2）	-	6カ月以上の監護期間を考慮
離縁	原則、養親及び養子の同意により離縁	養子の利益のため特に必要があるときに養子、養親、検察官の請求により離縁
戸籍の表記	実親名称の記載あり 養子の続柄は「養子（女）」	実親名称の記載なし 養子の続柄は「長男（女）」等

民法795、798

（注1）　自己又は配偶者の直系卑属以外の未成年者を養子縁組する時は、家庭裁判所の許可を得なければならない。また、配偶者のある者が未成年を養子にする場合は原則として夫婦共同縁組をしなければならない。

(注2) 養親となる者が養子となる者を6カ月以上の期間監護し、その状況を考慮した上で、特別養子縁組を成立させるか判断を行う。	

離縁

種類	役割	
協議上の離縁	養子縁組の当事者はその協議で離縁をすることができる。養子が15歳未満であるときは、離縁後に養子の法定代理人となる者と養親の協議により離縁が行われる。また、養子未成年の場合は、夫婦共同離縁が原則となる。	民法811、811の2
裁判上の離縁	下記のいずれかに該当する場合、離縁の訴えを提起することができる。ただし、まずは、家庭裁判所に対して、調停を申し立てる必要がある。 ①他の一方から悪意で遺棄されたとき ②他の一方の生死が3年以上明らかでないとき ③その他縁組を継続しがたい重大な事由があるとき	民法814
死後離縁	縁組の一方当事者が死亡した後に生存当事者が離縁をしようとするときは、家庭裁判所の許可を得なければならない。	民法811⑥
特別養子縁組の離縁	原則として、離縁はできない。例外的に、下記の二つの要件を満たす場合は離縁ができる。 ①養親による虐待、悪意の遺棄その他養子の利益を著しく害する事由が存在すること ③実父母が相当の監護をすることができること	民法817の10

養子の氏について

原則は、養親の氏を称する。ただし、婚姻によって氏を改めた者については、婚姻の際に定めた氏を称すべき間は、養親の氏を称することなく、婚姻の際に定めた氏を称することとなる。親子同氏の原則と夫婦同氏の原則が衝突する場合は、夫婦同氏の原則が優先する。

民法810

信託

内　容	関連法令等
概要	

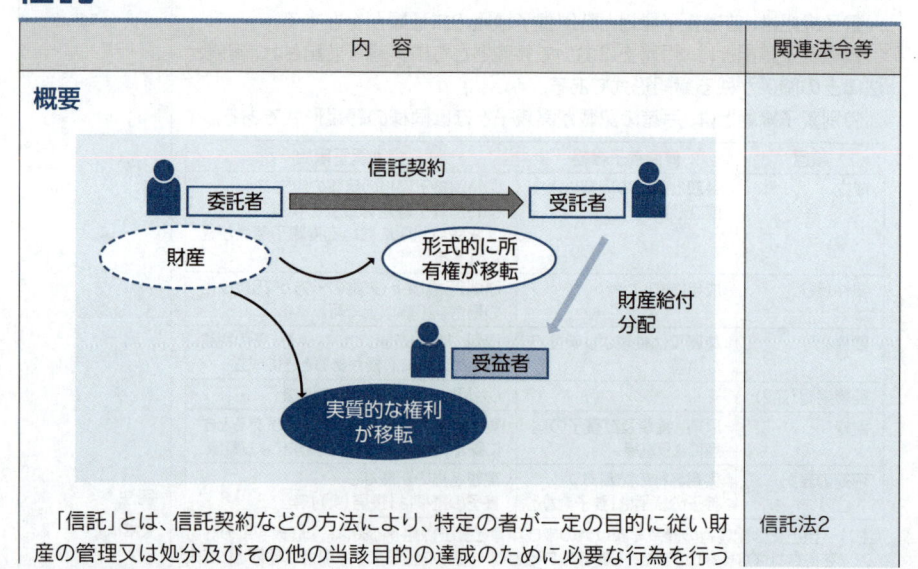

「信託」とは、信託契約などの方法により、特定の者が一定の目的に従い財産の管理又は処分及びその他の当該目的の達成のために必要な行為を行う

信託法2

ことをいう。

　「委託者」とは、信託を設定する財産の所有者で、一定の目的のために当該財産に信託を設定する者のことをいう。

　「受託者」とは、一定の目的に従い財産の管理又は処分及びその他の当該目的の達成のために必要な行為を行う者のことをいう。

　「受益者」とは、信託を設定した財産や財産から生じる利益から給付を受ける者のことをいう。

　「残余財産受益者」とは、信託の終了時に残余財産の給付を受ける内容の受益権を有する者のことをいう。「帰属権利者」とは、信託の終了時に残余財産の帰属を受ける者のことをいう。双方とも、信託終了時に残余財産を受け取る者という点で共通しているが、残余財産受益者は、信託開始時から受益者として扱われるところ、帰属権利者は信託が終了する直前になって受益者とみなされる。

　「自益信託」とは、委託者と受益者が同一人物である場合の信託をいう。実務で広く用いられている信託の形式である。

　「他益信託」とは、委託者と受益者が異なる者である場合の信託をいう。

右欄：信託法2

後見制度と比較

　信託を設定することにより、委託者の判断能力が低下した後も、信託財産を受託者により、管理運用していくことができる。この点は、後見制度と類似の効果があるが、以下の通り、比較できる。

	信託	成年後見
開始時点	契約締結	裁判所の審判の確定
財産管理者の選択	受託者 委託者により選択可能	成年後見人など 裁判所が決定
財産の積極運用の可否	信託契約の内容によって積極運用可能	資産の運用については消極的
終了時点	信託契約の内容によって変化。委託者の死後にも効力を及ぼすことができる。	成年被後見人が死亡するまで

遺言と比較

　信託を設定し、信託終了事由を委託者の死亡と定める場合、残余財産受益者や帰属権利者として自らの財産を残したい者を指定することで、遺言と同様の効果を期待することができる（遺言代用型信託）。遺言との比較は下記の通りである。

	信託	遺言
財産の承継先の指定	後継遺贈型（注）の承継が可能になる（受益者連続型信託）	後継遺贈型の承継は困難
内容の変更・撤回	契約内容によって、委託者のみの意向により、事後的に契約内容の変更・撤回を制限することが可能	遺言の撤回は自由

右欄：信託法91

（注）　後継遺贈型とは、遺贈により財産を受け取った受遺者が死亡した時、新たに当該財産を受け取る者を決めておく形の遺贈のことである。

Introduction
課題と対応
相続税・贈与税
民法
M&A
株式評価
法人税
株式上場
会社法
医業承継
巻末資料

【スキーム例】 事業承継信託

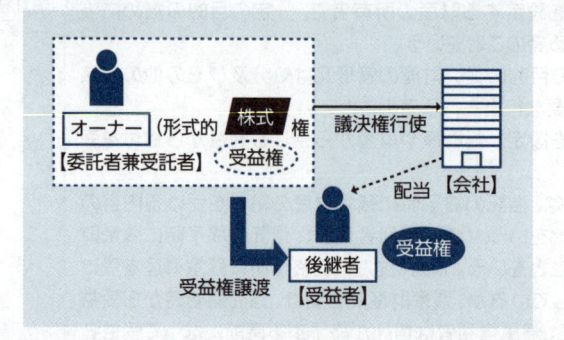

【委託者のニーズ】
　株価が上がりきってしまう前に、後継者に会社を引き継いでいきたい。しかし、後継者は経験が不足しているので、すぐに株式を譲渡することには抵抗がある。できれば、しばらくは自分が会社に口を出せるようにしておきたい。
【スキーム】
委託者　オーナー
受託者　オーナー
受益者　後継者
　株式を信託財産とする自己信託を設定し、受益権を後継者に譲渡することで他益信託とする。その結果、株価が上がりきってしまう前に、後継者に株式の経済的価値を帰属させることができる。株式にかかる議決権行使などは受託者が行うため、オーナーが引き続き、会社の運営に対して株主として携わってくことができる。

【スキーム例】 受益者連続型信託

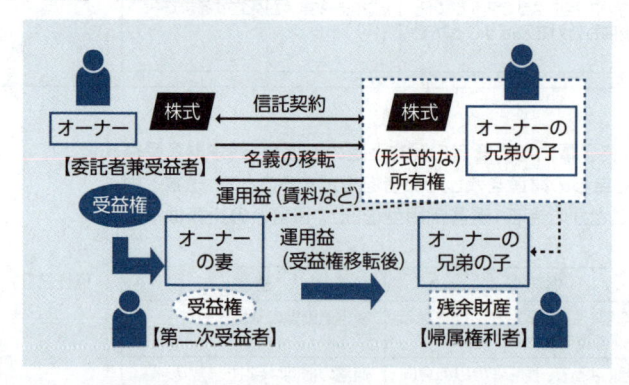

【委託者のニーズ】
　今の株式は先代から受け継いできた株式だが、夫婦には子供がおらず、後継者がいない。自分の死後、妻が生きている間は妻に引き続き配当を受け取ってほしいが、妻の死後は自分の兄弟又は兄弟の子供に受け継いでもらいたい。

Introduction

課題と対応

相続税・贈与税

民法

M&A

株式評価

法人税

株式上場

会社法

医業承継

巻末資料

【スキーム】
委託者　オーナー
受託者　オーナーの兄弟の子
受益者　１オーナー
　　　　２オーナーの妻
帰属権利者　オーナーの兄弟の子

　受益者連続型信託を設定することにより、オーナーのニーズを実現することができる。受益者連続型の信託を設定する場合は、信託期間が長期になるため、信託条項の策定に注意が必要となる。

〈参考〉受益者連続型信託の期間制限

　信託設定時から30年経過時以後は、１度限り後継受益者の取得が認められる（信託法91条）。

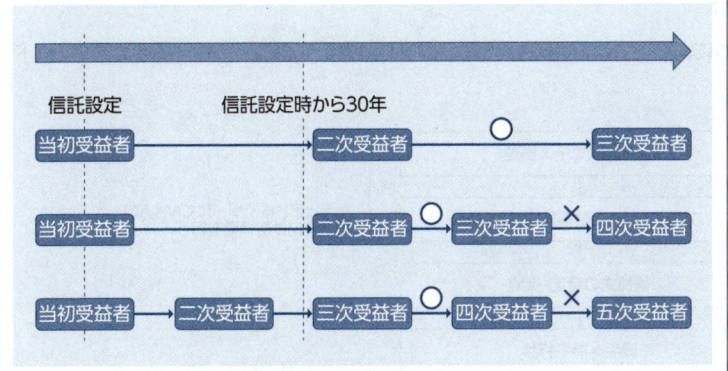

〈参考〉信託と遺留分（東京地判平成30年9月12日）

　一般論として、信託を設定することによって、直ちに遺留分侵害額請求を免れることはできない。東京地判平成30年9月12日において、相続財産に民事信託が組成されていた事例にあっても遺留分減殺請求（相続法改正前の事案）が認められた。なお、遺留分侵害額請求の法的構成は諸説あり得るところ、同裁判例においては、受益権を対象として遺留分減殺請求が認められた。

　また、同裁判例では、信託の一部を無効とする判断が示された。同裁判例における信託は、形式上各相続人に遺留分割合に相当する受益権を設定する内容であり、一見遺留分を侵害しないように見えるものであった。しかし、信託財産の中には経済的利益の分配が想定されない不動産が含まれており、諸般の事情から、形式的に受益権を設定することにより、遺留減殺請求を回避する目的をもって本信託が設定されたものであると認定がされた。上記不動産を信託財産とした部分については、公序良俗に反すること（民法90条）を理由として信託を無効と判断した。

M&A

M&Aの全体像

M&Aとは

　M&Aとは、Merger＆Acquisition（合併・買収）の略であり、企業オーナーの目線に立てば、自らの企業の株式・支配権を譲渡したり、他の企業を買収する行為をいう。事業譲渡もM＆Aに含まれる。

M&Aの進め方

　M&Aを進めるにあたっては厳格な進め方のルールはないものの、一般的な進め方は、以下の通りである。

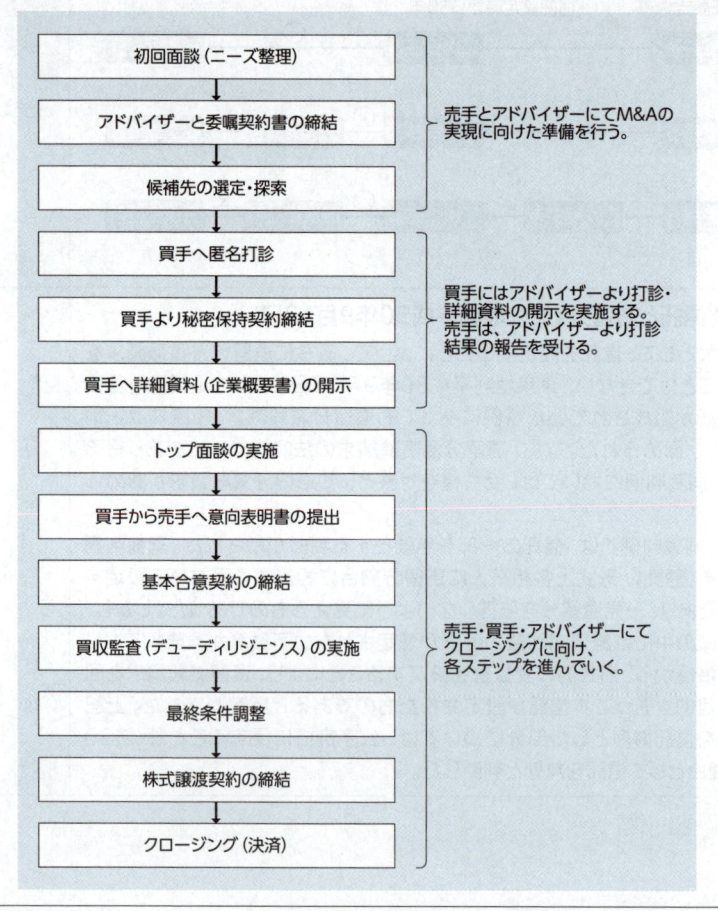

初回面談（ニーズ整理）

アドバイザーと委嘱契約書の締結

候補先の選定・探索

　売手とアドバイザーにてM＆Aの実現に向けた準備を行う。

買手へ匿名打診

買手より秘密保持契約締結

買手へ詳細資料（企業概要書）の開示

　買手にはアドバイザーより打診・詳細資料の開示を実施する。売手は、アドバイザーより打診結果の報告を受ける。

トップ面談の実施

買手から売手へ意向表明書の提出

基本合意契約の締結

買収監査（デューディリジェンス）の実施

最終条件調整

株式譲渡契約の締結

クロージング（決済）

　売手・買手・アドバイザーにてクロージングに向け、各ステップを進んでいく。

初期ヒアリング事項・アドバイザー選定

　M&Aにて売却を検討されているオーナーに対する初期段階の主なヒアリング事項は以下の通りである。

項目	内容
オーナーの状況	年齢 家族構成 健康状態 M&Aを検討するに至った背景
対象会社について	対象会社の事業を始めたきっかけ 対象会社の沿革 対象会社を取り巻く経営環境/競合他社 対象会社の強み/弱み
M&Aでの希望条件	譲渡候補先 譲渡価額 譲渡時期 譲渡後の社長、役員、従業員の処遇 スキーム(株式譲渡、事業譲渡)

アドバイザー選定

　中堅中小企業のM&Aの場合は、アドバイザーの力量次第でM&Aの成否が左右されることは少なくない。M&A実行時のアドバイザーの主な役割は以下の通りである。

項目	内容
候補先の選定・探索	初期ヒアリングの要素を加味して、候補先を選定する。選定した候補先に対して実際に対象会社の提案を行う。その際に売手には適時進捗状況を報告することが望ましい。
スキーム等の助言	対象会社、オーナーの状況など個々の個別事情を勘案した上で、最適なスキームの助言を行う。
売却プロセスの設計及び進捗管理	最終的なクロージングまで滞りなく進むためのプロセスの設計と進捗管理を行う。プロセスが進むにつれて関係者も増えてくるため、各関係者間の調整役としての役割も求められる。
DDサポート、最終契約交渉における助言	買収監査が滞りなく進むように売手サイドの資料収集、開示のサポートを行う。最終契約交渉に際しては、契約内容に漏れがないか、双方の合意事項が適切に反映されているか等の確認、助言を行う。また、最終契約は両当事者間の権利義務を規定する重要なものであるため、可能な限り、弁護士等の専門家の関与を促すことが望ましい。

Introduction
課題と対応
相続税・贈与税
民法
M&A
株式評価
法人税
株式上場
会社法
医業承継
巻末資料

候補先選定

候補先選定

候補先の選定にあたっては、まず幅広に買手候補先となりうる会社を選定し（幅広に候補先を選定したリストを「ロングリスト」と呼ぶ。）、そのなかから一定の基準によって絞り込んでいく（絞り込んだリストを「ショートリスト」と呼ぶ。）ことが一般的である。

ショートリストの買手候補先について、優先順位をつけてアプローチしていく。

その際にまずはノンネームシートと呼ばれる限定された情報を記載した資料を基に初期的関心の有無を確認する。買手候補先より関心が寄せられた場合には、秘密保持契約を締結し、対象会社の詳細情報を開示する。

〈候補先の選定から打診の流れ〉

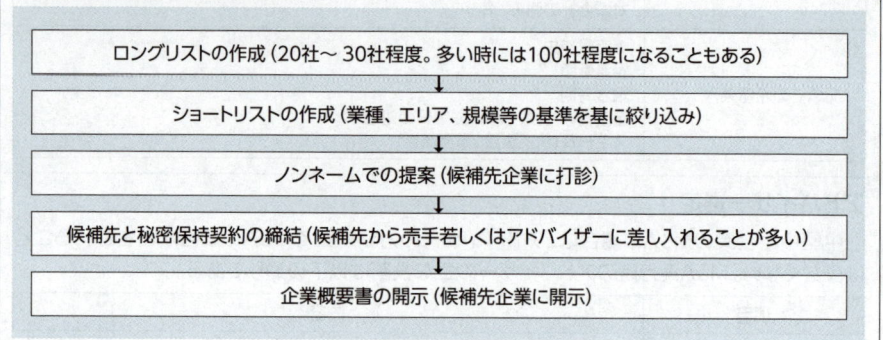

ロングリストの作成（20社〜30社程度。多い時には100社程度になることもある）

ショートリストの作成（業種、エリア、規模等の基準を基に絞り込み）

ノンネームでの提案（候補先企業に打診）

候補先と秘密保持契約の締結（候補先から売手若しくはアドバイザーに差し入れることが多い）

企業概要書の開示（候補先企業に開示）

〈候補先選定のポイント〉

候補先を選定する上での明確なポイントはないものの、以下のようなポイントに着目して候補先を選定する。

項目	内容
対象会社の事業との親和性	対象会社の事業、商流、強み、弱みを把握し、シナジーが期待できる候補先はどういった業種の会社なのかを検討し、選定する。
エリア	候補先のニーズとして、対象会社と近いエリアの会社がM&A後の管理面の観点から望ましいという場合もあれば、候補先にてカバーしきれていないエリアのため、M&Aによって補完できるといった場合もある。このように候補先のニーズを想定しながら、対象会社のビジネスに応じて、エリアを考慮の上、候補先を選定する。
規模	中小企業のM&Aの場合、対象会社より小さな規模の会社がM&Aにて取得するというケースは比較的少ない。そのため、売上、従業員数、資本金などの指標を基準として、適した規模感の候補先を選定する。

<ショートリストのサンプル>

No	候補先	所在地	業種	売上	資本金	従業員数	備考
1	A社	○○	○○	100億円	○○億円	○○人	
2	B社	○○	○○	80億円	○○億円	○○人	
3	C社	○○	○○	70億円	○○億円	○○人	
4	D社	○○	○○	50億円	○○億円	○○人	
5	E社	○○	○○	40億円	○○億円	○○人	

~point~
・備考欄にショートリストへの絞り込み理由やその他候補先に関する情報(過去のM&A経験の有無など把握しているようであれば、当該情報)を記載するのもよい。
・リストの並び順については、売上高の大きい順から記載する、若しくは、所在地毎にまとめて記載するなど一定のルールのもとに記載することが望ましい。(サンプルは、売上高の大きい順に記載。)

<ノンネームシートのサンプル>

案 件 概 要

■事業内容　○○○○

■エリア　○○○○

■財務状況　売上高　　○○○円~○○○円
　　　　　　営業利益　○○○円~○○○円
　　　　　　純資産　　○○○円~○○○円

■従業員数　○○名程度

■売却理由　後継者不在

■スキーム　株式譲渡　等

■希望価格　○○○円

~point~
・ノンネームシートは、候補先に対して初期的関心度合いを確認するために使用する資料である。
・情報漏洩を避けるという観点から、対象会社が特定されない範囲内での情報を記載することが望ましい。
・一方で情報量が少なすぎると候補先が適切に検討できないため、どこまでの情報を記載するかは慎重に判断する必要がある。

Introduction
課題と対応
相続税・贈与税
民法
M&A
株式評価
法人税
株式上場
会社法
医業承継
巻末資料

<企業概要書の記載内容サンプル>

企 業 概 要 書

■本件概要
①対象会社名
②事業内容
③財務ハイライト
④譲渡理由
⑤前提条件
⑥本件検討のポイント

■会社概要
①代表者
②本店所在地、支店所在地
③株主の状況
④役職員の状況
⑤組織図

■事業概要
①商流・事業内容
②対象会社の事業の強み、弱み
③主な得意先、仕入先

■財務内容
①貸借対照表、損益計算書(直近3期分)
②販売費及び一般管理費の明細
③金融資産、固定資産の明細

■事業計画
①事業計画

■その他
①希望条件
②想定スキーム
③想定スケジュール

~point~
・企業概要書は、候補先に対して対象会社の詳細情報を伝えることを目的として作成する資料である。
・企業概要書を基に買手候補先は検討を進めることになるため、企業概要書に記載されている対象会社の情報
については正確性、網羅性、適時性が求められる。

<企業概要書作成にあたって必要な書類リスト>

No	資料	備考
1	会社案内・商品・サービスのパンフレット	
2	登記簿謄本	最新のもの
3	組織図	
4	従業員リスト	
5	決算書・勘定科目内訳書・各種税金申告書	直近3期分
6	月次試算表	直近月次まで
7	固定資産台帳	直近3期分
8	固定資産税課税明細書	直近のもの
9	事業計画書	作成している場合のみ

意向表明・基本合意

意向表明書(通称LOI「Letter Of Intent」)

買手が売手に対して、M&Aの意向や希望条件等を伝える文書。

入札案件等の場合には、売り手は複数の買手から意向表明書を提出してもらい、その内容をもとにM&Aの実施についての検討を行う。

買手による初期の買収の意思表明。

基本合意書(通称MOU「Memorandum Of Understandings」)

M&Aのプロセスが進行した段階で、最終的な契約書を作成するための基礎となる事項を合意するために締結される文書。

売手と買手が買収の内容に合意したことを確認するもの。

意向表明書、基本合意書の主な記載事項

項目	概要
会社概要	社名、本店所在地、代表者名、事業概要等の買手の会社概要。
スキーム	株式譲渡、事業譲渡、会社分割等の想定スキームを記載。
希望価額、計算根拠	一般的にはある程度幅を持たせた希望金額を記載。価額の計算根拠も併せて記載する。
M&Aの目的	事業拡大、事業多角化、シナジーの獲得等のM&Aの目的を記載。売手に熱意を伝えるために詳細に記載することが重要。
役員、従業員等の待遇	M&A後、役員、従業員がどのような待遇となるかについて考えを詳細かつ具体的に記載。特に売手が中小企業の場合、関心が高いことが多い。
資金調達方法	金融機関からの借入、自己資金、資産売却等の資金調達方法を具体的に記載。
スケジュール	基本契約書の締結時、DDの完結日、最終契約書締結日、クロージングの日等の暫定的なスケジュールを記載。
DDの実施に係る事項	法務DD、財務DD、税務DD等の内容、実施者、費用負担者等を記載。
独占交渉権	一般的には2カ月〜3カ月程度の独占交渉権期間を記載。
法的拘束力	意向表明書には法的拘束力がないことが一般的(独占交渉権を除く)であり、法的拘束力が無いことを明記。
有効期限	意向表明の有効期限を記載。有効期限前に基本契約や最終譲渡契約の締結、M&A取引の検討中止等の事由が生じた場合、効力を失うことを併せて記載。
秘密保持	秘密保持に関する事項について記載。

※案件の特徴等により具体的な記載内容は異なる。

Introduction
課題と対応
相続税・贈与税
民 法
M&A
株式評価
法人税
株式上場
会社法
医業承継
巻末資料

デュー・ディリジェンス（DD）の意義

DDとは

　デュー・ディリジェンス（Due Dilligence、略してDD）を直訳すると「正当な注意」という意味であるが、M&A等の取引においては、買手が売手（以下「対象会社」という。）に対して買収前に実施する各種調査のことをいう。

DDの目的、位置づけ

　買手にとってDDを実施する最大の目的は、M&Aを成功させるために、対象会社の実態について理解すると共に、対象会社に関わる諸リスクを事前に把握してそのリスクを評価することである。DDを通じて収集した情報は、M&Aに関する意思決定、買収価格の調整やM&A後の事業運営方針の参考に資することとなる。

　なお、DDはM&Aの意思決定に必要な情報収集のために行われるものであり、会計監査や不正調査とは全く異なるものであることを買手は理解して進める必要がある。

DDの種類と各DDの主な実施者

DDの種類	調査対象	DDの主な実施者
ビジネス	事業性関係	（社内）経営企画や営業・製造等の担当者 （社外）コンサルティング会社
財務・税務	財務・会計・税務関係	（社内）財務経理担当者 （社外）会計士、税理士
法務・労務	法務・労務関係	（社内）法務担当者 （社外）弁護士、社労士
人事	人事・組織関係	（社内）人事労務担当者 （社外）コンサルティング会社
不動産・環境	不動産・環境汚染関係	（社内）法務担当者 （社外）不動産鑑定士、コンサルティング会社
IT	ITシステム関係	（社内）ITシステム担当者 （社外）コンサルティング会社

　取引価格に影響を及ぼす可能性が高い財務・税務DDと法務DDはほとんどのケースで実施される。

　また、DDを実施するには相当の時間、労力及び専門性を要することから、通常社外の専門家に依頼することになる。

DDの全体感・スケジュール

　DDは通常1カ月から2カ月の期間で実施されることが多い。案件毎に定められているM&Aに関する意思決定の期限（最終意向表明の期限や買手の取締役会での承認等）から逆算して、DDをいつまでに完了させなければならないのかを、DDがスタートする前に明確にする必要がある。

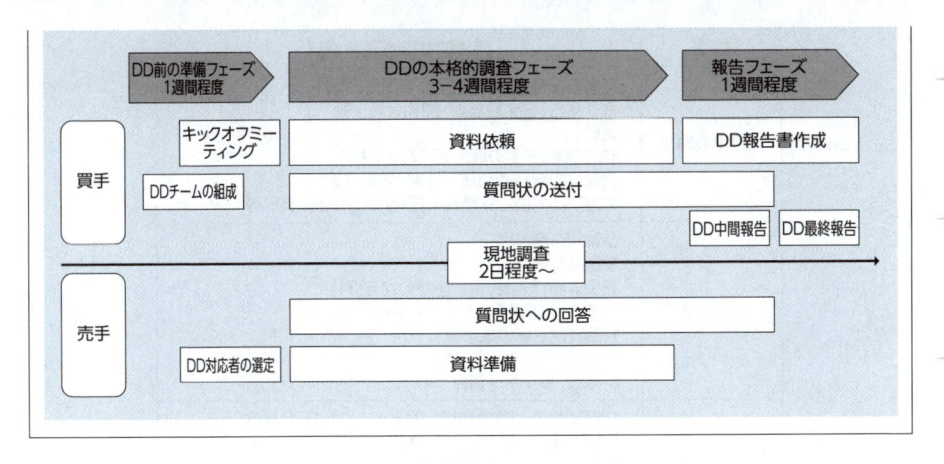

Introduction

課題と対応

相続税・贈与税

民法

M&A

株式評価

法人税

株式上場

会社法

医業承継

巻末資料

DDの対応方法

【買手側】

(1) DDチームの組成

案件の性質や規模、社内の人的資源を考慮してチームを組成する。社内でDDに関する知識や経験がある人員がいない場合には、金融機関やフィナンシャルアドバイザーから紹介を受けた外部の専門家にDDを依頼する。また、M&Aは機密情報を取り扱うため、無造作にDDに関与する人員を増やさないことも重要である。

DDの種類	チームアップの例
ビジネス	(社内) 経営企画2名、営業1名、購買1名、製造開発1名 (社外) コンサルティング会社A
財務・税務	(社内) 財務経理2名 (社外) 会計事務所B
法務	(社内) 法務部2名 (社外) 弁護士法人C

(2) キックオフミーティング

DDチームの組成後、チームメンバー間で下記の項目について共有を行う。

・チームメンバーの紹介
・案件の概要説明
・M&Aのプロセスと想定スケジュール
・DDの進め方とDDのスケジュール
・調査範囲（スコープ）、調査項目の優先順位及び強弱のすり合わせ

(3) 資料依頼

調査に必要な資料のリストを作成し、売手に依頼する。資料依頼は案件によって膨大になることもあるため、優先順位を付すること、各DD担当から依頼する資料が重複しないように確認すること、必要以上の資料を要求しないことが効果的・効率的な調査につながる。

種類	代表的な調査対象資料
会社全般事項	・商業登記簿謄本(全部履歴事項証明書) ・会社案内、事業経歴書、関係会社一覧 ・定款 ・株主名簿(株主の属性を記載したもの) ・従業員内訳(雇用形態、年齢、勤続年数) ・業務フロー(販売・購買業務等)が分かる資料　等
ビジネス	・事業別の商流図 ・事業計画書 ・資金計画、設備投資計画が分かる資料 ・事業別、取引先別、商品別の損益情報 ・各種経営会議の議事録 ・業務提携先、外注先一覧 ・組織図、事業所一覧表　等
財務・税務	・貸借対照表、損益計算書、キャッシュフロー計算書 ・月次推移表、総勘定元帳、仕訳帳 ・残高証明書、請求書綴り等の各種証憑類 ・在庫管理資料、営業債権管理資料 ・固定資産台帳 ・借入金の明細、金銭消費貸借契約書 ・税務申告書一式(法人税、消費税、地方税)　等
法務	・主要取引先との各種契約書、発注書、請求書 ・株主総会、取締役会議事録、監査役会議事録 ・社内規程類 ・不動産登記簿謄本、賃貸借契約書 ・知的財産権(商標、特許権、ライセンス)一覧表 ・許認可関連資料　等
労務	・就業規則、賃金規程、退職金規程、役員退職慰労金規程 ・雇用契約書、労働条件通知書 ・勤務管理表、賃金台帳 ・競業避止等の従業員との間で締結されている重要な契約書 ・36協定、労使協定　等

⑷　質問状の送付

　売手から開示を受けた資料の初期的な分析を行い、質問状を作成し対象会社に送付する。質問状は一般的にはExcel形式のQ&Aリストに基づいて行われる。フィナンシャルアドバイザー等がいる場合には、質問状はフィナンシャルアドバイザーで取り纏めた上で、売手に送付される。通常は複数回の質問状のやりとりを通じて、調査を進めていくこととなる。

⑸　現地調査の対応

　現地調査では中堅企業のDDの場合1日から2日の日程で、工場等の見学、マネジメント層を中心とするキーパーソンへのインタビュー、現地でしか閲覧できない資料等の確認を行う。売手の従業員は通常M&Aについては知らされていないことがほとんどであるため、売手を訪問する際は、訪問時の設定等に関して事前に売手やフィナンシャルアドバイザー等と入念な打ち合わせをした上で臨む必要がある。加えて、現地調査の過程において大きな問題が検出された場合には、経営陣に随時報告を行うことが求められる。

⑹　DD報告書の作成

　各分野の担当者がDDの調査結果をまとめた報告書を作成する。特にDDで検出したリスクや買手の経営陣が気になっている事項について重点的に報告書に記載をする。

Introduction

課題と対応

相続税・贈与税

民法

M&A

株式評価

法人税

株式上場

会社法

医業承継

巻末資料

一般的な財務・税務DD報告書の構成例
1. 前文
2. 目次、略称一覧、調査の概要(調査対象期間、調査方法等)
3. 報告事項の要約(エグゼクティブサマリー)
4. 内部統制等の会社全般項目に関する詳細な報告
5. 貸借対照表、損益計算書及びキャッシュフロー項目に関する詳細な報告
6. 税務項目に関する詳細な報告

⑺ DD報告会

通常DDの報告会は中間報告と最終報告の2回に分けて実施される。中間報告の趣旨は、DDで検出した事項を早期に買手の経営陣に報告し、M&Aに関する意思決定の判断材料とするためである。中間報告で追加の調査項目が生じた場合、追加の資料依頼と質問を行い、最終報告で追加報告を行う。なお案件の性質にもよるが、中間報告時点で大きな検出事項が無い場合には、中間報告が実質的に最終報告となることもある。

【売手側】

⑴ 社内DD対応者の選定

M&Aは売手においては社内の機密事項となることから、DD対応者は極力少人数に制限するのが好ましい。M&Aに関与している経営陣のほか、財務経理の現場責任者や総務の現場責任者1、2名程度を対応者に加えることが可能であれば、DD対応をスムーズに進めることができる。フィナンシャルアドバイザー等がいる場合には、フィナンシャルアドバイザー等もDD対応者に含まれることとなる。なお、売却を進めていることが社内に広まると、従業員の大量退職につながる可能性があるため、経営陣以外の従業員を対応者に加える際には、より一層情報管理が必要となる。

⑵ 資料準備への対応

①資料開示の方法

買手から依頼された資料の開示方法は大きく分けて三つに大別される。状況に応じて各方法を組み合わせて買手へ資料の開示を行う。

メールによる開示	データ化した資料(Word、Excel、PDF等)を準備し、都度メールにて開示する方法。
現物開示	紙媒体で準備し、直接買手に閲覧させる方法。この場合、買手が資料を閲覧するためのデータルームを社内又は社外に別途用意する必要がある。
VDR(バーチャルデータルーム)による開示	フィナンシャルアドバイザー等がいる場合でかつ大量の資料のやりとりをする必要があるときはVDR(バーチャルデータルーム)が用いられるケースもある。VDRとはDDで開示する資料をクラウド上の電子的データルームに買手が直接アクセスし開示資料の閲覧をする方法である。ただし、VDRの利用にあたってはアップロードする資料のデータ容量等に応じて費用が発生する。

②資料準備の効率化

DDで要求される資料は多岐にわたり量も多いため、効率的に対応する必要がある。

対応人数の調整	特に要求される資料として項目が多い財務・総務・法務関連の社内資料を取り扱う者をメンバーに加える必要がある。
資料のデータ化	買手が要求する資料の収集（場合によっては新たに売手で作成する必要あり）と紙媒体の資料をPDF等のデータへ変換することが特に労力を要する。フィナンシャルアドバイザー等がいる場合には、協力を得ながら資料の開示を進める。
資料開示の範囲	個人情報に関するもの（マイナンバーが含む資料等）や買手が競合他社である場合における顧客との取引条件等がわかる資料については、開示をしないということも選択肢の一つとなり得る。
事前準備	売手はM&Aの検討を開始した時点から段階的に資料の整理を進めることが重要となる。

(3) 質問状への回答

買手からの質問状は一般的にはExcel形式のQ&Aリストに基づいて行われる。質問数も多く、かつ、質問項目も非常に多岐にわたるため、質問内容によっては社内のDD対応者のみならず、守秘義務を負っている顧問弁護士、税理士、社労士の協力を得ながら回答を行う必要が生じる。

後々のトラブルを防ぐためにも、すぐに回答が困難な質問については、その旨を買手に伝え、不確実な回答をしないことが重要である。資料の準備と同様、買手からの質問もDD期間を通じて、継続的に行われるため、DD対応者の社内における業務調整にも一定の配慮が必要である。

(4) 現地調査の対応

現地調査では、中堅企業の場合通常1日から2日の日程で工場見学、マネジメント層及びキーパーソンへのインタビュー、紙媒体資料の閲覧が行われる。売手は工場見学等のアテンド、インタビュー対応、資料開示の準備を行うこととなる。工場見学等は従業員に対してM&Aが行われていると勘づかれないよう、買手を取引先やコンサルティング会社であると従業員に紹介して見学を行う場合もある。また、社内環境等の関係で機密性が守られないといった事由により、現地でのインタビューや資料開示が難しい場合には、近隣の会議室等を借りて、インタビューや資料開示を行う。

DDにおける検出事項と最終契約との関連性

(1) 定量化可能な検出事項

通常、定量化可能な検出事項は各種価値評価方法での調整を通じて最終契約の取引価額に反映させることとなる。

(2) 定性的な検出事項

定量化が困難な定性的な検出事項については、最終契約書において売手に表明・保証させることが一般的である。なお、検出事項の性質によっては、当初想定していた取引のスキーム自体を変える必要が生じる場合もある。例として、買手が売手の簿外負債を引き継ぐリスクを排除するため、取引のスキームを株式譲渡から事業譲渡に変更することなどが挙げられる。

(3) 主な売手の表明・保証例

財務関連	・財務諸表等の計算書類の適正性 ・事業遂行に必要な資産の十分性、有効性 ・営業債権の回収可能性、棚卸資産の売却可能性 ・計算書類等に表示されている債務以外の債務の不存在
税務関連	・過去の税務申告の適正性及び未納税金の不存在 ・課税当局からの指摘、係争の不存在
法務関連	・会社の設立、発行可能株式総数、発行済株式数、株主の状況 ・未払残業代、労使関係に関する監督機関からの勧告等の不存在 ・訴訟等の不存在、倒産申立等の不存在 ・事業遂行に必要な許認可・知的財産権の十分性、有効性

各種DDで主に見る、見られるポイント

ビジネス	・事業計画の妥当性 ・業界全体の状況やマーケットの魅力度 ・各取引先との関係 ・製造・販売能力の状況
財務・税務	・不良資産の有無 ・過年度損益の状況、非経常的な損益の有無 ・重要な未計上債務の有無 ・追徴課税の可能性 ・過去の税務調査の内容 ・会社分割や事業譲渡の場合において対象会社から独立する場合の追加で発生するコスト（スタンドアローンコスト）の有無
法務・労務	・許認可の適法性 ・紛争・訴訟の有無 ・知的財産権を含む資産の権利関係の状況 ・未払残業代等の労務問題の有無 ・各種契約に関する問題点の有無 ・Change of control条項の有無 ・株主総会、取締役会の開催状況 ・株主の変遷及び名義株の有無
人事	・給与体系、給与水準、福利厚生制度の内容 ・人事慣行の把握 ・退職給付債務 ・採用・離職の状況
不動産・環境	・不動産価値の適正評価 ・土地利用履歴の把握 ・土壌汚染のリスク評価 ・環境汚染物質（PCB・アスベスト等）の使用保管・処理状況
IT	・システム投資の状況 ・システム部門の状況 ・セキュリティ対策、個人情報保護、BCPの状況 ・運用コスト、キャパシティ、データ処理量の状況

企業価値評価と財務DDの関係

　各種DDで検出された事項を考慮し、その後M&Aの買収価格を決定するための企業価値評価を行うこととなる。特に財務DDで検出された定量化可能な事項は、企業価値評価に織り込まれて最終的に買収価格に反映される場合が多い。

財務DDの検出事項と企業価値評価の各手法との関連性

検出事項＼評価方法	インカムアプローチ	マーケットアプローチ	コストアプローチ
正常収益力	○	○	
営業債権	○		○
棚卸資産	○		○
営業債務	○		○
設備投資	○	○	
有利子負債	○	○	○
非事業用資産	○	○	○
純資産			○

株式譲渡契約

株式譲渡契約（通称「SPA（Stock Purchase Agreement）」）

　一般的に相対取引で株式を取得するM&A取引に用いられる。
　M&Aにおける売手と買手が、株式の譲渡その他諸条件に合意し、M&Aに関する最終契約書として締結する。

主な記載事項

主な条項	概要
譲渡価額	株式の譲渡価額及びその計算方法、価額調整条件等
表明保証	売手が買手に対し、一時点における、契約目的物の内容等の事項が、真実かつ正確であることを表明し、保証するもの
誓約事項（コベナンツ）	売手及び買手双方が、クロージング前後に一定の行為を行うこと、又は行わないことを約束するもの
クロージング条件	クロージングの実行日、株式譲渡の方法、代金決済方法等
契約の変更又は解除について	契約の解除事由、解除方法等
損害賠償・補償	契約違反があった場合の損害賠償金・補償金の支払方法、金額の計算方法等
その他の条項（秘密保持、準拠法、管轄等の一般条項）	案件に係る情報の開示条件、紛争が生じた場合の準拠法、裁判所の管轄等

Introduction

課題と対応

相続税・贈与税

民　法

M
&
A

株式評価

法人税

株式上場

会社法

医業承継

巻末資料

アーンアウト条項

概要	譲渡対価の一部を，一定の目標達成時に支払うことを規定した条項。 売主と買主の間で，株式の譲渡対価の合意が得られなかった場合等に設定される。 原則として売手は，追加の対価の受領が確定した日の属する事業年度に，追加で受領する対価について譲渡損益を計上する。
留意点	目標達成が容易である場合等には，単なる譲渡対価の分割払いとみなされる可能性がある。この場合、株式の譲渡事業年度において、追加の対価も含めた譲渡損益の計上が必要となると考えられる。 個別事案、事実に則って慎重に税務判断をする必要がある。

株式譲渡・事業譲渡

株式譲渡、事業譲渡の概要

	株式譲渡	事業譲渡
手法	買手に対して、対象会社の発行する株式を譲渡する手法	対象会社が買手に対し、事業にかかる資産及び負債を譲渡する手法
対価受領者	対象会社の株主	対象会社
主なメリット	対象会社自身に大きな影響がなく、事務手続きが少ない。	買手は必要な事業のみを取得できる。また、潜在債務を切り離せる。
留意点	潜在債務も引き継ぐことになる。	債務の承継等に際し、債権者や契約の相手方の同意が必要となる等、煩雑さを伴う。
活用されるケース	株主が譲渡対価を収受したいケース。一般的なM&Aの手法として多用される。	潜在債務を切り離したいケース 事業再生を伴うケース

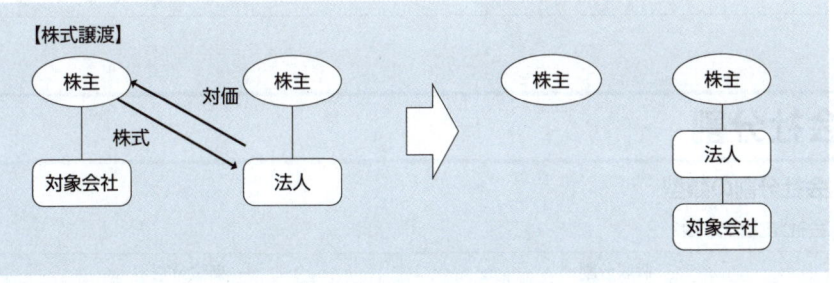

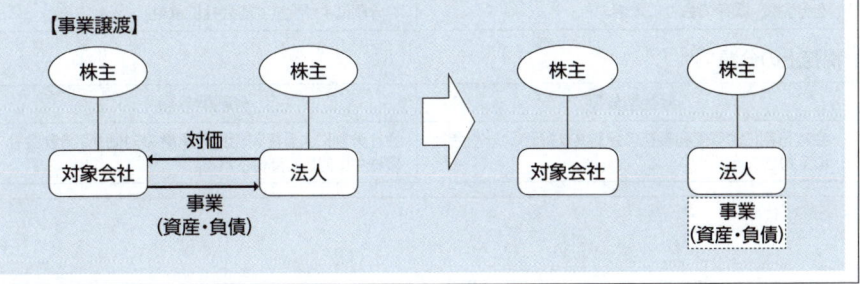

株式譲渡と事業譲渡の比較

(1) 税務上の有利比較

	株式譲渡	事業譲渡
メリット	株主への譲渡益課税（個人の場合、20.315%）のみで課税が終了する。 （事業譲渡で対価を最終的に株主に交付する場合、譲渡益に対する法人税等と、配当等による所得税等の2回課税される。）	買手は、のれん（資産調整勘定）を損金算入できる。
消費税・登録免許税・不動産取得税	対象会社の資産の移転がないため、課税なし。	譲渡資産の内容により課税あり。

(2) 手続等

	株式譲渡	事業譲渡
承認機関	譲渡制限株式の場合：株主総会普通決議（対象会社が取締役会設置会社の場合、定款に別段の定めがある場合を除き、取締役会決議）。	①原則 株主総会特別決議（売手及び買手） ②例外 売手：事業の全部又は重要な一部の譲渡について、譲渡する資産の帳簿価額が売手の総資産の額の5分の1を超えない場合、省略可。 買手：譲受の対価として交付する財産の帳簿価額が買手の簿価純資産の5分の1以下の場合、省略可。
効力発生日	譲渡契約締結日（対象会社が株券発行会社の場合、原則株券交付日）	事業譲渡の実行日
債権者保護	不要	不要（個別債権者の同意は必要）
競業避止義務	株式譲渡契約で合意した範囲で認められる。	特段の意思表示がない場合、売手は事業譲渡日から20年間の競業避止義務を負う。

会社分割

会社分割の類型

会社法上の分類

吸収分割	新設分割
会社が事業に関して有する権利義務の全部又は一部を分割後、既存の会社に承継。	会社が事業に関して有する権利義務の全部又は一部を分割により設立する会社に承継。

税務上の分類

分社型分割	分割型分割
会社分割による権利義務の承継の対価が、分割会社に交付される。	会社分割による権利義務の承継の対価が、分割会社の株主に対して交付される。

分割型分割を活用したM&A

　対象会社が複数の事業を営んでいる場合において、事業のうち1部だけを切り出し、残りの事業を継続したいという意向があるときは会社分割を活用し、下記のようなスキームでM&Aを行うことがある。

【①売却したい事業を新設会社に引き継がせ、新設会社株式を譲渡する場合】

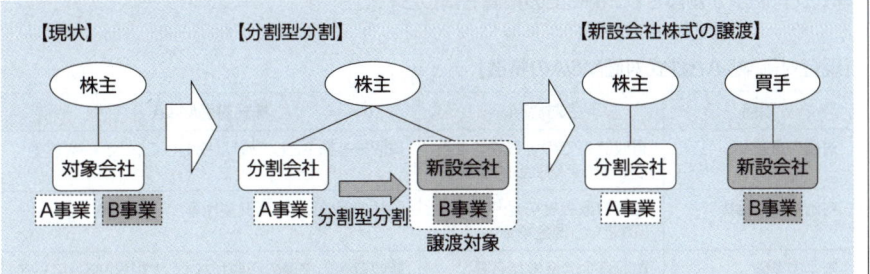

【②売却したい事業を対象会社に残し、対象会社株式を譲渡する場合】

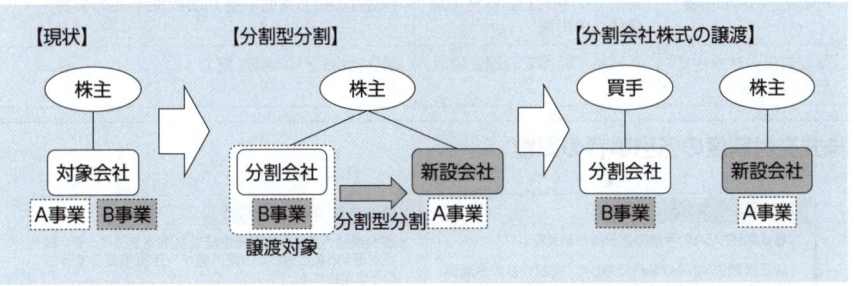

スキームの比較

	①	②
税務上の分類	非適格分割	適格分割 （その他要件満たす場合）
課税の有無等	・対象会社 分割対象資産及び負債が時価評価され、時価と帳簿価額との差額に対し法人税等が課税される。 ・株主 ①分割時 みなし配当課税あり。 ※個人株主の場合、配当所得が総合課税のため負担が重い。 ②分割後の株式譲渡 株式譲渡課税あり。 ※分割対象事業の時価が新設会社株式の簿価となるため、分割時の価額での譲渡の場合、株式譲渡課税なし。	・対象会社 法人税課税なし ・株主 ①分割時 みなし配当課税なし。 株式譲渡課税なし。 ②分割後の株式譲渡 株式譲渡課税あり。 分割会社株式の簿価：分割前の簿価から、当該簿価に、分割移転割合を乗じた額を減額した額

株式対価M&A

株式対価M&Aの概要

　日本のM&Aでは、欧米諸国と比較して対価を株式で行うM&A（いわゆる株式対価M&A）が利用されるケースが少なく、その活用が課題となっていた。その課題に対応すべく、会社法で株式交付制度が創設され、税制上の措置も講じられた。

【現金対価M&Aと株式対価M&Aの特徴】

項目	現金対価M&A	株式対価M&A
対価の意義	買収時点での金銭換算を行う一種の手切れ金的性格	買収後も株主として残り、協働してシナジーを享受
対価決定の指標	買収対象会社の価値がいくらかという現金換算	両社の価値に基づく交換比率
対価の準備	買収資金の準備が必要	買収資金の準備の必要がなく、大規模M&Aにも向いている
対価拠出による影響	親会社の格付け、財務の健全性への影響	親会社の持ち株比率低下に伴う希釈化の影響
買収対象会社株主のモチベーション	手続終了時点での現金稼得	親会社株式への信頼、魅力

株式交付制度の各当事者の影響

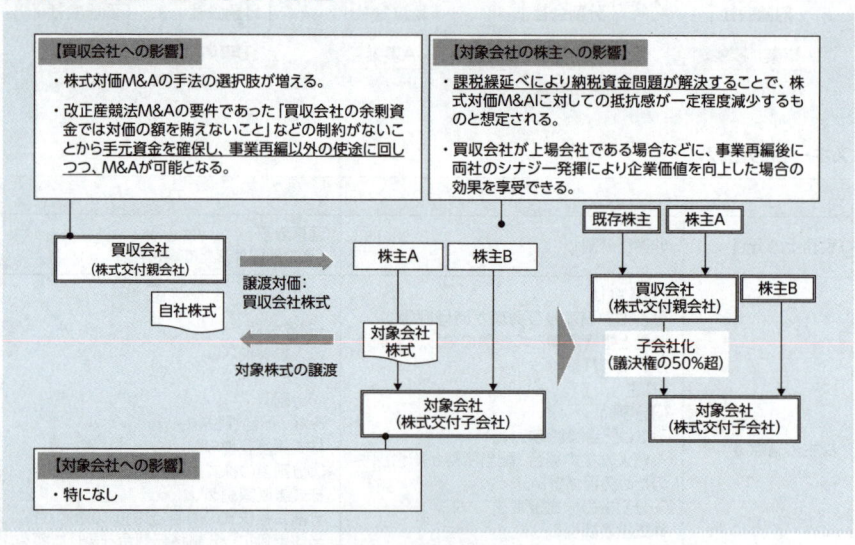

株式交付制度の会社法は205頁、法人税は148頁参照。

自社株対価M&A（子会社する場合の比較）の手法別の主な特徴の比較

項目	株式交付	株式交換	現物出資	産競法株式対価M&A
主な特徴等	会社法改正により創設	100%化する場合のみ	現物出資規制・有利発行規制がある	認定を受けることが難しい
買収会社	株式会社	株式会社・合同会社	株式会社・持分会社	株式会社
対象会社	株式会社（外国会社不可）	株式会社（外国会社不可）	制限なし	関係事業者・外国関係法人
対価の種類	自社株式・金銭等（金銭等のみは不可）	自社株式・金銭等（金銭等のみも可）	自社株式	自社株式
子会社株式の追加取得	不可	可能（100%化）	可能	可能（関係事業者・外国関係法人に該当する取得のみ）
対象会社株主の課税	【対価の80%以上が自社株】 ・課税繰延（金銭等に対応する部分は課税） 【上記以外】 ・課税	【金銭等不交付株式交換】 ・課税繰延 【上記以外】 ・課税	【適格現物出資】 ・課税繰延 【上記以外】 ・課税	課税繰延べ ※2021年3月31日をもって廃止
対象会社の課税（時価評価課税の有無）	なし	【適格株式交換等】 ・なし 【上記以外】 ・あり	なし	なし
認定手続き	なし	なし	なし	特別事業再編計画の認定必要

Introduction

課題と対応

相続税・贈与税

民法

M&A

株式評価

法人税

株式上場

会社法

医業承継

巻末資料

M&Aで頻出の用語

名称	概要
ノンネーム・シート(通称 NN「Non -name sheets」)	対象会社名等の記載は無く、大まかな本社所在地、業種、事業規模、業績、売却事由等が記載されたもの。個社名が把握できないように記載されている。「ティーザー」ともいう。
ロングリスト	M&Aの買い手候補先(一般的には数十社程度)についての基礎情報をまとめた一覧表。ロングリストを精査し買い手候補先の選定を行う。
ショートリスト	ロングリストを基に、具体的に検討可能な買い手候補先(数社程度)を絞り込んだ一覧表。ショートリストを基に買い手候補先にM&Aの打診を行う。
秘密保持契約(通称NDA「Non Disclosure Agreement」)	秘密情報の定義、秘密情報の第三者への開示・漏洩の禁止、情報受領者の目的外使用の禁止等を定めたもの。 買手が案件を持ち込んだ機関との間で締結する。 一般的な有効期限は1年〜3年。CA「Confidential Agreement」ともいう。
ネームクリア	秘密保持契約の締結後に、買手候補に対し、ノンネーム・シートで打診した譲渡対象企業の社名等を開示すること。
インフォメーション・メモランダム(通称IM「Information Memorandum」)	対象会社の社名、本手所在地、役員構成、株主構成、沿革、市場でのポジション、過去3〜5年の財務データ等が記載されたもの。「企業概要書」、インフォメーション・パッケージ(IP「Information Package」)ともいう。
意向表明書(通称LOI「Letter Of Intent」)	買収の目的、スキーム、買収価格及び計算根拠、買収資金の調達方法、スケジュール等を記載し、主に入札案件において買手が売手に提出するもの。
基本合意(通称MOU「Memorandum Of Understandings」)	最終契約に至る前に、買収価額、スキーム、役職員の引継ぎ条件、最終契約日の目安等の基本的事項について、両社が合意すること。一般的な有効期限は3カ月〜6カ月。一般的には守秘義務、独占交渉権等の取引の協議・交渉の枠組みに関する規定を除き、法的拘束力はない。
株式譲渡契約書(通称SPA「Stock Purchase Agreement」	株式譲渡を行う際の諸条件を定めた最終契約書。 株式の売買契約の目的物である株式の発行会社や株式の種類等を特定するとともに、株式譲渡の対価である代金等を定める。
独占交渉権	買手が売手と、排他独占的にM&Aの交渉を進行できる権利。独占交渉権の有効期間中、売手は、他の買手候補から、より良い条件を提示されたとしても一切交渉できない。 一般的な有効期限は、2月〜3月半程度。
クロージング	M&A取引の対象物を引渡し、対価の支払が実行される等、取引が実行されること。クロージングの手続きはスキームによって異なるが、一般的にはM&A取引の当事者が一堂に介し、会社実印や書類、データ等の授受等を行う。
PMI(Post Merger Integration)	買収後の経営統合作業。M&A当事者の、経営戦略、販売・仕入れ体制、労務管理、情報システム等の統合を行う。M&Aに期待されるシナジーを発揮するための重要なプロセス。

M&Aの法務論点

M&Aにおける法務上の問題点

事業承継型M&Aにおいてよく指摘される法務上の論点は次の通りである。

	項目	内容
組織	①株主総会・取締役会の不開催	株主総会や取締役会は、書面決議（会社法319・370）の要件を満たさない限りは、実際に会議を開催しなければ決議が成立しない。それにもかかわらず、会議を開催せずに議事録だけを作成している場合には、法律上は計算書類の承認や役員の選任決議等が存在しなかったことになるため、過去の決議をやり直す、株式譲渡契約書上の表明保証でリスクヘッジするなどの対応が必要となる。
株式	②株式の分散	株主の世代交代や過去の資本政策により、株式が多くの少数株主に分散している。通常M&Aの買主は100％の株式の譲受を望むため、少数株主からの株式の買い集めが困難でM&Aが挫折する場合もある。
	③株券交付を欠く株式譲渡	株券発行会社であるにもかかわらず過去の株式譲渡が株券交付なしに行われていると、現在の株式名義人が適法に株式を所有していると評価できない（会社法128①）。過去の株式譲渡の手続をやり直す、株式譲渡契約書上の表明保証でリスクヘッジするなどの対応が必要となる。
	④名義株	真の権利者でない者が株主名簿又は法人税申告書別表二上株主とされている。真の権利者からの譲渡でないとM&Aが有効に成立しないため、名義株主を探し出して真の権利者への名義書換えに応じてもらうなどの対応が必要となる。
	⑤株主の判断能力に疑義がある	株主の一人が認知症等に罹患しており、株式譲渡契約等を締結することができない。成年後見制度を利用するのが原則であるが、判断能力の程度によっては株式譲渡契約書上の表明保証や親族の確認書でリスクヘッジすることもある。
不動産	⑥会社の資産と個人の資産の不分別	会社の事業上必要な不動産をオーナーやその親族が所有している。M&Aに伴い、オーナーやその親族から会社が当該不動産を買い取ったり、賃貸借契約を正式に締結したりするなどの対応が必要となる。
負債	⑦経営者保証	オーナーはM&Aの実行に伴い、金融機関との保証契約の解除を望むが、M&Aのクロージング時点で保証契約を解除できる場合は多くない。そのため、クロージング後に金融機関と交渉して保証契約を解除することになる。
労務	⑧未払賃金	時間外割増賃金を一切支払っていない、労働時間を管理していない、残業時間の端数を切り捨てている、固定残業代の合意が適法でない、「管理監督者」として扱っているが適法でない等の理由から、従業員への未払賃金が発生している。従業員に未払賃金を支払ったり、反対に従業員から未払賃金を請求しない旨の誓約書を取得したり、株式譲渡契約書上の表明保証でリスクヘッジするなどの対応が必要となる。
契約	⑨M&Aによる重要契約解除のおそれ	重要な取引先との契約書の中に、M&Aにより支配株主に変動があった場合には契約を解除できるとするチェンジ・オブ・コントロール条項が入っていたり、いつでも契約を解約できるとする任意解除条項が入っていたりする。そのような場合には取引先からM&Aにもかかわらず当該契約を解除しない旨の同意書を取り付けたり、株式譲渡契約書上の表明保証でリスクヘッジしたりするなどの対応が必要となる。
	⑩契約書の不存在	そもそも取引先との間で契約書が作成されておらず、契約条件が明らかにならず、またいつ契約を解除されるか不明瞭となっている。取引先との間で新たに契約書を作成して契約を締結する、M&A後の取引先の意向を確認するなどの対応が必要となる。

Introduction
課題と対応
相続税・贈与税
民法
M&A
株式評価
法人税
株式上場
会社法
医業承継
巻末資料

株式評価

税務上の株式評価

非上場株式の税務上の時価

相続税法、所得税法、法人税法、それぞれの基本通達により定められている。

税務上の時価	評価方法(基本通達)
相続税法上の時価	評基通178〜189-7
所得税法上の時価	所基通23〜35共-9、59-6
法人税法上の時価	法基達9-1-13、9-1-14

承継方法に応じた株式評価

承継方法に応じた考慮すべき税務上の時価は以下の通りである。

(1) **相続・・・相続税法上の時価(評基通178〜189-7)**
(2) **贈与・・・相続税法上の時価(評基通178〜189-7)**
(3) **譲渡(同族関係者間における売買)**

	取引者		考慮すべき時価
1	売手	個人	相続税法上の時価(評基通178〜189-7)
	買手	個人	
2	売手	個人	所得税法上の時価(所基通23〜35共-9、59-6)
	買手	法人	法人税法上の時価(法基達9-1-13、9-1-14)
3	売手	法人	法人税法上の時価(法基達9-1-13、9-1-14)
	買手	個人	所得税法上の時価(所基通23〜35共-9、59-6)
4	売手	法人	法人税法上の時価(法基達9-1-13、9-1-14)
	買手	法人	

※課税上弊害がある場合や基本通達による評価に合理性がない場合はこの限りではない。

Introduction

課題と対応

相続税・贈与税

民法

M&A

株式評価

法人税

株式上場

会社法

医業承継

巻末資料

内　容	関連法令等

相続税法上の時価

(1)　株主の態様による評価方式の区分

財基通188

株主の態様による区分				評価方式
会社区分	株主区分			
同族株主のいる会社	同族株主	取得後の議決権割合5%以上		原則的評価方式
		取得後の議決権割合5%未満	中心的な同族株主がいない場合	
			中心的な同族株主がいる場合 → 中心的な同族株主	
			役員	
			その他	特例的評価方式
	同族株主以外の株主			
同族株主のいない会社	議決権割合の合計が15%以上のグループに属する株主	取得後の議決権割合5%以上		原則的評価方式
		取得後の議決権割合5%未満	中心的な株主がいない場合	
			中心的な株主がいる場合 → 役員	
			その他	特例的評価方式
	議決権割合の合計が15%未満のグループに属する株主			

※1　同族株主…株主とその同族関係者の議決権割合の合計が30%（50%超のグループがある場合は50%）以上である場合のそのグループに属する株主
　2　同族関係者…親族（6親等内の血族、配偶者、3親等内の姻族）とその他特殊関係にある個人・法人（法令4）
　3　中心的な同族株主…同族株主とその配偶者、直系血族、兄弟姉妹及び一親等の姻族（一定の法人を含む）の議決権割合の合計が25%以上である場合のその株主
　4　中心的な株主…同族株主がいない会社の株主で、株主とその同族関係者の議決権割合の合計が15%以上であるグループのうち、単独で10%以上を有している株主

(2)　評価方式と会社規模の判定

財基通178、179

①評価方式

会社規模	類似業種比準価額	折衷価額		純資産価額
		類似業種比準価額(L)	純資産価額(1−L)	
大　会　社	○	−	−	○
中会社の㋔	−	0.90	0.10	○
中会社の㊥	−	0.75	0.25	○
中会社の㋛	−	0.60	0.40	○
小　会　社	−	0.50	0.50	○

　大会社は類似業種比準価額又は純資産価額のいずれか低い価額を選択することができる。それ以外は、折衷価額又は純資産価額のいずれか低い価額を選択することができる。

②会社規模の判定

　(イ)　従業員数が70人以上の会社：大会社

　(ロ)　従業員数が70人未満の会社：㋑取引高基準と㋺従業員数を加味した
　　　総資産基準によりそれぞれ判定し、いずれか大きい方の会社規模

　　　㋑取引高基準

取引金額			会社規模
卸売業の会社	小売・サービス業の会社	左記以外の会社	
30億円以上	20億円以上	15億円以上	大会社
30億円未満〜7億円以上	20億円未満〜5億円以上	15億円未満〜4億円以上	中会社の㋭
7億円未満〜3.5億円以上	5億円未満〜2.5億円以上	4億円未満〜2億円以上	中会社の㊥
3.5億円未満〜2億円以上	2.5億円未満〜6,000万円以上	2億円未満〜8,000万円以上	中会社の㋛
2億円未満	6,000万円未満	8,000万円未満	小会社

　　　㋺従業員数を加味した総資産基準

総資産価額			従業員数			
卸売業の会社	小売・サービス業の会社	左記以外の会社	69人以下35人超	35人以下20人超	20人以下5人超	5人以下
20億円以上	15億円以上	15億円以上	大会社			
20億円未満4億円以上	15億円未満5億円以上	15億円未満5億円以上	中会社の㋭			
4億円未満2億円以上	5億円未満2.5億円以上	5億円未満2.5億円以上		中会社の㊥		
2億円未満7,000万円以上	2.5億円未満4,000万円以上	2.5億円未満5,000万円以上			中会社の㋛	
7,000万円未満	4,000万円未満	5,000万円未満				小会社

(3)　評価算式

①類似業種比準価額方式

1株当たりの類似業種比準価額　＝

$$A \times \cfrac{\dfrac{Ⓑ}{B} + \dfrac{Ⓒ}{C} + \dfrac{Ⓓ}{D}}{3（注1）} \times 斟酌率（注2）\times \frac{1株当たりの資本金等の額}{50円}$$

（注1）　医療法人の場合は分母「3」のかわりに「2」を用いる。

（注2）　斟酌率＝大会社0.7、中会社0.6、小会社0.5

財基通180〜184

Introduction

課題と対応

相続税・贈与税

民法

M&A

株式評価

法人税

株式上場

会社法

医業承継

巻末資料

A＝類似業種の株価（課税時期の属する月以前3カ月間の各月、前年平均株価又は課税時期の属する月以前2年間の平均株価のうち、いずれか低い金額）

B＝課税時期の属する年分の類似業種の1株当たりの配当金額

Ⓑ＝評価会社の直前期末及び直前々期末における1株当たりの配当金額の平均値

C＝課税時期の属する年分の類似業種の1株当たりの年利益金額

Ⓒ＝評価会社の直前期末以前1年間又は2年間の年平均における1株当たりの利益金額（法人税の課税所得を基礎とした金額）のいずれか低い金額

D＝課税時期の属する年分の類似業種の1株当たりの簿価純資産価額

Ⓓ＝評価会社の直前期末における1株当たりの簿価純資産価額

※※Ⓑ配当、Ⓒ利益、Ⓓ純資産は、1株当たり資本金等の額を50円に換算したものを用いる（1株当たりの資本金等の額が50円以外である場合は、資本金等の額÷50円を発行済株式総数として計算）。

②純資産価額方式

財基通185〜186-3

$$\frac{1株当たりの}{純資産価額} = \frac{\left(\begin{array}{c}総資産の\\相続税評価額\end{array} - \begin{array}{c}総負債の\\相続税評価額\end{array}\right) - \left[評価差額 \times 37\%\right]}{発行済株式総数（自己株式を除く）}$$

③配当還元価額方式

財基通188-2

$$\frac{1株当たりの}{配当還元価額} = \frac{\begin{array}{c}上記①のⒷの配当金\\（最低2.5円）\end{array}}{10\%} \times \frac{1株当たりの資本金等の額}{50円}$$

(4)　特定会社

財基通189〜189-6

特定会社の区分	評価方法		特例的評価方式
	原則的評価方式		
	原　則	特　則	
清算中の会社	清算分配見込額の複利現価による方式	－	清算分配見込額の複利現価による方式
開業前又は休業中の会社	純資産価額方式	－	純資産価額方式
比準要素数0の会社	純資産価額方式	－	配当還元価額方式
開業後3年未満の会社	純資産価額方式	－	配当還元価額方式
株式等保有特定会社	純資産価額方式	S1+S2方式	配当還元価額方式
土地保有特定会社	純資産価額方式	－	配当還元価額方式
比準要素数1の会社	純資産価額方式	折衷方式（Lの割合0.25）	配当還元価額方式

※1　株式等保有特定会社
　　　総資産に占める株式等の保有割合50％以上
　2　土地保有特定会社

会社の規模	大会社	中会社	小会社
総資産に占める土地等の保有割合	70％以上	90％以上	90％以上（注）

（注）　一定の総資産を有するものは70％以上

会社の取引が株式評価に及ぼす影響

(1) 役員退職金の支払

・類似業種比準価額が下がる要因となる（比準要素である©利益、⑩純資産が減少する）

・純資産価額が下がる要因となる（純資産が減少する）

(2) 死亡役員退職金の支払（前提：当該役員の相続税申告における株式評価）

・類似業種比準価額への影響はない（株価算定の基礎となる直前期の©利益、⑩純資産には影響しない）

・純資産価額が下がる要因となる（被相続人の死亡により支払われる死亡退職金は、債務に含まれる）

(3) 配当金の支払

・配当金の支払額により、類似業種比準価額の比準要素である⑧配当への影響が異なる。

配当金の支払額（注）	⑧配当	類似業種比準価額の⑧配当による影響
当期支払額＞前期支払額	増加	上がる要因
当期支払額＝前期支払額	影響なし	影響なし
当期支払額＜前期支払額	減少	下がる要因

（注）1　特別配当、記念配当等の名称による配当金額のうち、将来毎期継続することが予想できない金額は除く。
　　　2　前提：前々期の配当金支払額は、前期支払額と同額とする。

・類似業種比準価額の比準要素である⑩純資産が減少するため、類似業種比準価額は下がる要因となる

・純資産価額が下がる要因となる（純資産が減少する）

(4) 不動産（土地・建物）の購入（※購入した不動産から発生する収入・経費は考慮外）

・類似業種比準価額への影響はなし。

・純資産価額は、取得後3年以内と3年経過後で影響が異なる。

不動産の評価	
取得後3年以内	時価（通常の取引価額）≒帳簿価額
取得後3年経過後	財産評価基本通達による評価 （例：(土地)路線価方式による評価）

(5) 固定資産について特別償却の適用

・類似業種比準価額が下がる要因となる（比準要素である©利益、⑩純資産が減少する）

・純資産価額は、評価差額に対する法人税等相当額（37%）だけ下がる要因となる（特別償却適用資産の相続税評価額は特別償却の影響を受けないが、帳簿価額は特別償却適用後の金額となるため、相続税評価額と帳簿価額の評価差額が生じる）

(6) 被相続人の死亡を保険事故とする生命保険金の受取
　　（前提：当該被相続人の相続税申告における株式評価）

・類似業種比準価額への影響はない（株価算定の基礎となる直前期の©利益、⑩純資産には影響しない）

・保険差益が生じる場合、純資産価額は上がる要因となる

　（受け取った生命保険金の額を生命保険金請求権として資産に計上し、その保険料（掛金）が資産に計上されているときは、その金額を資産から除外する。保険差益に対する法人税等は負債に計上する）

組織再編が株式評価に及ぼす影響

(1) 合併

（※税制適格を前提とし、法人税等の課税は発生しないものとする。）

【イメージ図】

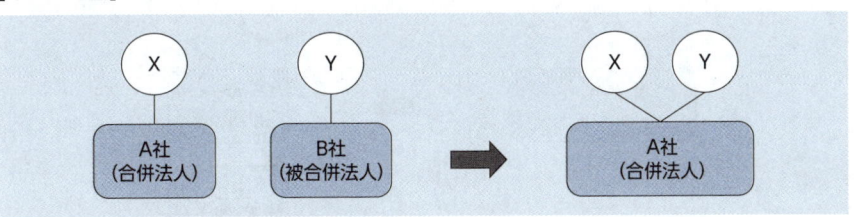

・合併比率の算定方法と財産評価基本通達による評価方法の相違により、株主の評価額が変動する可能性がある
・売上高、従業員数、総資産の変動により会社規模が変わる可能性がある
・売上構成比率が変わることにより、類似業種の業種区分が変わる可能性がある
・類似業種比準価額の各比準要素が変動することによる株価への影響がある
・資産構成比率が変わることにより、特定評価会社（株式保有特定会社、土地保有特定会社）が一般の評価会社となる、又は、その逆となる可能性がある
・原則として、合併後3年間は、類似業種比準価額の適用について制限を受ける

(2) 分割型分割

（※税制適格を前提とし、法人税等の課税は発生しないものとする。）

【イメージ図】

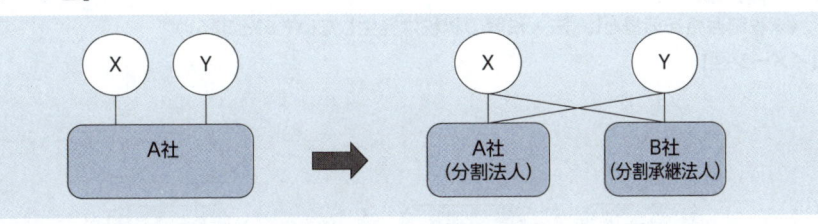

・各社の売上高、従業員数、総資産の変動により会社規模が変わる可能性がある
・各社の売上構成比率が変わることにより、類似業種の業種区分が変わる可能性がある
・類似業種比準価額の各比準要素が変動することによる株価への影響がある
・資産構成比率が変わることにより、特定評価会社（株式等保有特定会社、土地保有特定会社）が一般の評価会社となる、又は、その逆となる可能性がある
・原則として、分割後3年間は、類似業種比準価額の適用について制限を受ける

(3) 分社型分割

　（※税制適格を前提とし、法人税等の課税は発生しないものとする。）

【イメージ図】

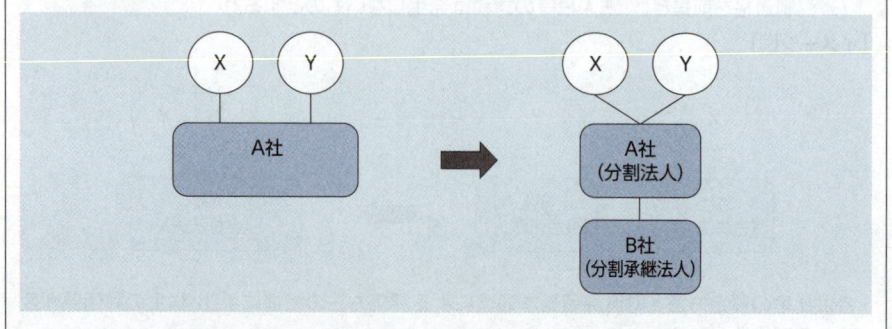

・各社の売上高、従業員数、総資産の変動により会社規模が変わる可能性がある
・各社の売上構成比率が変わることにより、類似業種の業種区分が変わる可能性がある
・類似業種比準価額算定上の各比準要素が変動することによる株価への影響がある
・資産構成比率が変わることにより、特定評価会社（株式等保有特定会社、土地保有特定会社）が一般の評価会社となる、又は、その逆となる可能性がある
・A社（分割法人）の類似業種比準価額算定上、B社（分割承継法人）の利益の影響は受けない
・A社（分割法人）の純資産価額算定上、B社（分割承継法人）の株価上昇分が反映される一方、評価差額に対する法人税等相当額（37%）が控除される
・原則として、分割後3年間は、類似業種比準価額の適用について制限を受ける

(4) 株式交換

　（※税制適格を前提とし、法人税等の課税は発生しないものとする。）

【イメージ図】

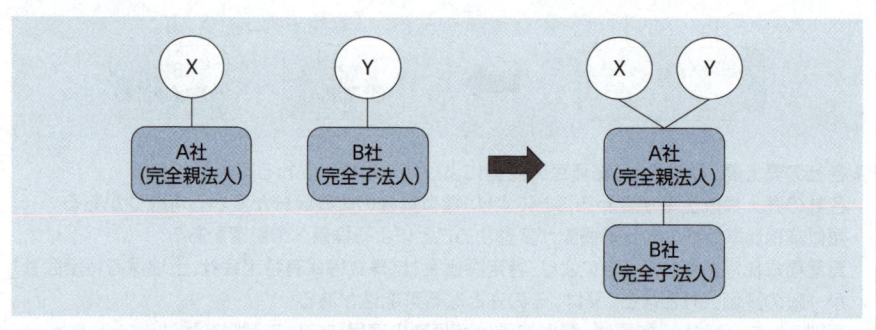

・株式交換比率の算定方法と財産評価基本通達による評価方法の相違により、株主の評価額が変動する可能性がある
・A社（完全親法人）の資産構成比率が変わることにより、一般の評価会社が特定評価会社（株式等保有特定会社）となる可能性がある
・A社（完全親法人）の類似業種比準価額算定上、B社（完全子法人）の利益の影響は受けない
・A社（完全親法人）の純資産価額は、B社（完全子法人）の株価上昇分が反映される一方、評価差額に対する法人税等相当額（37%）が控除される

Introduction

課題と対応

相続税・贈与税

民法

M&A

株式評価

法人税

株式上場

会社法

医業承継

巻末資料

(5) **株式移転**

（※税制適格を前提とし、法人税等の課税は発生しないものとする。）

【イメージ図】

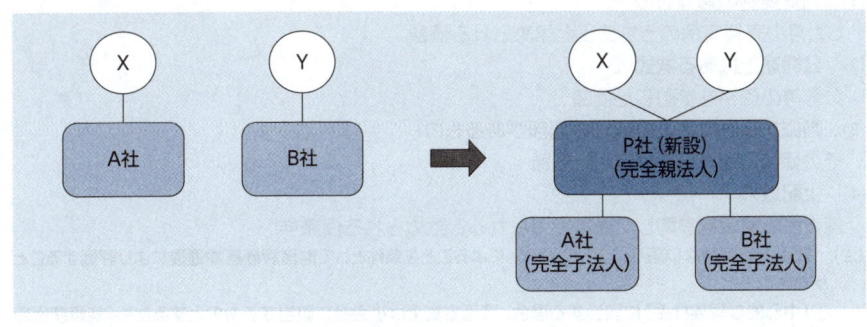

・株式移転比率の算定方法と財産評価基本通達による評価方法の相違により、株主の評価額が変動する可能性がある

・P社（新設完全親法人）は、特定評価会社（開業後3年未満の会社、株式等保有特定会社）となる可能性がある

・P社（新設完全親法人）の類似業種比準価額算定上、A社、B社の利益の影響は受けない

・P社（新設完全親法人）の純資産価額は、A社、B社の株価上昇分が反映される一方、評価差額に対する法人税等相当額（37%）が控除される

所得税法上の時価（所基通23～35共-9、59-6）

　原則として、次の区分に従って算出することとされている。

(1) **売買実例のあるもの**

　最近の売買実例のうち適正と認められる価額

(2) **公開途上にある株式**

　公募等の価格を参酌した価額

(3) **類似する他の法人の株式の価額があるもの**

　その価額に比準して推定した価額

(4) **上記以外**

　純資産価額等を参酌して通常取引されると認められる価額(注)

(注)　原則として、以下の①～④によることを条件として財産評価基本通達により評価することができる。

　　①「同族株主」に該当するかどうかは、譲渡直前の議決権による判定する。

　　②「中心的な同族株主」に該当する場合、評価方式上は小会社に該当するものとするため、「純資産価額方式」又は「類似業種比準方式と純資産価額方式との併用方式（L=0.5）」により評価する。ただし、類似業種比準価額の計算上の斟酌率は、実際の会社規模に応じる。

　　③土地（土地の上に存する権利を含む）や上場有価証券は、譲渡時の時価で評価する。

　　④純資産価額方式による場合には、評価差額に対する法人税等相当額（37%）は控除しない。

法人税法上の時価（法基通9-1-13, 14）

原則として、次の区分に従って算出することとされている。

(1) 売買実例のあるもの

6カ月の売買実例のうち適正と認められる価額

(2) 公開途上にある株式

公募等の価格を参酌した価額

(3) 類似する他の法人の株式の価額があるもの

その価額に比準して推定した価額

(4) 上記以外

純資産価額等を参酌して通常取引されると認められる価額(注)

(注) 課税上弊害がない限り、以下の①〜③によることを条件として財産評価基本通達により評価することができる。

①「中心的な同族株主」に該当する場合、評価方式上は小会社に該当するものとするため「純資産価額方式」又は「類似業種比準方式と純資産価額方式との併用方式(L=0.5)」により評価する。ただし、類似業種比準価額の計算上の斟酌率は、実際の会社規模に応じる。

②土地（土地の上に存する権利を含む）や上場有価証券は、譲渡時の時価で評価する。

③純資産価額方式による場合には、評価差額に対する法人税等相当額(37%)は控除しない。

財産評価時の外国法人の評価モデル

相続税や贈与税で用いる非上場株式の評価では、原則として会社規模に応じて類似業種比準方式、純資産方式又はそれらの併用方式が利用できることとされているが、類似業種比準価額の計算の基となる標本会社には日本の金融商品取引所に株式を上場している会社が用いられるため、外国法人と類似性を有しているとは認められないとして、外国法人の評価には、類似業種比準価額方式は採用できないこととされている。

> 質疑応答事例「国外財産の評価-取引相場のない株式の場合(1)」

企業価値評価とは（総論）

企業価値評価の概念

企業価値評価とは、会社の価値を計算することである。

企業価値評価の目的と方法

(1) 3つの価値の概念

価値には3つの種類があり、それぞれの価値の関係が重要となる。

価値の種類	説明
①企業価値	企業全体の価値
②事業価値	事業に関連する資産・負債から創出される価値
③株主価値	株主に帰属する価値

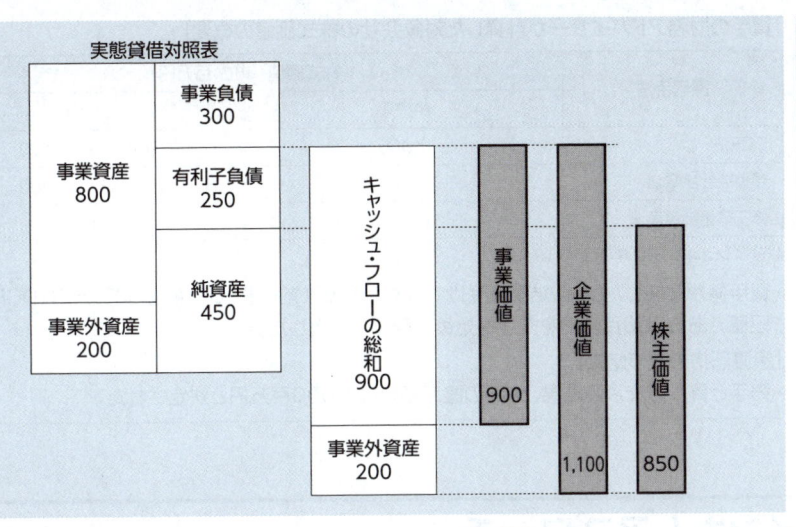

実態貸借対照表

Introduction

課題と対応

相続税・贈与税

民　法

M&A

株式評価

法人税

株式上場

会社法

医業承継

巻末資料

(2)　目的

価値を計算する際には、計算を行う目的があり、その目的を把握することが重要となる。

目的の種類	説明
①取引目的（注）	M&Aをする際の価格を決めるため
②裁判目的	裁判で価格を争ったときのため
③課税目的	税金を計算するため
④その他	有価証券の減損処理での時価の把握や処分目的のため

（注）　本項（120から127頁）の企業価値評価に関する説明は、①取引目的を前提としている。

(3)　評価方法

評価方法は大きく3つあり、目的に応じて単独若しくは複数の評価方法で計算をすることが一般的である。

アプローチ	特徴	具体的な評価方法
①インカムアプローチ	将来獲得が期待される利益やキャッシュ・フローに着目する	DCF法・収益還元法・配当還元法等
②マーケットアプローチ	市場の指標に着目にする	市場株価法・類似会社比較法等
③コストアプローチ	その企業が保有する資産から負債を差し引いた純資産に着目する	時価純資産法（修正簿価純資産法）・簿価純資産法

【事例：譲渡価格が決定される過程】

[前提の状況]

・売手株主　オーナー兼代表取締役社長、後継者不在で売却を検討
・売手株主は保有する自社の株式について1,100百万円での売却を希望している。
・対象会社（売手株主が売却しようとしている会社）未上場会社、飲食業、売上高900百万円、営業利益90百万円、簿価純資産700百万円
・買手　上場会社、飲食業、売上高12,000百万円、営業利益1,200百万円

[買手の財務アドバイザーが計算した対象会社の株式価値の概要]

評価手法	株式価値(単位:百万円)	
	中央値	レンジ
DCF法	1,000	900 ～ 1,100
類似会社比較法	850	700 ～ 1,000
修正簿価純資産法	650	－(注)

(注)　レンジでは計算されない。

・買手側が実施したDDの結果を受けて計算した交渉前の株式価値：900百万円(DCF法の下限値である900百万円を交渉を始める際の価格とした。)

[譲渡価格の交渉結果]

・売手と買手の交渉の結果、実際の譲渡価格は1,000百万円と決定された。

インカムアプローチ

DCF法

(1)　評価手法の概要

　DCF法(Discounted Cash Flow 法の略)とは、事業計画から計算される将来のフリーキャッシュフロー(以下「FCF」という。)を加重平均資本コストにより現在価値に割り引いて事業価値を計算する手法である。

(2)　計算ステップの大枠

①事業計画の計画期間内における将来の割引前のFCFを計算する

②割引前の継続価値(Terminal Value)を計算する

③加重平均資本コスト(割引率)を計算する

④計画期間内のFCF及び継続価値を現在価値に割り引いて事業価値を算定する。

⑤事業価値に事業外資産を加算し及び有利子負債を減算して株主価値を算定する。

(3)　計算ステップの詳細　ステップ①

　事業計画は会計上の損益計算書をもとに作成されている場合が多いため、まずは会計上の損益をキャッシュベースの数値に変換する。

> 計画期間内のFCF＝営業利益×(1－実効税率)＋減価償却費－設備投資額
> 　　　　　　　　±運転資本増減額

(4)　計算ステップの詳細　ステップ②

　計画期間終了時点の計画期間より先の事業価値を継続価値という。継続価値の一般的な計算方法は永久成長率法といい下記の算式となる。永久成長率法は計画最終期のFCFが一定の成長率で永続的に発生すると仮定する方法である。

> 計画期間終了時点の継続価値＝計画最終期のFCF÷(割引率－成長率)

⑸ 計算ステップの詳細　ステップ③

　加重平均資本コストはWACC（Weighted Average Cost of Capitalの略）とも呼ばれ、下記の算式により計算される。

> WACC＝株主資本コスト×株主資本比率＋負債コスト×負債比率

・株主資本コスト

　株主資本コストは、投資家の目線で言い換えれば、投資家が評価対象企業に求める期待利回りである。具体的な計算方法はファイナンスであるCAPM理論に基づき、下記の算式により計算される。なお、CAPM理論には関係がないが、実務的にはCAPM理論で計算されたコストに一定のサイズリスクプレミアアムを加算して株主資本コストを計算することがある。

> 株主資本コスト＝リスクフリーレート＋（エクイティ・リスクプレミアム×ベータ値）

リスクフリーレート

　リスクをほとんど負うことなく獲得できる利回りである。具体的には10年物国債の流通利回りを利用することが一般的である。

エクイティ・リスクプレミアム

　投資家が株式市場に投資する際に求める期待利回りである。具体的には情報ベンダー等から情報を購入して入手することが一般的である。

ベータ値

　評価対象企業若しくは評価対象企業と類似する上場会社の株式への投資が、株式市場全体へ投資したと仮定した場合と比較して、どの程度価格の変動があるかを表す係数である。具体的には、情報ベンダー等から情報を購入して入手するか、公開情報から計算して求めるのが一般的である。

・負債コスト

　負債コストは評価対象企業が借入等により追加的に資金調達する際に、会社の財務的なリスクに応じて要求される利子率をいう。支払利息は法人税法上損金となるので、その税効果を考慮した利子率を使用する。

> 負債コスト＝支払利息等÷期首・期末の平均の有利子負債残高×（1－実効税率）

⑹ 計算ステップの詳細　ステップ④

　計画期間のFCF及び継続価値に対して割引率を用いて現在価値に割り引き事業価値を算定する。

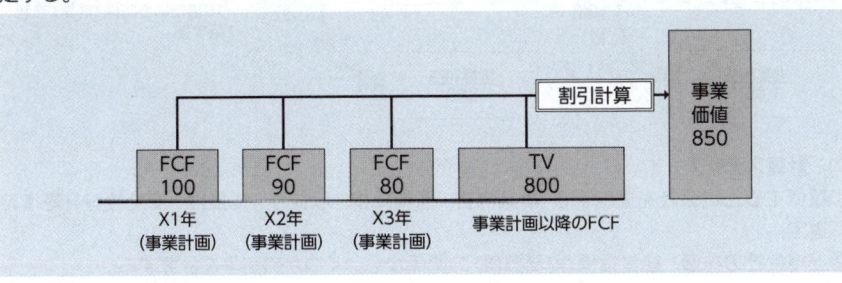

(7) 計算ステップの詳細　ステップ⑤

　事業価値に事業外資産を加算し、有利子負債を減算して株主価値を算定する。

<u>事業外資産</u>

　余剰現預金や投資目的の有価証券等、事業キャッシュ・フローの生成に関係しない資産をいう。

<u>有利子負債</u>

　金融機関からの借入金、社債及びリース債務等をいう。

マーケットアプローチ

市場株価法

(1) 評価手法の概要

　市場株価法とは、証券市場の株価をもとに評価する手法である。

(2) 具体的な計算方法

　評価の基準日を設けて、基準日時点の株価及びその基準日時点より前の一定期間（1カ月、3カ月、6カ月）の終値の平均値で計算されるケースが多い。

　なお、算定期間のプレスリリースや出来高の状況を分析し、異常な値動きがあれば、排除して平均値を計算することも有用である。

(3) 留意点等

　上場企業同士の株式交換等に利用される客観的な評価手法であるが、当然のことながら評価対象企業が未上場会社の場合は利用できない。

類似会社比較法（マルチプル法）

(1) 評価手法の概要

　類似会社比較法とは、類似する上場会社の株価と経営指標の関係を利用して、未上場会社の株式を評価する手法である。

【評価手法のイメージ図】

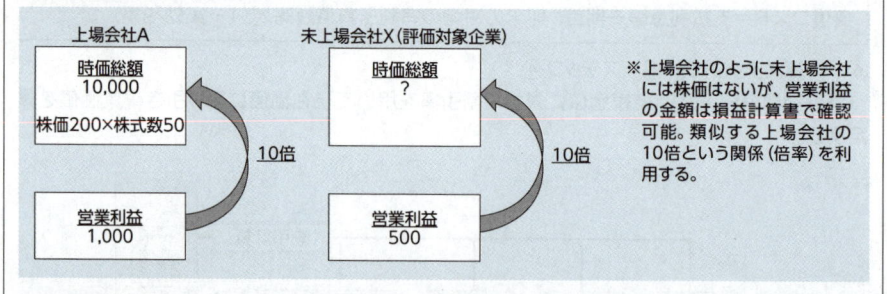

(2) 計算ステップ

①類似する上場会社を選定する（事業内容・事業規模・収益性・成長性・安全性等を基準に選定）

②上場会社の株価と経営指標（財務数値）の関係からいくつかの倍率を計算する。

③適切な倍率を選定する。

④未上場会社の経営指標に③の倍率を乗じて、価値を計算する。

⑤倍率の種類によっては事業価値が算出されるため、事業外資産の加算及び有利子負債の減算を行う。

(3) 具体的な計算方法

①類似上場会社の選定

各社のホームページや有価証券報告書を確認し、事業内容・事業規模等から上場会社A社、B社、C社を選定。

②倍率の計算

公表されている株価情報や有価証券報告書等から類似する上場会社のEV/EBITDA倍率**(注)**、PBR（株価純資産倍率）、PER（株価収益率）の3つの倍率を計算（倍率は参考例）。

③倍率の選定

株価は将来にわたって事業で稼ぐキャッシュに影響を受けるという考え方から、倍率はEV/EVITDA倍率（10倍）を採用。

④事業価値の計算

評価対象会社であるX社のEBITDA 500に10倍を加味して、事業価値5,000と計算。

⑤株主価値（株式価値）の計算

事業価値5,000に事業外資産500を加算して、有利子負債1,000を減算して株主価値（株式価値）4,500を計算（DCF法と同様の計算）。

(注)　EV/EVITDA倍率

EVとはEnterprise Valueの略で、ここでは事業価値を指す。EBITDAとはEarnings Before Interest Taxes Depreciation and Amortizationの略で、税引前利益に支払利息、減価償却費を加算した利益を指す。よって、EV/EVITDA倍率は事業価値をEBITDAで割ることにより計算される指標である。類似会社比較法ではEV/EBITDA倍率を利用するケースが多い。

コストアプローチ

簿価純資産法

(1) 評価手法の概要

簿価純資産法とは、貸借対照表における帳簿価額の純資産の額をそのまま会社全体の価値と評価する手法である。

(2) 具体的な計算方法

貸借対照表を確認すれば、直接的に簿価純資産を確認することができ計算は不要である。

貸借対照表

	負債 550
資産 1,000	
	簿価純資産 450

※貸借対照表の純資産の数値を確認すれば足りる。

Introduction
課題と対応
相続税・贈与税
民法
M&A
株式評価
法人税
株式上場
会社法
医業承継
巻末資料

(3) 留意点等

　M&Aの初期的な価値の検討では、客観的であり計算も不要なため、価値計算の出発点として利用されることが多い。

時価純資産法（修正簿価純資産法）

(1) 評価手法の概要

　時価純資産法とは、貸借対照表における時価ベースの資産から時価ベースの負債を控除した実態の純資産の額を会社全体の価値と評価する手法である。全ての科目の時価を把握することが困難若しくは煩雑である場合、金額的に影響の大きい科目の時価を把握し価値に反映させるため、修正簿価純資産法と呼ばれることもある。簿価純資産法よりも実態を反映しているという点で優れた方法といえる。

(2) 具体的な計算方法

　資産及び負債について、科目ごとに精査する必要があり、時価ベースの資産から時価ベースの負債を控除した差額の概念として計算される。実際のM&Aの過程では各種デューディリジェンスの結論を受けて把握されることになる。

実態貸借対照表

| 資産
（時価ベース）
1,100 | 負債
（時価ベース）
700 |
| | 実態純資産
（時価ベース）
400 |

※計算例
簿価純資産450＋土地の含み益100
−賞与引当金の計上漏れ150
＝実態純資産400（※税効果は考慮していない）

(3) 税効果

　資産の含み益や負債の計上漏れについて、現実にその含み益等が実現すると税金計算への影響が生じる。よって、項目ごと（例えば土地の含み益や回収不能な売上債権）にその実現可能性や税務上の処理を検討して、税効果を反映させるか否かの検討が必要である。

項目の例示	税金支出への効果	実現可能性や税務上の検討
例1：土地の含み益	土地の売却益に対して法人税等の支出が発生する可能性がある。	含み益のある土地は実際に売却される可能性が高いか。実際に売却可能であれば、含み益の純資産へのプラスの効果と税金支出によるマイナスの効果を考慮する必要あり。
例2：回収不能な売上債権	売上債権に係る貸倒損失を計上することにより法人税等の支出が抑制される可能性がある。	税務上、貸倒損失による損金処理が可能か。実際に損金処理が可能であれば、売上債権の回収不能な部分の純資産へのマイナスの効果と税金支出抑制のプラスの効果を考慮する必要あり。

各アプローチのメリット・デメリット

各アプローチのメリット・デメリット

(1) メリット・デメリットを理解する意味

　企業価値評価には法律や基準が存在する訳ではなく、また完璧なアプローチ（評価手法）がある訳でもない。各アプローチにはメリット・デメリットが存在し、各アプローチが相互に補完する関係にあるため、複数のアプローチ（評価方法）で評価をすることが有用である。

(2) メリット・デメリットを考える上でのポイント

　各アプローチを下記2つのポイントで整理することが有用である。

①将来の固有の価値を反映できるか

②客観性に優れているか

(3) メリット・デメリットの一覧表

アプローチ	メリット	デメリット
①インカムアプローチ	・将来の固有のキャッシュ・フローの価値を反映できる。 ⇒各企業で作成される固有の事業計画をもとに評価するため。	・客観性に疑義が生じる可能性がある。 ⇒事業計画の予測や割引率の設定に恣意性が入る可能性があるため。 ・事業計画を策定していないと利用できない。
②マーケットアプローチ	・客観性に優れている。 ⇒株価や上場企業の各種指標を利用するため。	・類似会社の選定に恣意性が入る可能性がある。 ・上場する類似会社がない場合は利用できない。
③コストアプローチ	・客観性に優れている。 ⇒貸借対照表の純資産という分かりやすい客観的な数値を利用するため。	・将来の固有のキャッシュ・フローの価値が反映されない。 ⇒貸借対照表の純資産は当初の出資額と過去の利益の蓄積を示しているに過ぎないため（注）。

（注）　いわゆる「のれん」を適切に評価できれば、将来の価値を反映することが可能となる。
　　　ただし、理論的なのれんの計算方法が確立されていないので留意が必要である。

Introduction

課題と対応

相続税・贈与税

民法

M&A

株式評価

法人税

株式上場

会社法

医業承継

巻末資料

法人税

税率表

内　容	関連法令等

(1) 法人税の税率

区　　分		R2	R3	R4	R5以後
中小法人(注)、一般社団法人等、人格のない社団等	年800万円以下の所得	15%	15%	15%	19%
	年800万円超の所得	23.2%	23.2%	23.2%	23.2%
中小法人以外の普通法人		23.2%	23.2%	23.2%	23.2%
一般社団法人等以外の公益法人等、協同組合等及び特定の医療法人	年800万円以下の所得	15%	15%	15%	19%
	年800万円超の所得	19%	19%	19%	19%

関連法令等: 法法66、81の12　措法42の3の2、68、68の8

※R2：R2/4/1～R3/3/31開始事業年度、R3：R3/4/1～R4/3/31開始事業年度、R4：R4/4/1～R5/3/31開始事業年度、R5以後：R5/4/1以後開始事業年度
(注)1　期末資本金の額又は出資金の額が1億円以下の普通法人(資本金の額又は出資金の額が5億円以上である法人等による完全支配関係がある子法人等を除く)。ただし、平成31年4月1日以後に開始する事業年度について、適用除外事業者に該当する場合には、年800万円以下の所得に対して適用される税率は19%とする。
　　2　特定の協同組合等の年10億円を超える所得に係る税率は22%

(2) 実効税率の計算式

$$\frac{\text{法人税率}\times(1+\text{住民税率}+\text{地方法人税率})+\text{事業税率}+\text{事業税率(注)}\times\text{地方法人特別税率又は特別法人事業税率}}{1+\text{事業税率}+\text{事業税率(注)}\times\text{地方法人特別税率又は特別法人事業税率}}$$

(注)　標準税率を用いる
※住民税の均等割、事業税の資本割、付加価値割は計算に含まれていない。

(3) 実効税率の推移(参考)

3月決算標準税率を前提

区　　分		R2	R3	R4	R5以後
中小法人(注1)	年400万円以下の所得	21.37%	21.37%	21.37%	25.84%
	年400万円超800万円以下の所得	23.17%	23.17%	23.17%	27.55%
	年800万円超の所得	33.58%	33.58%	33.58%	33.58%
中小法人以外の普通法人(注2)		29.74%	29.74%	29.74%	29.74%

※事業年度の区分については、前述の法人税の税率と同様
(注1)　住民税、事業税の標準税率を適用し、事業税の軽減税率適用法人として計算
(注2)　住民税、事業税の標準税率を適用し、事業税の軽減税率不適用法人として計算。

受取配当等の益金不算入

内　容			関連法令等
(1)　益金不算入額 内国法人から受ける配当等の額のうち、次の金額は益金に算入しない。			法法23

株式保有割合等	定義	益金不算入額	
①完全子法人株式等 【100%等】	配当等の計算期間を通じて完全支配関係(143頁参照)あり	配当等の全額	法令22の2
②関連法人株式等 【1/3超】	配当等の基準日以前6月以上継続保有(配当等の計算期間が6月未満の場合は計算期間を通じて保有)(注)	配当等－負債利子	法令22の3
③その他の株式等	①、②及び④以外	配当等×50%	
④非支配目的株式等 【5%以下】	配当等の基準日で判定(短期保有株式等を除いて判定)(注) 特定株式投資信託(ETFなど)を含む	配当等×20%	法令22の3の2

(注)　完全子法人株式等を除く

【R4.4.1以後開始事業年度の取扱い】
　関連法人株式等及び非支配目的株式等の保有割合の判定は、完全支配関係のある他の法人を含めて行う。

手続
　益金不算入の適用を受けるためには、確定申告書に明細の記載が必要。 — 法法23⑧

(2)　配当等の範囲 — 法法23①　措法67の6

配当等の額に含まれる	配当等の額に含まれない
①剰余金の配当(注) ②利益の配当 ③剰余金の分配 ④金銭の分配 ⑤特定株式投資信託(ETFなど)の収益分配金 ⑥みなし配当	①投資信託の収益分配金 　(特定株式投資信託を除く) ②公益法人等からの分配金 ③人格のない社団等からの分配金 ④適格現物分配に係るもの ⑤協同組合等の事業分量配当金 ⑥保険会社契約者配当金

(注)　資本剰余金の減少に伴うもの、分割型分割によるもの、株式分配を除く

　証券投資信託の収益分配金は、特定株式投資信託の収益分配金(非支配目的株式等の区分に含まれる。)を除いて、全額が益金不算入の対象外

(3)　短期保有株式等に係る配当等の除外 — 法法23②　法令19
　次の算式で計算した株式数に対応する配当等の額は、受取配当等の益金不算入の取扱いを受けることができない。

$$E \times \left(\dfrac{C \times \dfrac{B}{A+B}}{C+D} \right) = \text{除外する株式数}$$

Introduction
課題と対応
相続税・贈与税
民法
M&A
株式評価
法人税
株式上場
会社法
医業承継
巻末資料

A：配当の支払に係る基準日の1月前の保有株式数
B：基準日以前1月間に取得した株式数
C：基準日現在の保有株式数
D：基準日後2月以内に取得した株式数
E：基準日後2月以内に譲渡した株式数

(4)　負債利子の控除（関連法人株式等のみ）　法法23④
法令22

①原則法

$$支払利子総額 \times \frac{前期末及び当期末の関連法人株式等の税務簿価合計額}{前期末及び当期末の総資産の会計簿価合計額（注）}$$

②簡便法（H27.4.1に存していた法人に限り適用可）　法令22④

$$支払利子総額 \times \frac{原則法によって計算した基準年度の控除負債利子額}{基準年度の支払利子総額} \left(\begin{array}{c}小数点以下\\3位未満切捨\end{array}\right)$$

※基準年度とは、H27.4.1〜H29.3.31に開始した各事業年度をいう。

支払利子総額に含まれるもの	支払利子総額に含まれないもの
負債の利子 手形の割引料 保証金等の預り金利子 取得価額算入利子（割賦購入資産・リース資産を除く）	売上割引料 利子税・延滞金（含めないことができる）

法基通3－2－1、
3－2－2、
3－2－3、
3－2－3の2、
3－2－4の2

【R4.4.1以後開始事業年度の取扱い】

　　負債利子控除額＝関連法人株式等に係る配当等の額×4%

　　　※その事業年度の支払利子総額の10%を上限とする

（注）　総資産の簿価合計額の調整　法令22
法基通3－2－5、
3－2－6、
3－2－7

加算する項目	控除する項目
貸倒引当金（金銭債権から控除する方法により計上されているもの） ※税効果会計を適用している場合は、繰延税金資産の額を含める。	①圧縮積立金 ②特別償却準備金 ③土地再評価差額金 ④両建経理した対照勘定相当額 ⑤上記に係る繰延税金負債

(5)　みなし配当　法法24

み な し 配 当 事 由	①合併（適格合併を除く） ②分割型分割（適格分割型分割を除く） ③資本の払戻し、解散による残余財産の分配 ④株式分配（適格株式分配を除く） ⑤自己の株式又は出資の取得（市場購入を除く） ⑥出資の消却等（取得することなく消滅させること） ⑦組織変更（株式・出資以外の資産を交付したものに限る）

　交付金銭等の額－資本金等の額からなる部分の金額

＝みなし配当の額

※自己株式として取得されることを予定して取得した株式に係るみなし配当については、益金不算入の適用はない。　法法23③

内　容	関連法令等
(6)　外国子会社から受ける配当等 　内国法人が外国子会社（25%以上（注）・支払義務確定日以前6月以上継続保有）から受ける配当等の額の95%相当額は益金に算入しない。 　（注）　租税条約により緩和されている場合あり。 　（例）米国、豪州、ブラジル：10%以上　フランス：15%以上	法法23の2 法令22の4⑦
適用除外 ①配当等の額の全部又は一部が外国子会社の所在地等の法令において所得計算上損金の額に算入されるもの　（例）豪州の優先配当、ブラジルの配当 ②自己株式として取得されることを予定して取得した株式に係るみなし配当	法法23の2②
手続 　益金不算入の適用を受けるためには、確定申告書に明細の記載及び書類の保存が必要。	法法23の2⑤
配当等に係る外国源泉税等の損金不算入 　益金不算入の適用を受ける場合には、その配当等に係る外国源泉税等の額は損金不算入となり、かつ、外国税額控除の適用を受けられない。	法法39の2 法法69 法令142の2 ⑦三

所得税額控除

内　容	関連法令等
(1)　概要 　内国法人が支払を受ける利子配当等について源泉徴収される所得税及び復興特別所得税は、法人税から控除することができる。	
(2)　控除限度額の計算方法 ①剰余金の配当等に対する所得税（みなし配当等除く）：以下の方法で計算した元本所有期間に対応する金額	法法68① 法令140の2 ①②③

原則法	$\text{利子配当等に対する所得税額} \times \dfrac{\text{分母の期間のうち元本所有期間の月数（注1）}}{\text{利子配当等の計算期間の基礎となった期間の月数}}$（注2） （注1）　暦に従って計算し1月未満切り上げ （注2）　小数点3位未満切上げ
簡便法	$\text{利子配当等に対する所得税額} \times \dfrac{A+(B-A)\times 1/2}{B}$　※小数点3位未満切上げ A:計算期間開始時所有元本の数 B:計算期間終了時所有元本の数 B≦Aのときは全額が控除対象

※原則法と簡便法は事業年度ごとに有利選択が可能。また、株式及び出資、集団投資信託の受益権の区分ごとに有利選択が可能。

②上記以外（預金利子、みなし配当等）の所得税：その全額

| **(3)　復興特別所得税の取扱い**
　復興特別所得税の額を所得税の額とみなして、所得税と同様に取り扱う。 | 復興財確法33
② |

自己株式の取得に係る税務

内　容	関連法令等
概要 　自己株式の取得に係る株主においては、株式の譲渡損益とみなし配当課税の論点が生じる。さらに法人株主の場合には、受取配当等の益金不算入と所得税額控除を検討することとなる。一方、発行会社は、純資産の減少と、源泉徴収義務の論点が生じる。	
手続及び財源規制 　自己株式の取得手続及び財源規制については、184、185頁参照。	
株主の課税関係	
⑴　**みなし配当課税** 　以下の算式により計算した金額がみなし配当として課税される。 　　　みなし配当の額＝交付金銭等の額－取得資本金額（注）	法法23① 所法24
（注）　取得資本金額＝$\dfrac{\text{取得直前の資本金等の額}}{\text{取得直前の発行済株式総数（自己株式を除く）}}$×取得する株式数	
法人株主の場合には受取配当等の益金不算入の適用があり、個人株主の場合には配当所得として総合課税の対象となる。 ※法人株主における受取配当等の益金不算入規定については、129頁参照。通常の剰余金の配当等とは異なり、みなし配当に係る受取配当等の益金不算入は、自己株式の取得直前の株式保有割合等に応じて計算する。 　ただし、自己株式として取得されることを予定して取得した株式に係るみなし配当については、益金不算入の適用はない。	法法24①五 所法25①五
⑵　**株式の譲渡損益** 　以下の算式により計算した金額を譲渡損益として認識する（プラスの場合には譲渡益、マイナスの場合には譲渡損を認識する）。 　　　収入金額（取得資本金額）－株式の取得価額	法法61の2① 法令23①六 措法37の10① 措令25の8
⑶　**個人株主における特例** 　相続又は遺贈により相続税が課された未上場株式を取得し、相続開始日の翌日から相続税の申告期限の翌日以後3年以内に発行会社に譲渡した場合には、上記みなし配当の額は配当所得として課税されず、株式譲渡所得課税の計算における収入金額に加算する。	措法9の7 措令5の2
⑷　**所得税額控除** 　法人株主の場合、みなし配当の額から源泉徴収された額は、当該法人株主の確定申告時に法人税の額から控除される。通常の剰余金の配当等とは異なり、みなし配当に係る所得税額控除は、所有期間に関わらずその全額が控除される。 ※上場株式の市場取引等の場合には、みなし配当は発生せず、交付金銭等の全額が譲渡所得課税の収入金額として計算される。	法法68 法令140の2①二

発行会社の課税関係

(1) 資本金等の額の減少

会社が自己株式の取得をした場合には、取得資本金額が資本金等の額から減少する。

法法2十六
法令8①二十

(2) 利益積立金額の減少

会社が自己株式の取得をした場合には、交付金銭等の額から取得資本金額を控除した残額が利益積立金額から減少する。

法法2十八
法令9①十四

(3) 源泉徴収義務

会社が自己株式の取得をした場合には、みなし配当の額のうち、一定割合（未上場株式の場合には、20.42%）を源泉徴収して国に納付する義務がある。

所法181①、
182①二

※上場株式の市場取引等の場合には、交付金銭等の全額が資本金等の額から減少し、みなし配当が生じないため源泉徴収義務は生じない。

役員給与

内　容	関連法令等

(1) 概要

法人税法上、役員給与のうち、定期同額給与、事前確定届出給与、利益連動給与のいずれにも該当しないものは、損金に算入されない（退職給与を除く）。また、不相当に高額な部分の金額は損金に算入されない（退職給与含む）。

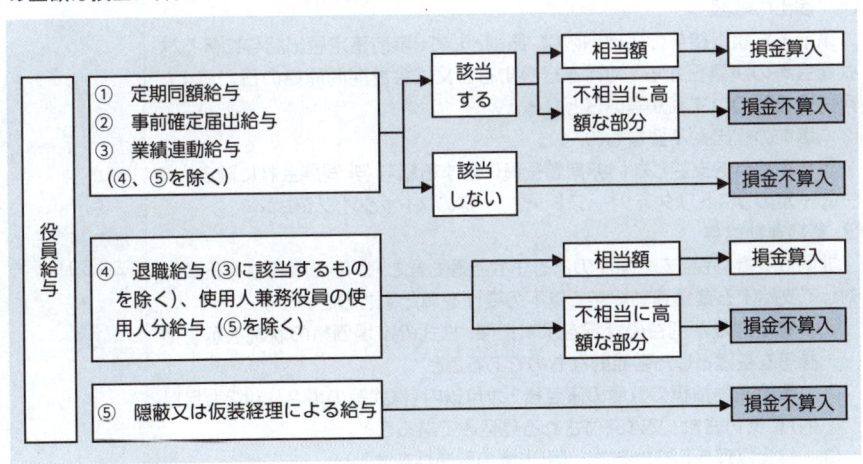

(2) 役員給与の取扱い

下記のいずれにも該当しないものは損金の額に算入されない。

1. 定期同額給与

支給時期が1カ月以下の一定の期間ごとであり、かつ、その事業年度の各支給時期における支給額が同額であるもの（税や社会保険料等の控除後の金額が同額であるものを含む）をいい、以下の給与も定期同額給与に含まれる。

法法34①一
法令69①

(1) 通常の改定 定期給与の額につき、当該事業年度開始の日の属する会計期間開始の日から3月経過日等までに改定された場合	次のそれぞれの期間内の各支給時期における支給額が同額である給与 ・事業年度開始の日から改定後最初の支給時期の前日までの期間 ・改定前の最後の支給時期の翌日から事業年度終了の日までの期間又は次の改定後最初の支給時期の前日までの期間
(2) 臨時の改定 定期給与の額につき、役員の職制上の地位の変更、職務内容の重大な変更等により改定された場合（(1)を除く）	
(3) 業績悪化時の改定 定期給与の額につき法人の経営状況が著しく悪化したこと等により改定された場合（減額改定の場合に限り、(1)、(2)を除く）	
(4) 継続的に供与される経済的な利益のうち、その供与される利益の額が毎月おおむね一定であるもの	

2. 事前確定届出給与

所定の時期に、①確定額の金銭、②確定数の株式・新株予約権、③確定額の金銭債権に係る特定譲渡制限付株式（リストリクテッド・ストック）・特定新株予約権（ストックオプション）を交付する旨の定めに基づいて支給する給与（定期同額給与及び業績連動給与のいずれにも該当しないもの）で、納税地の所轄税務署長にその内容に関する届出をしているものをいう。

法法34①二
法令69③〜⑧

(1) 届出の期限

事前確定届出給与の届出期限は、原則として、事前確定届出給与に係る株式総会等の決議日から1カ月を経過する日又は会計期間開始の日から4カ月経過日等のいずれか早い日となる。

(2) 事前の届出が不要なもの

①定期給与を支給しない非常勤役員に対する給与（非同族会社に限る）

②一定のリストリクテッド・ストック、一定のストックオプション

3. 業績連動給与

非同族会社（完全支配関係のある子会社等も含む）がその業務執行役員に対して支給する業績連動給与で以下の要件を満たすものをいう。

法法34①三
法令69⑨〜⑲

(1) 算定方法が利益の状況を示す指標、株式の市場価格の状況を示す指標等を基礎とした客観的なものであること

(2) 業績連動指標の数値の確定後1カ月以内（株式等の場合には2カ月以内）に交付され、又は交付される見込みであること。

(3) 損金経理をしていること（引当金の取崩しを含む）

(3) 役員の範囲

　法人の取締役、執行役、会計参与、監査役、理事、監事及び清算人、その他これら以外の者で、法人の経営に従事している者をいう。

法法2十五
法令7
法基通9-2-1

区　　　　　　分			判　定
取締役、執行役、会計参与、監査役、理事、監事、清算人			法人税法上の役員
使用人以外の者(顧問、相談役等)	法人の経営に従事している者	みなし役員	
使用人	同族会社の特定の株主(注1)		
	その他		使用人

(注1)　特定の株主の範囲
　①50%基準　所有割合が最も大きい株主グループから順位を付し、上位3位以内の株主グループのうち、上位から数えて所有割合が初めて50%超となる株主グループにその者が属していること。
　②10%基準　その者の属する株主グループの所有割合が10%を超えていること
　③5%基準　その者(配偶者及びこれらの者の所有割合が50%を超える他の会社を含む)の所有割合が5%を超えていること

(4) 使用人兼務役員の取扱い

　役員(以下の役員を除く)のうち部長、課長その他法人の使用人としての肩書きがあり、常に使用人としての職務に従事する者を使用人兼務役員といい、使用人兼務役員に対して支給する給与のうちその使用人としての職務の対価として支給されるものは、使用人に対する給与と同様の取扱いがされる。

法法34⑥
法令71
法基通9-2-7

使用人兼務役員とされない役員		取扱い
会社法上の役員	社長、理事長、副社長、代表取締役、専務取締役、常務取締役、代表執行役、代表理事等	使用人分として支給した給与も役員給与として取り扱う
	合名会社、合資会社、合同会社の業務執行社員	
	監査役、監事、取締役(委員会設置会社の取締役に限る)、会計参与	
	同族会社の役員のうち特定の株主(注2)	

(注2)　特定の株主とは上記(注1)の要件を満たす役員をいう。

役員退職給与

内　　　容	関連法令等
(1)　過大退職給与の損金不算入 　役員に支給した退職給与の額のうち、役員の業務従事期間、退職の事情、同業他社等の支給状況等に照らして不相当に高額な部分の金額は損金不算入となる。	法法34② 法令70①二

(2)　損金算入時期

区　分	損 金 算 入 時 期	
通常の役員退職給与	株主総会等の決議により具体的に支給金額が確定した日。ただし、支払日の属する事業年度で損金経理をした場合はこれを認める	法基通9-2-28、9-2-29、9-2-32
退職年金	退職年金を支給すべき時	
分掌変更等の場合	退職給与の支給日	

(3)　分掌変更等の取扱い

　役員の分掌変更等に際し、その役員に支払った退職給与は、例えば次の事実がある場合等、分掌変更等によりその役員としての地位又は職務内容が激変し、実質的に退職したと同様の事情にあるときは、これを退職給与として取り扱う。

①常勤役員が非常勤役員になったこと

②取締役が監査役になったこと

③分掌変更等後の給与が激減（おおむね50％以上の減少）したこと

（参考）　一般的に用いられる役員退職給与の適正額算定方法

(イ)　平均功績倍率法

　　最終報酬月額×勤続年数×平均功績倍率＝適正金額

(ロ)　1年当たり平均額法

　　類似法人の1年当たり平均退職給与額×勤続年数＝適正金額

法基通9-2-32

貸倒損失

内　容	関連法令等

(1)　概要

　金銭債権について、次の法律上・事実上・形式上のいずれかの事由が生じた場合には、貸倒損失として損金算入する。

(2)　法律上の貸倒れ

法基通9-6-1

債権の範囲	事実要件	損失金額	経理要件
金銭債権	更生計画認可の決定又は再生計画認可の決定による切捨て	切捨額	なし
	特別清算に係る協定の認可による切捨て		
	関係者の協議決定による切捨て ・債権者集会の協議決定で合理的な基準により債務者の負債整理を定めているもの ・行政機関、金融機関その他の第三者の斡旋による当事者間の協議により締結された契約で合理的な基準によるもの		
	書面による債務免除 （債務超過の状態が相当期間継続し、その弁済を受けられないと認められる場合に限る）	免除額	

(3) 事実上の貸倒れ

法基通9-6-2

債権の範囲	事実要件	損失金額	経理要件
金銭債権	債務者の資産状況、支払能力等からみて全額が回収できないことが明らかになったこと (担保物のない場合に限る)	債権の全額	明らかになった事業年度において損金経理

※債権の一部金額の損金算入は不可

(4) 形式上の貸倒れ

法基通9-6-3

債権の範囲	事実要件	損失金額	経理要件
売掛債権のみ	債務者との取引を停止した時(最後の弁済期又は最後の弁済の時が当該停止をした時以後である場合には、これらのうち最も遅い時)以後1年以上経過したこと(注) (担保物のない場合に限る)	売掛債権の額から備忘価額を控除した金額	損金経理
	同一地域の売掛債権の総額が取立て費用に満たない場合において督促しても弁済がないこと		

(注) 債務者との間に継続的な取引を行っていた場合の売掛債権に限る。

債権放棄・DES

内　容	関連法令等

債権放棄・債務免除の税務

(1) 概要

　債権者が保有する債権を放棄した場合において、貸倒損失の要件を満たすときはその債権放棄額は損金に算入される。しかし、貸倒損失の要件を満たさないときは原則として寄附金となるが、子会社支援等損失に該当すれば、寄附金に該当せず、損金に算入される。

　一方、債務免除を受けた債務者においては、債権免除額は原則として債務免除益として益金に算入されるが、債権者との間に法人による完全支配関係がある場合には益金不算入となる。

(2) 債権放棄のフローチャート(債権者)

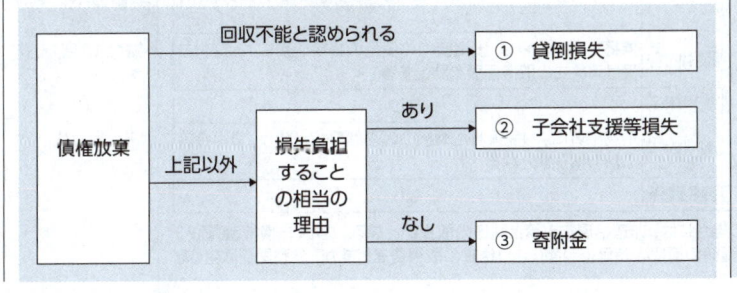

(3) 税務上の取扱い（債権者・債務者）

区分		債権者	債務者
①貸倒損失（136頁参照）		損金算入	益金算入
②子会社支援等損失（注）		損金算入	益金算入
③上記以外 （寄附金）	法人による完全支配関係なし	一定限度額まで損金算入	益金算入
	法人による完全支配関係あり（144頁参照）	損金不算入 （法人株主は寄附修正）	益金不算入 （法人株主は寄附修正）

法基通9-4-1、9-4-2

(注)　子会社支援等損失
　　　子会社等に対する債権を債権放棄により損失負担等した場合において、その損失負担等をしなければ今後より大きな損失を蒙ることになることが社会通念上明らかである、または、子会社等の倒産を防止するためにやむを得ず行われるもので合理的な再建計画に基づくものであるなど損失負担等をするに至ったことについて相当な理由があると認められるときは、その損失負担等により供与する経済的利益の額は、寄附金の額に該当せず損金に算入する。

DES（デット・エクイティ・スワップ）の税務

(1) 概要

　DESとは、Debt（債務）とEquity（株式）をSwap（交換）する「債務の株式化」のことをいい、一般的には財務体質の改善や自己資本比率の向上を目的として実施される。

(2) 税務上の取扱い

			債権の帳簿価額＝時価	債権の帳簿価額＞時価	
非適格 現物出資	債権者	取引内容	債権を現物出資し、出資時の債権の時価相当額により交付を受ける株式の取得価額を計上する		法令119①二
		課税関係	なし	債権の帳簿価額と時価との差額について次のいずれかの取扱いとなる A　合理的な再建計画等によるとき 　⇒子会社支援等損失として損金算入 B　再建計画等に経済合理性がないとき 　⇒寄附金に該当する	法基通2-3-14、9-4-2
	債務者	取引内容	現物出資により受入れた債権の時価相当額が、資本金等の額の増加額となる		法令8①一
		課税関係	なし	債権の帳簿価額と時価との差額を債務免除益として益金算入（法人による完全支配関係がある場合は益金不算入）	
適格 現物出資	債権者	取引内容	債権を現物出資し、出資直前の債権の帳簿価額により交付を受ける株式の取得価額を計上する		法令119①七
		課税関係	なし		
	債務者	取引内容	現物出資により受入れた債権の帳簿価額相当額が、資本金等の額の増加額となる		法令8①八
		課税関係	なし		

※債権者が個人の場合には、非適格現物出資と同様の取扱いとなる。ただし、債権者（個人）においては、出資時の債権の時価相当額により株式の取得費を付すが、課税関係は生じない。

青色欠損金の繰越控除

内　容	関連法令等
(1)　欠損金額の意義 　その事業年度の損金の額が益金の額を超える場合のその超える部分の金額をいう。	法法2①十九
(2)　欠損金額の繰越控除	法法57①⑩ 平27法附則27

適用要件	・青色申告書である確定申告書を提出し、かつ、その後連続して確定申告書を提出していること ・欠損金額の生じた事業年度に係る帳簿書類を所定の方法により保存していること
欠損金額の範囲	その事業年度開始の日前10年以内(注)に開始した事業年度において生じた欠損金額(既にこの規定により損金の額に算入されたもの及び欠損金の繰戻し還付の適用を受けたものを除く)
充当順序	控除可能な欠損金額(災害損失欠損金額を含む)のうち最も古い事業年度において生じたものから優先して控除する。

(注)　平成30年3月31日以前に開始する事業年度において生じた欠損金額については9年以内

(3)　欠損金額の控除可能額

　次の区分に応じ、この規定適用前の所得金額にそれぞれの控除割合を乗じて計算した金額を限度として控除

法法57①⑪
平27法附則27

	区　　分			控除割合
①	下記以外の法人	事業年度開始の日	H27.4.1～H28.3.31	65%
			H28.4.1～H29.3.31	60%
			H29.4.1～H30.3.31	55%
			H30.4.1以後	50%
②	中小法人等			100%
③	更生手続開始決定等があった法人(手続開始決定等の日から計画認可決定等の日以後7年経過日までの期間内の日の属する事業年度中のもの)			
④	設立以後7年経過日までの期間内の日の属する事業年度中の法人			
⑤	産業競争力強化法に基づきコロナ禍後の事業再構築等に向けた投資内容を含む事業計画の認定を受けた法人(コロナ禍後最初に所得を生じた事業年度開始の日以後5年以内に開始する事業年度、かつ、令和8年4月1日以前に開始する事業年度中に限る。ただし、②～④に該当する場合を除く)			コロナ禍の影響を受けた欠損金額について100%(ただし、50%を超える部分については認定に係る投資額の範囲内とする。)

措法66の11の4

※1　②は期末資本金額等が1億円以下の法人で、資本金額等が5億円以上の法人等による完全支配関係がある子法人等でない法人をいう
　2　③の期間中に事業再生が図られた場合、③④の期間中に上場等した場合には、その該当日以後終了する事業年度を除く
　3　④は普通法人に限り、資本金額等が5億円以上の法人による100%子法人等及び株式移転完全親法人を除く

(4) 欠損金額の引継制度　法法57②

以下の欠損金額は自社の欠損金額とみなして繰越控除が可能となる（一定の場合には制限あり。下記(5)参照）。

事　　由	引継欠損金額
適格合併があった場合	被合併法人の適格合併の日前10年以内（注）に開始した事業年度において生じた欠損金額
完全支配関係のある他の内国法人の残余財産が確定した場合	当該他の内国法人の残余財産の確定の日の翌日前10年以内（注）に開始した事業年度において生じた欠損金額（直接保有割合対応分のみ）

（注）　平成30年3月31日以前に開始する事業年度において生じた欠損金額については9年以内

(5) 欠損金額の引継制限・控除制限　法法57③④
法令112、113

①引継制限の判定（フローチャートがYESの場合は制限なし。(2)も同様）

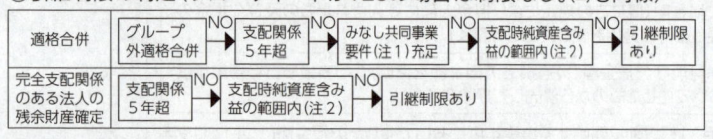

②控除制限（合併法人等における自社欠損金額の控除制限）の判定

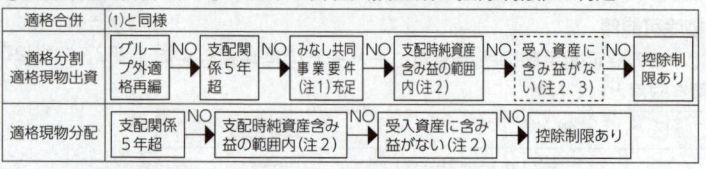

（注1）　みなし共同事業要件…事業関連性、事業規模、経営参画（特定役員）に関する要件
（注2）　適格再編等事業年度の申告書に明細書の添付があり、かつ、時価評価資料の保存が必要
（注3）　事業が移転しない場合にのみ判定を行う。

特定資産譲渡等損失の損金不算入制度

内　　容	関連法令等
(1) 制度の概要 　特定適格組織再編成等を行った場合において、適用期間中に生じる特定資産譲渡等損失額は損金の額に算入しない。 **(2) 特定適格組織再編成等** 　適格合併、グループ法人税制の譲渡損益の繰延べの適用を受ける非適格合併、適格分割、適格現物出資のうちみなし共同事業要件を満たさないもの及び適格現物分配をいう。	法法62の7

Introduction

課題と対応

相続税・贈与税

民法

M&A

株式評価

法人税

株式上場

会社法

医業承継

巻末資料

(3) 適用期間

特定適格組織再編成等の日の属する事業年度開始の日から次に掲げる日のうちいずれか早い日までの期間。

> ①特定適格組織再編成等の日の属する事業年度開始の日以後3年を経過する日
> ②最後に支配関係のあることとなった日以後5年を経過する日

(4) 特定資産譲渡等損失額

次の金額の合計額をいう。

> ①特定引継資産の譲渡等による損失額から利益額を控除した金額
> ②特定保有資産の譲渡等による損失額から利益額を控除した金額

(5) 特定引継資産及び特定保有資産

特定引継資産	法人が支配関係のある法人から移転を受けた資産で支配関係発生日前から有していたもののうち(イ)~(ヘ)以外のもの
特定保有資産	法人が支配関係発生日の属する事業年度開始の日前から有していた資産で(イ)~(ホ)以外のもの

(イ) 棚卸資産（土地等を除く） (ロ)短期売買商品等 (ハ)売買目的有価証券
(ニ) 特定適格組織再編成等の日（特定保有資産の場合は特定適格組織再編成の日の属する事業年度開始の日）における1単位当たりの帳簿価額又は取得価額が1,000万円未満の資産
(ホ) 支配関係発生日の属する事業年度開始の日における価額が同日の帳簿価額を下回っていない資産(注)
(ヘ) 非適格合併により移転を受けた資産でグループ法人税制の譲渡損益の繰延べの対象となる資産以外のもの
(注) 特定組織再編成事業年度の申告書等に明細書の添付があり、かつ、時価評価資料の保存が必要

法令123の8③⑭

(6) 適用除外

繰越欠損金の引継制限・控除制限と同様、支配関係発生後5年経過している場合などの要件を満たす場合には、適用しない。

特定株主等によって支配された欠損等法人に係る取扱い

内 容	関連法令等

(1) 概要

欠損金額又は評価損資産を有する法人（休眠会社等）の株式等を取得し、当該法人で新規事業を開始する場合等には、欠損金額又は評価損資産の活用が制限される場合がある。

(2) 欠損等法人の意義

内国法人で他の者に発行済株式等の50%超を支配されたもののうち、当該支配日の属する事業年度において当該事業年度前に生じた欠損金額又は

内　容	関連法令等
評価損資産を有するもの	
(3)　取扱い	
①欠損金の繰越控除の不適用	法法57の2
支配日以後5年内に休眠会社が事業を開始する等の適用事由に該当した場合には、該当日の属する事業年度（適用事業年度）以後おいては、適用事業年度前に生じた欠損金額は控除できない。	
②資産の譲渡等損失の損金不算入	法法60の3
適用事業年度開始の日から同日以後3年を経過する日（同日が支配日から5年経過する日より後の場合には当該5年を経過する日）までの期間内に生じる特定資産の譲渡等による損失の額は損金の額に算入しない。	

中小企業等の欠損金の繰戻し還付制度の適用

内　容	関連法令等
(1)　適用事由	法法80①
青色申告書である確定申告書を提出する事業年度に欠損金額が生じており、当該年度の開始の日前1年以内に開始したいずれかの事業年度（還付所得事業年度）に法人税額が生じている場合に適用できる。	
(2)　適用対象法人	措法66の12
①期末資本金の額又は出資金の額が1億円以下の普通法人（注）	
（注）1　資本金の額又は出資金の額が5億円以上である法人等による完全支配関係がある子法人等を除く。	
2　新型コロナウイルス感染症緊急経済対策における税制上の措置により適用対象法人の範囲が拡大し、資本金の額又は出資金の額が1億円超10億円以下の法人（資本金の額等が10億円を超える法人等の100%子法人等を除く）についても適用対象法人となる（令和2年2月1日から令和4年1月31日までの間に終了する事業年度に生じた欠損金に適用）。	
②公益法人等、協同組合等、みなし公益法人	
③人格のない社団等	
④上記以外の法人の以下の事業年度	
・清算中の事業年度	
・解散等の日前一年以内に終了した事業年度等	
(3)　還付金額の計算式	法法80①
$$還付金額 = \begin{matrix}還付所得事業年度\\の法人税額\end{matrix} \times \dfrac{欠損金額}{還付所得事業年度の所得金額}$$	
(4)　適用要件	法法80③⑤
①還付所得事業年度から欠損が生じた事業年度の前事業年度まで継続して青色申告書を提出していること	
②欠損が生じた事業年度の確定申告書を青色申告により提出期限内に提出していること	
③欠損が生じた事業年度の確定申告書の提出と同時に「欠損金の繰戻しによる還付請求書」を提出していること	

Introduction

課題と対応

相続税・贈与税

民 法

M&A

株式評価

法人税

株式上場

会社法

医業承継

巻末資料

(5) 留意点

　地方税(事業税、住民税)においては、欠損金の繰戻し還付制度はない。なお、地方法人税においては、欠損金の繰戻し還付制度が設けられている。

地法法23

グループ法人税制

内　容	関連法令等

(1) 概要

　完全支配関係がある法人間に適用される各種課税制度の総称。選択制の「連結納税制度」と自動適用される「グループ法人単体課税制度」の2つに大別される。なお「連結納税制度」は令和4年4月1日以後開始事業年度から「グループ通算制度」として簡素な仕組みに見直される。

(2) 完全支配関係

	定　義	具 体 例
①	一の者が法人の発行済株式等の全部を直接若しくは間接に保有する関係＝「当事者間の完全支配の関係」	親会社と子会社の関係親会社と孫会社の関係など
②	一の者との間に「当事者間の完全支配の関係」がある法人相互の関係	兄弟会社同士の関係親会社から見た子会社と孫会社の関係など

※1　一の者には個人及びその個人の親族等が含まれる。
　2　発行済株式等からは次の株式を除く。
　　(イ)　自己株式
　　(ロ)　次の株式が発行済株式(自己株式を除く)の総数の5%に満たない場合の当該株式
　　・組合契約による従業員持株会(組合員が使用人に限定されているものに限る)が所有する株式
　　・役員又は使用人に付与された新株予約権等の行使により取得された株式

法法2十二の七の六
法令4の2②

(3) グループ法人単体課税制度

　完全支配関係のある法人間に適用される主な規定として以下の取扱いがある。

①	資産の譲渡取引に係る損益の繰延制度		
②	寄附金及び受贈益に関する取扱い		
③	資本関連取引に関する取扱い	(イ)	受取配当等の益金不算入制度(配当金の全額益金不算入)
		(ロ)	みなし配当事由により生じる株式の譲渡損益の不計上制度
		(ハ)	適格現物分配制度
④	中小企業特例措置の適用制限		

(4) 資産の譲渡取引に係る損益の繰延制度

内容法人が完全支配関係のある他の内国法人に次の「譲渡損益調整資産」を譲渡した場合には譲渡損益を繰り延べる。

法法61の13
法令122の14

譲渡損益 調整資産	(イ) 固定資産(土地を除く) (ロ) 土地(土地の上に存する権利を含む) (ハ) 有価証券 (ニ) 金銭債権 (ホ) 繰延資産 ≪除外資産≫ ・譲渡直前の1単位当たりの簿価が1,000万円未満の資産 ・譲渡法人又は譲受法人のいずれかにおいて売買目的有価証券に該当する 　有価証券

※繰延損益の主な戻入事由
　①譲受法人において譲渡、除去等をした場合…繰延損益の全額を戻入(一部譲渡等の場合は合理的に按分)
　②減価償却資産につき譲受法人において償却費を損金算入した場合…繰延損益のうち償却費対応額を戻入

(5) 寄附金及び受贈益に関する取扱い

法人による完全支配関係のある内国法人間で寄附を行った場合の取扱い

法法37②、
25の2
法令9①七、
119の3⑥

	対象法人	課税上の取扱い
①	寄附法人	寄附金の全額を損金不算入
②	受贈法人	受贈益の全額を益金不算入
③	①の株主 である法人	寄附金の額のうち持分対応分について株式の帳簿価額を減額修正 (利益積立金額の減算)
	②の株主 である法人	受贈益の額のうち持分対応分について株式の帳簿価額を増額修正 (利益積立金額の加算)

※法人による完全支配関係が前提のため、個人株主による兄弟会社間などの寄附金は適用対象とならない。

(6) 資本関連取引に関する取扱い

完全支配関係のある内国法人間で①又は②の配当事由があった場合、株主側の法人において、それぞれ(イ)～(ハ)の制度の適用がある。

法法2十二の
五の二、23、
24、61の2⑰、
62の5
法令8①
二十二

配当の生 じる事由		配当資産 の内容	(イ)受取配当等 の益金不算入 制度	(ロ)株式等の譲 渡損益不計上 制度(注1)	(ハ)適格現物分配 制度(注2)
①	通常の 配当	金銭	配当の全額が 益金不算入	－	－
		金銭 以外	－	－	配当の全額が益金 不算入
②	みなし 配当	金銭	配当の全額が 益金不算入	株式等の譲渡 損益は計上さ れない	－
		金銭 以外	－	株式等の譲渡 損益は計上さ れない	配当の全額が益金 不算入

(注1) 株式等の譲渡損益不計上制度の留意点
　・金銭不交付の合併及び分割型分割を除く。
　・交付金銭等が対応資本金等の額を超えずみなし配当が生じない場合や清算において残余財産の分配を受けないことが確定した場合(交付金銭等がない場合)にも適用がある。
　・不計上となった譲渡損益相当額は資本金等の額の増減として処理する。

Introduction

課題と対応

相続税・贈与税

民法

M&A

株式評価

法人税

株式上場

会社法

医業承継

巻末資料

（注2）　適格現物分配制度の留意点
・みなし配当事由からは合併、分割型分割を除く。
・配当相当額に対する源泉徴収はない。

所法181①、24①

(7) 中小企業特例措置の制限

次の①～③の法人については、資本金の額又は出資金の額が1億円以下の法人に認められる(イ)～(ヘ)の制度を適用しない。

①大法人との間に当該大法人による完全支配関係がある普通法人
※大法人とは次の法人をいう。
・資本金の額又は出資金の額が5億円以上の法人
・相互会社、受託法人
②グループ法人内の複数の大法人による完全支配関係のある普通法人
③相互会社、投資法人、特定目的会社、受託法人

	適用制限を受ける制度
(イ)	所得金額年800万円までの法人税の軽減税率
(ロ)	特定同族会社の特別税率（留保金課税）の不適用措置
(ハ)	貸倒引当金の損金算入制度
(ニ)	欠損金の繰越控除における所得金額の100%相当を控除限度額とする措置
(ホ)	欠損金の繰戻しによる還付制度の不適用の除外措置
(ヘ)	交際費等の損金不算入制度における年800万円の定額控除制度

法法66⑥、67①、52①、57⑪
措法66の12①、61の4②

組織再編税制（株式交付制度を含む）

内　　容	関連法令等

(1) 適格組織再編成の概要と適格要件

組織再編税制とは、組織再編成による資産負債の移転に伴って生じる課税関係の規定であり、適格組織再編成について、課税の繰延べ等の措置が構じられている。

【合併の場合の適格要件】（法法2十二の八、法令4の3①～④、法規3）

要件の内容	グループ内組織再編成		共同事業を営むための組織再編成（持分50%以下）
	持分100%	持分50%超100%未満	
同一の者継続保有要件（兄弟会社等の場合のみ）	100%継続保有	50%超継続保有	－
従業者引継要件	－	80%以上引継	80%以上引継
事業継続要件	－	被合併事業継続	被合併事業継続
事業関連性要件	－	－	被合併事業と合併事業に関連性あり
事業規模要件又は特定役員要件（いずれかを充足）			売上高等の差が5倍以内又は合併前後でそれぞれ常務役員以上に就任
継続保有要件（被合併法人の株主等に支配株主（50%超保有）がいる場合のみ）	－	－	支配株主に交付される株式の全部を支配株主が継続保有

※1　対価が合併法人又は合併法人と直接若しくは間接に完全支配関係のある親法人の株式のみであり、金銭その他の資産の交付（反対株主の買収請求に基づく交付、合併法人が被合併法人の発行済株式総数の2/3以上を保有する場合の他の株主への交付等を除く）がないことを前提とする。
　2　事業継続要件・事業関連性要件の留意点
①被合併事業とは、被合併法人の主要な事業をいう。
②事業に関連性があるとは、事業が同種である場合だけでなく、それぞれの法人の商品、役務、経営資源を活用して事業を営むことが見込まれる場合等も含まれる。
　3　事業規模要件又は特定役員要件の留意点
①被合併法人の被合併事業とそれに関連する合併法人の合併事業のそれぞれの売上金額、従業者数、資本金の額のいずれか1つがおおむね5倍以内であれば事業規模要件を満たすことになる。
②合併前の被合併法人の特定役員（社長、副社長、代表取締役、専務取締役、常務取締役又はこれらに準ずる者で法人の経営に従事している者をいう。以下同じ。）のいずれか1人以上と合併法人の特定役員のいずれか1人以上が、合併後に合併法人の特定役員になることが見込まれているときは特定役員要件を満たすことになる。

⑵　合併・分割・現物出資の当事者別及び適格・非適格別の課税関係

　課税関係が生じる当事者は、譲渡法人（被合併法人、分割法人、現物出資法人）、受入法人（合併法人、分割承継法人、被現物出資法人）、譲渡法人の株主の三者（分社型分割と現物出資は譲渡法人と受入法人の二者）である。

当事者	取扱い		非適格		適格	
			合併 分割型分割	分社型分割 ・現物出資	合併 分割型分割	分社型分割 ・現物出資
譲渡法人	移転純資産の譲渡損益 （法法62〜62の4）		譲渡損益を計上 （時価譲渡）		譲渡損益を繰延 （簿価引継）	
	資本金等の額の増減 （法令8①）		減少 移転時価純資産対応額 （十五）	－	減少 移転簿価純資産対応額 （十五）	－
	利益積立金額の増減 （法令9①）		減少 交付金銭等△減少資本金等の額（九）	－	減少 移転簿価純資産△減少資本金等の額（十）	－
受入法人	移転純資産の受入価額		時価受入		簿価受入	
	資本金等の額の増減 （法令8①）	事業移転 （合併含む）	増加 交付株式等の時価 （五〜七、九）		増加 譲渡法人における減少資本金等の額（五、六）	増加 受入純資産の簿価 （七、八）
		事業移転しない	増加 受入純資産の時価 （一、六、七）			
	利益積立金額の増減 （法令9①）		－		増加 受入純資産の簿価△増加資本金等の額（二、三）	－
	資産調整勘定・負債調整勘定（法法62の8）	事業移転 （合併含む）	受入純資産の時価と譲渡対価（株式の発行価額等）の差額を計上		－	
		事業移転しない	－			
	繰越欠損金の引継 （法法57②、③）		－		合併（及び清算）の場合に引継制度及び引継制限あり	－
	自社の繰越欠損金の控除制限（法法57④）		譲渡損益の繰延（グループ法人税制）を行う非適格合併に制度あり	－	控除制限制度あり	
	特定資産譲渡等損失金不算入（法法62の7）				損金不算入制度あり	

※1　表中の漢数字は、それぞれ左の法令に対応する号数
　2　適格については金銭等の交付がないことを前提

当事者	取 扱 い		非 適 格		適 格	
			合併 分割型分割	分社型分割 現物出資	合併 分割型分割	分社型分割 現物出資
譲渡法人の株主	株式等の譲渡損益(法法61の2)	交付金銭等あり	譲渡損益を計上(時価譲渡)	−		−
		交付金銭等なし	譲渡損益を繰延(簿価引継)		譲渡損益を繰延(簿価引継)	
	みなし配当(法法24)		あり	−	−	−
	株式等の取得価額(法令119①)	交付金銭等あり	取得株式の時価	−	−	−
		交付金銭等なし	旧株の簿価+みなし配当		旧株の簿価	

※1 分割型分割については分割法人の移転純資産割合に応じて計算
 2 適格については金銭等の交付がないことを前提
 3 表中の取扱いは法人株主であることを前提

(3) 株式交換・株式移転

①株式交換・株式移転の当事者と課税関係

株式交換・株式移転において課税関係が生じる当事者は完全親法人、完全子法人となる法人の旧株主、完全子法人の三者である。

当事者	取 扱 い		非 適 格	適 格
完全親法人	完全子法人株式の取得価額(法令119①)	完全子法人の旧株主50人未満	時価(二十七)	旧株主の簿価の合計額(十、十二)
		完全子法人の旧株主50人以上		完全子法人の簿価純資産のうち取得株式対応分(十、十二)
	資本金等の額の増減(法令8①)		増加完全子法人株式の取得価額△交付金銭等の額(十、十一)	
完全子法人の旧株主	完全子法人株式の譲渡損益(法法61の2⑨〜⑪)	交付金銭等あり	譲渡損益計上	−
		交付金銭等なし	譲渡損益繰延べ	
	完全親法人株式の取得価額(法令119①)	交付金銭等あり	完全子法人株式の時価のうち交付株式対応分+付随費用(二)	−
		交付金銭等なし	完全子法人株式の帳簿価額+付随費用(九、十一)	
完全子法人	保有資産の時価評価(法法62の9)		適用あり(注)	適用なし

(注)1 非適格株式交換・非適格株式移転の場合においても、その直前において完全親法人又は他の株式移転完全子法人との間に完全支配関係がある場合には適格と同様の取扱いとなる。
 2 表中の漢数字は、それぞれ左の法令に対応する号数
 3 適格については金銭等の交付がないことを前提
 4 完全子法人の旧株主は法人株主であることを前提

Introduction
課題と対応
相続税・贈与税
民法
M&A
株式評価
法人税
株式上場
会社法
医業承継
巻末資料

②時価評価対象資産（法令123の11）

　固定資産、土地及び土地の上に存する権利、有価証券、金銭債権、繰延資産のうち次に掲げるもの以外のもの

1	非適格株式交換等の日の属する事業年度開始の日前5年以内に開始した事業年度において国庫補助金等の圧縮記帳、保険金等を取得した場合の圧縮記帳等の規定の適用を受けた減価償却資産

1　非適格株式交換等の日の属する事業年度開始の日前5年以内に開始した事業年度において国庫補助金等の圧縮記帳、保険金等を取得した場合の圧縮記帳等の規定の適用を受けた減価償却資産
2　売買目的有価証券
3　償還有価証券
4　資産の帳簿価額が1,000万円に満たない資産
5　含み損益（資産の価額と帳簿価額との差額）が次の(イ)又は(ロ)の金額のいずれか少ない金額に満たない資産
　(イ)　完全子法人の資本金等の額×1/2
　(ロ)　1,000万円

③スクイーズアウトの取扱い

　全部取得条項付種類株式の取得決議、株式併合、株式売渡請求によるスクイーズアウトの手続（100%子会社化を目的として、子会社化対象法人の最大株主以外の株主に一未満の端数株式を交付するなどし、最大株主以外の株主を株主から排除する行為）については組織再編税制と位置付け、支配関係がある場合の株式交換と同様に適格判定を行う。また完全子法人の時価評価について株式交換と同様に取扱う。

(4)　株式交付

①課税上の制度の概要（措法66の2の2）

　会社法の株式交付制度（他社を買収し子会社化するための制度（注）により株式交付子会社（被買収会社）の株主が所有株式を譲渡し、その対価として株式交付親会社（買収会社）の株式が交付された場合に、当該株主における株式交付子会社の株式の譲渡損益を繰り延べる制度。租税特別措置法の規定であり組織再編税制（適格・非適格の区別による制度）の枠組みとは異なる制度である。

（注）　子会社化を目的とした制度であるため、すでに子会社である法人の株式の追加取得において本制度を利用することはできない。

②株式交換との比較

	区分	株式交付	株式交換
法制度	対価の種類	株式交付親会社の株式・金銭等 （金銭等のみは不可）	完全親法人の株式・金銭等 （金銭等のみも可）
	一部取得の可否	可（ただし、子会社化とならない一部取得は不可）	不可（全部取得による完全子会社化のみ可）
課税	株式交付子会社の旧株主	対価の80%以上が株式交付親会社株式の場合…譲渡損益を繰延（金銭等に対応する部分は課税）	金銭等不交付株式交換の場合…譲渡損益を繰延
	株式交付子会社	課税の影響なし	非適格の場合一定資産を時価評価

③株式交付親会社の取扱い（措令39の10の3）

　株式交付子会社の旧株主において課税の繰延べが行われる場合の株式交付親会社の課税上の取扱い（株式交付対応部分の株式交付子会社株式の取得価額・増加資本金等の額）は、適格株式交換における完全親法人の取扱いとおおむね同様となる（147頁の表を参照）。

Introduction

課題と対応

相続税・贈与税

民法

M&A

株式評価

法人税

株式上場

会社法

医業承継

巻末資料

⑸ 適格現物分配・適格株式分配

①適格現物分配の定義

内国法人を現物分配法人とする現物分配のうち、その現物分配により資産の移転を受ける者がその現物分配の直前において当該内国法人との間に完全支配関係がある内国法人（普通法人又は協同組合等に限る）のみであるものをいう。

②適格株式分配の定義

剰余金の配当等による現物分配のうち現物分配法人の100％子法人の株式の全部を移転するもの（分配を受ける者がその現物分配の直前において現物分配法人との間に完全支配関係がある者のみである場合を除く）を「株式分配」といい、このうち当該子法人の事業を独立するために行うものとして一定要件を満たすものを「適格株式分配」という。

③適格現物分配の当事者と課税関係

適格現物分配において課税関係が生じる当事者は、現物分配を行う法人（現物分配法人）と現物分配を受ける法人（被現物分配法人）の二者である。

当事者	取扱い	非適格 （通常の現物配当）	適　格
現物分配法人	配当資産の譲渡損益	譲渡損益を計上 （時価譲渡）	譲渡損益を繰延 （簿価引継）
	源泉徴収	源泉徴収あり	源泉徴収なし
被現物分配法人	配当収入の取扱い	受取配当等の益金不算入制度の対象	全額益金不算入
	受入資産の取得価額	時価	現物分配法人の帳簿価額

④適格現物分配と他の規定との関係

適格現物分配がみなし配当事由によって行われる場合には、被現物分配法人において完全支配関係のある子法人株式の譲渡損益不計上制度の適用がある。

⑤株式分配の当事者と課税関係

株式分配において課税関係が生じる当事者は、現物分配法人と現物分配法人の株主（個人・法人）である。

1　現物分配法人

区　分	主な取扱い
適格	・簿価による譲渡をしたものとして子法人株式の譲渡損益を不計上とする ・純資産は資本金等の額のみが減少する
非適格	・子法人株式の譲渡損益を計上する ・みなし配当事由に該当し、分配額に応じて純資産の減少額を計算

法法２十二の十五

法法２十二の十五の二、２十二の十五の三
法令４の３⑯

法法22の2⑥、62の5、23
法令9①八
所法24①、181①

法法61の2⑯⑰

法法62の5③、法令8十六

法法22の2⑥
法令8十七

2 現物分配法人の株主（以下の取扱いは法人株主を前提）　法令9十一

区　分	主な取扱い
適格	・保有する現物分配法人の株式について、取得株式対応部分の譲渡を行ったものとして株式の譲渡原価の計算を行う（譲渡対価＝当該譲渡原価とし、譲渡損益は繰延べ） ・収入金額はすべて株式の譲渡対価とし、配当収入は生じない
非適格	・適格と同様に株式の譲渡原価の計算を行う（金銭不交付等の場合：譲渡損益の繰延べ、金銭交付等の場合：譲渡損益計上） ・みなし配当事由に該当

適格欄 法令側注: 法法61の2⑧ / 法令119①八 / 法法23、24

非適格欄 法令側注: 法法61の2⑧、 / 法令119①八 / 法法24 / 法令23①三

(6)　組織再編成に伴う資産の取得価額

①棚卸資産…それぞれ(イ)と(ロ)の合計額

法令28③、32①三、③、④、123の4、123の5、123の6

1　適格合併、適格分割型分割による引継
　(イ)　被合併法人又は分割法人の評価額の計算の基礎となった取得価額
　(ロ)　消費し又は販売の用に供するために直接要した費用の額
2　適格分社型分割、適格現物出資、適格現物分配による取得
　(イ)　分割法人、現物出資法人、現物分配法人の帳簿価額に相当する金額
　(ロ)　取得のために要した費用の額及び1(ロ)の金額
3　1〜2以外の組織再編成による取得（注）
　(イ)　取得時における取得のために通常要する価額
　(ロ)　1(ロ)の金額

②有価証券（組織再編成に伴い交付を受けるものに限る）…それぞれ(イ)と(ロ)の合計額（株式交換、株式移転は147頁参照）

法令119①二、五、六、七、八、二十六、二十七

1　交付金銭等のない合併、分割型分割又は株式分配による株式の交付
　(イ)　被合併法人株式の帳簿価額又は分割法人株式若しくは現物分配法人株式に係る譲渡原価相当額
　(ロ)　交付を受けるために要した金額及びみなし配当金額
2　適格分社型分割、適格現物出資による株式の交付
　(イ)　移転資産の帳簿価額から移転負債の帳簿価額を減算した金額
　(ロ)　交付を受けるために要した金額
3　1〜2以外の組織再編成による取得（注）
　取得時における取得のために通常要する価額

③減価償却資産…それぞれ(イ)と(ロ)の合計額

法令54①五、六、④

1　適格合併、適格分割、適格現物出資、適格現物分配による移転
　(イ)　移転元法人において償却限度額の計算の基礎とすべき取得価額
　(ロ)　事業の用に供するために直接要した費用の額
2　1以外の組織再編成による取得（注）
　(イ)　取得時における取得のために通常要する価額
　(ロ)　1(ロ)の金額

（注）　グループ法人税制による譲渡損益の繰延べの適用がある非適格合併に伴う移転については、繰り延べた譲渡利益を減算、譲渡損失を加算した金額とする。

資産負債調整勘定

Introduction
課題と対応
相続税・贈与税
民法
M&A
株式評価
法人税
株式上場
会社法
医業承継
巻末資料

内　容	関連法令等
概要 　資産（負債）調整勘定は、非適格の合併、分割、現物出資又は事業譲渡（以下、「非適格合併等」という）の際に、原則として交付対価の額と、移転を受ける資産及び負債の時価純資産価額とに差額がある場合における、当該差額をいい、60カ月の均等償却等で損金又は益金に算入される。	法法62の8 法令123の10
資産調整勘定 ⑴　**資産調整勘定の額** 　非適格合併等の際に、以下の算式により計算した金額を、合併法人等（合併法人、分割承継法人、被現物出資法人及び事業の譲受けをした法人をいう）において資産調整勘定として計上する。 　非適格合併等対価の額（注）－移転を受けた資産及び負債の時価純資産価額 （注）　非適格合併等対価の額 　非適格合併等により交付した金銭及び金銭以外の資産の時価総額をいう。ただし、被合併法人等（被合併法人、分割法人、現物出資法人及び事業の譲渡をした法人をいう）に対して寄付をしたものとされる金額を除く。	法法62の8①
⑵　**資産調整勘定の損金算入** 　上記⑴の資産調整勘定の金額について、以下の金額を合併法人等の各事業年度の損金の額に算入する。 $$資産調整勘定の当初計上額 \times \frac{事業年度の月数（注）}{60}$$ （注）　非適格合併等の日の属する事業年度については、当該非適格合併等の日から事業年度終了の日までの月数とする。	法法62の8④⑤
⑶　**資産等超過差額** 　上記⑴の資産調整勘定の額について、以下に該当する場合には、それぞれの金額（資産等超過差額）を控除した金額を資産調整勘定の額とする。 ①非適格合併等対価の額について、交付時の価額が約定時の価額の2倍超となる場合 　以下のいずれか少ない金額 　㈮　非適格合併等対価の交付時の価額－移転事業に係る収益の額に基づく合理的な見積額 　㈶　非適格合併等対価の交付時の価額－非適格合併等対価の約定時の価額と移転を受けた資産及び負債の時価純資産価額のいずれか大きい額 ②上記⑴の資産調整勘定の額のうち実質的に被合併法人等の欠損金額から成ると認められる金額がある場合 　当該欠損金額から成ると認められる金額	法令123の10④ 法規27の16

負債調整勘定

(1) 退職給与債務引受額

①計上額

　合併法人等が、被合併等法人から、従業員の退職給与債務の引き受けをした場合における、当該引受額を、合併法人等において負債調整勘定として計上する。

②益金算入

　合併法人等において、当該従業員の退職等に伴い退職金を支給した場合又は当該従業員が合併法人等の従業員でなくなった場合には、当該従業員分に対応する額を、当該事由の生じた日の属する事業年度の益金の額に算入する。

(2) 短期重要債務見込額

①計上額

　合併法人等が、非適格合併等の際には未確定であるものの、非適格合併等の日からおおむね3年以内に履行が見込まれるものの引き受けをした場合における、当該引受額を、合併法人等において負債調整勘定として計上する。

②益金算入

　合併法人等において、当該債務の損失が生じた場合又は非適格合併等の日から3年が経過した場合には、当該損失額又は当該経過した対象金額を、当該事由の生じた日の属する事業年度の益金の額に算入する。

(3) 差額負債調整勘定

①計上額

　非適格合併等の際に、以下の算式により計算した金額を、合併法人等において差額負債調整勘定として計上する。

　移転を受けた資産及び負債の時価純資産価額－非適格合併等対価の額

②益金算入

　上記①の差額負債調整勘定の金額について、以下の金額を合併法人等の各事業年度の益金の額に算入する。

$$差額負債調整勘定の当初計上額 \times \frac{事業年度の月数（注）}{60}$$

（注）　非適格合併等の日の属する事業年度については、当該非適格合併等の日から事業年度終了の日までの月数とする。

	法令・条文
(1)①	法法62の8②一
(1)②	法法62の8⑥一、⑧　法令123の10⑩
(2)①	法法62の8②二
(2)②	法法62の8⑥二、⑧
(3)①	法法62の8③
(3)②	法法62の8⑦⑧

中小企業事業再編投資損失準備金

Introduction
課題と対応
相続税・贈与税
民法
M&A
株式評価
法人税
株式上場
会社法
医業承継
巻末資料

内　容	関連法令等
(1)　概要　中小企業が買手となるM&Aを活性化させるために、令和3年度税制改正により創設された制度。一定の要件を満たした中小企業がM&Aにより株式を取得した場合には、その取得価額の一部を損金に算入することができ、5年間経過後に、その損金計上分を5年間で均等に益金に算入する。	措法55の2 措令32の3

(2)　適用要件

青色申告書を提出する中小企業者（適用除外事業者を除く）で中小企業等経営強化法に規定する経営力向上計画の認定を受けたものが、その経営力向上計画に従って行う事業承継等として他の法人（特定法人）の株式等の取得（注1）をし、その取得の日を含む事業年度終了の日まで引き続き有している場合（注2）において、一定の金額を中小企業事業再編投資損失準備金として損金経理の方法により各特定法人別に積み立てること（注3）

（注1）　購入による取得に限る。

（注2）　その取得をした株式等の取得価額が10億円を超える場合を除く。

（注3）　その事業年度の決算確定日までに剰余金の処分により積立金として積み立てた場合を含む。

(3)　損金算入額

株式等の取得価額×70%（注4）

（注4）　その事業年度においてその株式等の帳簿価額を減額した場合には、減額した金額のうち損金の額に算入された金額を控除した金額。

(4)　取崩し事由

その事業年度終了の日において、前事業年度から繰り越された中小企業事業再編投資損失準備金のうち、積立事業年度終了の日の翌日から5年を経過した金額がある場合には、以下の金額をその事業年度の所得の金額の計算上、益金の額に算入する（特定法人株式等を譲渡等した場合等には、取崩しの規定あり）。

積み立てた準備金の金額×その事業年度の月数÷60

(5)　制度の適用イメージ

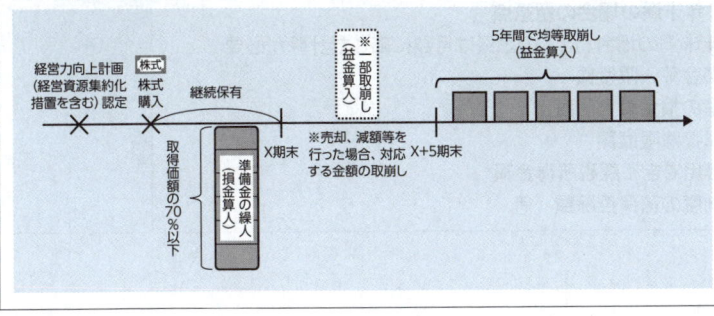

事業年度

内　　容	関連法令等
事業年度の意義	法法13

区　　　分		事業年度
法令・定款等に定めがある場合又は、定めがない場合で税務署長に届出を行っている場合	1年以下	その期間
	1年超	1年ごとに区分した期間
法令・定款等に定めがない場合で税務署長に届出を行っていない場合	人格のない社団等	暦年
	上記以外	税務署長が指定した期間

みなし事業年度

内　　容	関連法令等
(1)　概要	

事業年度の中途で以下の事由があった場合には、以下に定める期間を事業年度とみなす。

事　　由	事業年度とみなす期間	関連法令等
①解散した場合（合併による解散を除く）	期首から解散の日まで 解散の日の翌日から期末まで（注） （注）　株式会社等の場合には解散の日の翌日から1年ごとの期間	法法14①一 法基通1-2-9
②合併により解散した場合	期首から合併の日の前日まで	法法14①二
③清算中の法人の残余財産が確定した場合	期首から残余財産確定の日まで	法法14①二十一
④清算中の内国法人が継続した場合	期首から継続の日の前日まで 継続の日から期末まで	法法14①二十二

※連結納税に係るみなし事業年度、外国法人に係るみなし事業年度等が別途定められている。

(2)　事業年度が1年未満の場合の留意点

事業年度が1年未満の場合、以下の金額は月数に応じた計算が必要。

・減価償却の損金算入限度額

・一括償却資産の損金算入限度額

・交際費の定額控除限度額

・軽減税率を適用できる課税所得金額

・留保金課税制度の留保控除額　等

法人設立の場合の主な届出等

(1) 税務署への届出等

提出書類	提出期限	補足	根拠法令
設立届出書	設立の日以後2カ月以内	(添付書類)定款の写し	法法148 法規63
青色申告の承認申請書	以下のいずれか早い日の前日 ・設立日以後3カ月を経過した日 ・設立事業年度終了日	－	法法122
給与支払事務所等の開設届出書	事務所開設日から1カ月以内	－	所法230
源泉所得税の納期の特例の承認に関する申請書	特に定めなし(原則、提出した日の翌月に支払う給与等から適用)	1月−6月:7/10 7月−12月:1/20 (注)　給与の支給人員が常時10人未満の事務所等の特例	所法216、217
棚卸資産の評価方法の届出書	設立事業年度の確定申告期限(仮決算による中間申告を行う場合には当該申告期限)	届出がない場合には最終仕入原価法により評価	法令29、31
減価償却資産の償却方法の届出書		届出がない場合には法定償却方法で償却	法令51、53
有価証券の評価方法の届出書		届出がない場合には移動平均法により評価	法令119の5、119の7
申告期限延長承認申請書	事業年度終了の日まで	決算が確定しない場合等に延長	法法75の2
事前確定届出給与に関する届出書	設立日から2カ月以内	－	法令69②
消費税課税事業者選択届出書	適用課税期間の前課税期間の末日までに提出(新設法人は、設立課税期間の末日まで)	－	消法9④⑤⑥ 消令20 消規11
消費税簡易課税制度選択届出書	適用課税期間の前課税期間の末日までに提出(新設法人は、設立課税期間の末日まで)	－	消法37①② 消令55〜57の2 消規17①②③
消費税課税期間特例選択届出書	適用期間の前期間の末日までに提出(新設法人は、設立期間の末日まで)	－	

(2) 都道府県、市町村への届出等

提出書類	提出期限	補足	根拠法令
設立の届出書	設立の日以後2カ月以内	(添付書類)定款の写し等	－
申告書の提出期限の延長の承認申請書	事業年度終了の日まで	事業税等(第13号の2様式)の提出に加え、住民税(第12号様式)の提出が必要	地法72の25③、⑤

解散・清算

内　容	関連法令等
(1) 清算の種類	
・通常清算：会社財産をもってその債務を完済できることが見込まれる場合の清算の方法	会社475〜 会社510〜
・特別清算：①清算株式会社の清算の遂行に著しい支障を来すべき事情があるか、又は②債務超過の疑いがある場合に、裁判所の監督下で行われる特別の清算手続	
※債務超過の場合、破産手続によっても清算手続を進めることができるが、特別清算は破産手続ほど手続が厳格ではなく、比較的簡易かつ迅速に株式会社を清算しうると言われている。また、協定型の特別清算手続を採ることによって、親会社の子会社に対する債権放棄を貸倒れとして損金処理しうるというメリットがある。もっとも、破産手続しか選択できない場合もある。	
(2) 通常清算の手続の流れ	

①取締役会決議	
②株主総会決議 （解散・清算人選任）	会社471③
③解散・清算人就任の登記 　債権申出（2カ月以上の申し出期間）の公告 　知れたる債権者への個別催告 　所轄税務署等への届出 　解散事業年度での貸借対照表等の作成、株主総会での承認 　解散確定申告	会社926 会社499 会社492①③ 法法74
④現務の結了 　財産の換価・債権の取立て 　債務の弁済 　清算事務年度の貸借対照表等の作成、株主総会での承認 　清算確定申告	会社497 法法74
⑤残余財産の分配	
⑥清算事務の終了 　決算報告の作成、株主総会での承認 　清算結了の登記 　清算結了の届出	会社929
⑦帳簿資料の保存	会社672

Introduction

課題と対応

相続税・贈与税

民法

M&A

株式評価

法人税

株式上場

会社法

医業承継

巻末資料

(3) 申告期限

みなし事業年度 (注1)	申告期限
①解散事業年度	解散事業年度終了の日の翌日から2月以内(注2)
②清算事業年度	清算事業年度終了の日の翌日から2月以内(注2)
③残余財産確定事業年度	残余財産確定事業年度終了の日の翌日から1月以内(1月以内に残余財産の最後の分配等が行われる場合には、その行われる日の前日まで)(注3)

法法74

(注1) 解散した場合のみなし事業年度
　　　①解散事業年度…期首から解散の日まで
　　　②清算事業年度…解散の日の翌日から期末(清算事務年度の場合は1年を経過する日)まで
　　　③残余財産確定事業年度…期首から残余財産確定の日まで
　　　※解散の日の翌日から期末までの間に残余財産が確定した場合には②は生じず、③は解散の日の翌日から残余財産確定の日までとなる。

```
                    解散                        残余財産確定
    ├──────────────※──────────────────┼────────×
        ①解散事業年度      ②清算事業年度      ③残余財産確定
                                              事業年度
```

(注2) 通常の事業年度と同様、申告期限の延長の特例は適用可能
(注3) 申告期限の延長の特例は適用不可

法法75の2

(4) 各者の税務

①清算法人

項目	内容	
所得計算・税額計算	通常の事業年度と同様、所得課税が行われる。なお、事業年度が1年未満となる場合は、所得計算等において月数按分が必要となる(154頁参照)。	
役員	清算人も役員に該当するため、役員給与の取扱いに留意が必要となる(133頁参照)。	
欠損金の繰戻し還付	解散した場合において、解散等の日前1年以内に終了した事業年度又は解散事業年度において生じた欠損金額があるときは、解散等の日から1年以内に還付請求書を提出することにより、欠損金の繰戻し還付が認められる(142頁参照)。	法法80④
期限切れ欠損金	清算中の内国法人において、期末時点で残余財産がないと見込まれるとき(債務超過の状態)は、期限切れ欠損金の損金算入が認められる。 ※期限切れ欠損金の計算式 　期首利益積立金額△資本金等の額(0以下の場合のみ)△青色欠損金等の当期控除額	法法59③ 法基通12-3-7、12-3-8 法令118
	(例)	

期首利益積立金額	△300
資本金等の額	△100
青色欠損金等の当期控除額	20

→300△(△100)△20=380　(資本金等の額はマイナスを減算するため、加算となる)

残余財産の現物分配	残余財産の全部を現物分配した場合、残余財産確定時の時価※により譲渡したものとして、残余財産確定事業年度の所得計算をする。 ※適格現物分配に該当する場合には現物分配直前の帳簿価額(149頁参照)。	法法62の5①②

②清算法人の株主（法人株主の場合）

項目		内容
配当	適格現物分配	適格現物分配により生ずる収益の額は益金不算入となる（149頁参照）。
	上記以外	みなし配当について受取配当等の益金不算入制度の適用がある（129頁参照）。
清算法人株式の消滅損等		消滅損等は損金算入される。ただし、完全支配関係がある子会社株式の消滅損等は計上されない（144頁参照）。
欠損金の引継制度		清算法人と完全支配関係がある場合において、清算法人の残余財産が確定したときは、一定の欠損金を引継ぐ（140頁参照）。

③清算法人の株主（個人株主の場合）

項目	内容	
配当	非上場株式の場合、みなし配当は配当所得（総合課税）として配当控除の適用がある。	所法25①四
清算法人株式の消滅損等	非上場株式の場合、消滅損等は一般株式等にかかる譲渡所得（申告分離課税）として取り扱われ、消滅損等は他の一般株式等にかかる譲渡所得とのみ通算が可能である。ただし、残余財産の分配がない場合には通算できない。	措法37の10③四

④清算法人の債権者

項目	内容
貸倒引当金	要件を満たした場合、個別評価による貸倒引当金の設定が可能である。
債権放棄	貸倒損失、子会社支援等損失、寄附金のいずれに該当するか検討が必要である（137頁参照）。

(5) 各事業年度別の適用規定

規定	解散事業年度	清算事業年度	残余財産確定事業年度
法人税法上の税額控除（注1）	○	○	○
措置法上の税額控除（注2）	×	×	×
特別償却（注3）	×	×	×
圧縮記帳（注4）	○	×	×
圧縮記帳に係る特別勘定の設定	×	×	×
所得の特別控除（注5）	○	×	×
特定同族会社の留保金課税	○	×	×
中間申告	○	×	×
期限切れ欠損金	×	○	○

法法68、69、70

措法42の6②、42の12の5
措法42の6①
法法42①、措法65の7①
措法65の2

(注1) 所得税額控除、外国税額控除、仮装経理に基づく過大申告の場合の更正に伴う法人税額の控除
(注2) 中小企業者等が機械等を取得した場合の特別控除、給与等の支給額が増加した場合の法人税額の特別控除など
(注3) 中小企業者等が機械等を取得した場合の特別償却など
(注4) 国庫補助金等の圧縮記帳、特定資産の買換えの圧縮記帳など
(注5) 収用換地等の所得の特別控除など

法人住民税の均等割額

　均等割額は、法人税額の課税標準の算定期間中において事務所等、寮等を有していた月数により月数按分して計算する。この場合の月数は、暦に従って計算し、事務所等を有していた月数が1月に満たないときは1月とし、1月以上有している場合において1月に満たない端数が生じたときは切り捨てる。

■税率表（年額）

区　　分		標準税率		(例)東京都23特別区	(例)大阪	
資本金等の額	従業者数	市町村民税	道府県民税	都民税(注)	大阪市	大阪府
50億円超	50人超	300万円	80万円	380万円	300万円	160万円
	50人以下	41万円		121万円	41万円	
10億円超〜50億円以下	50人超	175万円	54万円	229万円	175万円	108万円
	50人以下	41万円		95万円	41万円	
1億円超〜10億円以下	50人超	40万円	13万円	53万円	40万円	26万円
	50人以下	16万円		29万円	16万円	
1千万円超〜1億円以下	50人超	15万円	5万円	20万円	15万円	7.5万円
	50人以下	13万円		18万円	13万円	
1千万円以下	50人超	12万円	2万円	14万円	12万円	2万円
	50人以下	5万円		7万円	5万円	
資本金等の額を有しない法人		5万円	2万円	7万円	5万円	2万円

(注)　特別区内のみに事務所等を有する法人
※1　標準税率を基として各都道府県・市区町村の条例により均等割の税率が定められている（市町村民税については標準税率の1.2倍が限度）
　2　資本金等の額＜資本金＋資本準備金の額の場合には、資本金＋資本準備金の額とする
　3　資本金等の額は課税標準の算定期間の末日（事業年度終了の日、中間申告の場合には事業年度開始の日から6カ月を経過した日の前日）で判定する
　4　大阪府の法人府民税均等割は令和4年3月31日までの間に開始する事業年度に係る税率
　5　欠損填補のために無償減資又は無償増資を行っている場合には、次の算式により算定した金額が均等割額計算上の資本金等の額となる
　　（算式）

　| 資本金等の額 | ＋ | ①の金額 | － | ②の金額の合計額 |

　①平成22年4月1日以後に、利益剰余金による無償増資（資本組み入れ）を行った場合における当該増資相当額
　②次に掲げる期間中に減資等した場合において、それぞれ次に掲げる金額

期間	対象金額
平成13年4月1日〜平成18年4月30日	資本又は出資の減少により資本の欠損填補に充てた金額
平成18年5月1日以後	剰余金（資本金又は資本剰余金の額を減少し、その他資本剰余金として計上したもの）を損失の填補に充てた金額 ※減算できる金額は、損失の填補に充てた日以前1年以内に資本金又は準備金を減少し、その他資本剰余金として計上したものに限られる

　6　合併、会社分割、株式交換、株式移転等の組織再編行為やDES等を行うときに、資本金や資本準備金及び資本金等の額が増減する場合がある。そのため、連動して均等割額も増減する可能性がある点について留意が必要となる。

印紙税

■印紙税の課税物件表（一部抜粋）

※H=平成、R=令和

番号	文書の種類	印紙税額（1通又は1冊につき）	主な非課税文書他
1号	1. 不動産、船舶、航空機又は営業の譲渡等に関する契約書 　例）不動産売買契約書、不動産交換契約書など 2. 地上権又は土地の賃借権の設定又は譲渡に関する契約書 　例）土地賃貸借契約書、土地賃料変更契約書など 3. 消費貸借に関する契約書 　例）金銭借用証書、金銭消費貸借契約書など	記載された契約金額 10万円以下のもの　…200円 50万円以下　〃　…400円（200円） 100万円以下　〃　…1,000円（500円） 500万円以下　〃　…2,000円（1,000円） 1,000万円以下　〃　…10,000円（5,000円） 5,000万円以下　〃　…20,000円（10,000円） 1億円以下　〃　…60,000円（30,000円） 5億円以下　〃　…100,000円（60,000円） 10億円以下　〃　…200,000円（160,000円） 50億円以下　〃　…400,000円（320,000円） 50億円超　〃　…600,000円（480,000円） 記載のないもの　…200円 左記1のうち、不動産の譲渡に関する契約書で、H26.4.1からR4.3.31までの間に作成されるものは（　）内の税額	契約金額が1万円未満のもの ※消費税が区分表示されている場合は、消費税は契約金額に含まない
2号	請負に関する契約書 ※請負には、職業野球選手、映画・演劇の俳優（監督・演出家・プロデューサー）、プロボクサー、プロレスラー、音楽家、舞踏家、TV放送の演技者（演出家・プロデューサー）が、その者として役務の提供を約することを内容とする契約を含む （例）工事請負契約書、工事注文請書、物品加工注文請書、広告契約書、映画俳優専属契約書、請負金額変更契約書など	記載された契約金額 100万円以下のもの　…200円 200万円以下　〃　…400円（200円） 300万円以下　〃　…1,000円（500円） 500万円以下　〃　…2,000円（1,000円） 1,000万円以下　〃　…10,000円（5,000円） 5,000万円以下　〃　…20,000円（10,000円） 1億円以下　〃　…60,000円（30,000円） 5億円以下　〃　…100,000円（60,000円） 10億円以下　〃　…200,000円（160,000円） 50億円以下　〃　…400,000円（320,000円） 50億円超　〃　…600,000円（480,000円） 記載のないもの　…200円 建設業法第2条第1項に規定する建設工事の請負に係る契約に基づき作成されるもので、H26.4.1からR4.3.31までの間に作成されるものは（　）内の税額	契約金額が1万円未満のもの ※消費税が区分表示されている場合は、消費税は契約金額に含まない
5号	合併契約書、吸収分割契約書、新設分割計画書	1通　…　40,000円	－
6号	定款	1通　…　40,000円 ※株式会社、合名会社、合資会社、合同会社又は相互会社の設立のときに作成される定款の原本に限る	株式会社等の定款のうち公証人の保存するもの以外のもの

※1　課税文書に該当するか否かは、単に文書の名称や形式的な記載文言で判断せず、その記載文言の実質的な意義に基づいて判断します。
　2　仮契約書や仮領収証であっても課税事項を証明するものは課税文書に該当し、後日、正式な契約書や領収証が作成されるか否かは関係しません。

登録免許税

(1) 不動産登記関係(一部抜粋)

※H=平成、R=令和

内容	課税標準	税率	根拠法令
1. 所有権の移転登記 ①相続又は法人の合併による移転登記 ②共有物の分割による移転登記 ③その他の原因(売買等)による移転登記 　(土地) R5.3.31までの売買による移転登記は1.5% (建物) 　(イ)　個人がR4.3.31までの間に住宅用家屋を取得し、自己の居住の用に供した場合の移転登記は0.3% 　(ロ)　個人がR4.3.31までの間に特定認定長期優良住宅又は認定低炭素住宅で住宅用家屋に該当するもので新築又は建築後使用されたことのないものを取得して自己の居住の用に供した場合の移転登記は0.1%(一戸建ての特定認定長期優良住宅は0.2%) 　(ハ)　個人がR4.3.31までの間に宅地建物取引業者により一定の増改築等が行われた中古住宅を取得し、自己の居住の用に供した場合の移転登記は0.1%	①不動産の価額 ②不動産の価額 ③不動産の価額	①0.4% ②0.4% ③2.0%	措法72 措法73 措法74、74の2 措法74の3
2. 信託の登記 ①所有権の信託の登記(R5.3.31までの土地) ②所有権の信託の登記(①以外)	①不動産の価額 ②不動産の価額	①0.3% ②0.4%	措法72

(2) 会社の商業登記(別表一)

登記等の事項	課税標準	税率
1. 会社の本店所在地に置いてする登記		
①株式会社の設立	資本金の額	0.7%　最低150,000円
②合名会社・合資会社・一般社団法人等の設立	申請件数	1件60,000円
③合同会社の設立	資本金の額	0.7%　最低60,000円
④株式会社・合同会社の資本金の増加	増加資本金の額	0.7%　最低30,000円
⑤新設合併又は組織変更等による株式会社・合同会社の設立	資本金の額	0.15%　最低30,000円
⑥吸収合併による株式会社・合同会社の資本金の増加	増加資本金の額	0.15% 最低30,000円
⑦新設分割による株式会社・合同会社の設立	資本金の額	0.7%　最低30,000円
⑧吸収分割による株式会社・合同会社の資本金の増加	増加資本金の額	0.7%　最低30,000円
⑨支店の設置	支店の数	1か所60,000円
⑩本店・支店の移転	本店、支店の数	1か所30,000円
⑪役員の変更		
(イ)　資本金1億円超の会社及び相互会社	申請件数	1件30,000円
(ロ)　その他	申請件数	1件10,000円
⑫解散又は継続の登記	申請件数	1件30,000円
⑬清算結了の登記	申請件数	1件2,000円
⑭登記の更正又は抹消	申請件数	1件20,000円
2. 会社の支店所在地においてする登記		
①一般の登記	申請件数	1件9,000円
②役員変更登記のみ、かつ、資本金1億円以下	申請件数	1件6,000円
③登記の更正又は抹消	申請件数	1件6,000円

不動産取得税

内　容	関連法令等
納税義務者 　不動産を取得（家屋の価値が増加する改築含む）した個人及び法人 ※有償無償、登記の有無は問わない。	地法73の2

税額の計算方法

(　課税標準　 － 　課税標準の特例　)× 　税率　 － 　減額措置　

一般的な税額計算方法

区分		一般的な税額計算方法
住宅用	土地	固定資産税評価額 × 1/2 × 3% － 減額措置
	家屋	（固定資産税評価額 － 最大1,300万円）× 3%
住宅用 以外	土地(注)	固定資産税評価額 × 1/2 × 3%
	家屋	固定資産税評価額 × 4%

（注）　宅地でない場合には、「1/2」をしない。

非課税 　相続、法人の合併、以下の要件を満たす会社分割などの行為による取得の場合には非課税となる（贈与や死因贈与は課税）。 ■非課税となる会社分割の要件 　①金銭不交付要件 　②主要資産等引継要件 　③従業者引継要件 　④事業継続要件 　⑤按分型要件（分割型分割の場合のみ）	地法73の7 地令37の14

固定資産税・都市計画税

内　容	関連法令等
納税義務者 　1月1日の固定資産（土地、家屋、償却資産）の所有者 （土地登記簿等記載者又は固定資産課税台帳登録者）	地法343、702、702の6
税額の計算方法	

$$(\boxed{課税標準} - \boxed{課税標準の特例}) \times \boxed{税率} - \boxed{減額措置}$$

区分	一般的な税額計算の方法
住宅用地	固定資産税評価額 × 調整率 × $\frac{1}{6}$（注1） × 1.4%（注2）
上記以外の宅地	固定資産税評価額 × 調整率 × 1.4%（注2）
家屋	固定資産税評価額 × 1.4%（注2） － 減額措置
償却資産	固定資産税評価額（×特例割合） × 1.4%（注2）

（注1）　一戸につき地積200㎡超部分は1/3。都市計画税はそれぞれ2倍の割合（1/3と2/3）。
（注2）　都市計画税を含む1.7%。

Introduction
課題と対応
相続税・贈与税
民　法
M&A
株式評価
法人税
株式上場
会社法
医業承継
巻末資料

株式上場

株式上場とは

株式上場の意義

　株式上場とは、企業の株式を不特定多数の投資家が自由に売買でき、かつ明確な時価が提示されている市場に流通させることである。

株式上場のメリット

1. 財務体質の強化	時価発行増資、社債、新株予約権付社債の発行など直接金融の道が開かれる。金融機関に対する信用力が向上し、より有利な条件での借入が行いやすくなる。
2. 知名度・信用度の向上	株式や決算情報、経営方針などがマスメディアにも取り上げられるため、知名度が向上する。これにより取引先等に対して、条件や与信面等で有利になる。
3. 優秀な人材の獲得	将来性があり、かつ内部管理体制も整備されている魅力的な会社と評価されるようになり、就職希望者が増え、優秀な人材を獲得できる確率が高くなる。
4. 従業員の志気・モラルの向上	従業員の社会的信頼性及び社会的責任が高まる。また、ストックオプション制度等を活用することで、志気・モラルを高めることができる。
5. 経営管理体制の強化	内部牽制組織や予算管理といった経営管理体制の強化が図られるため、経営管理上の数値やデータなどがタイムリーに把握でき、経営の機動性も高まる。
6. 創業者利潤の実現	株主、特にオーナー経営者は株式上場時に自社株を市場で売り出すことにより、相当額のキャピタル・ゲインを得ることができる。
7. 株式の流通性の増大と資産価値の増加	株主にとって、投下資本の回収が容易になる。さらに、上場後は上場前に比べて一般的に株価が高くなることが多く、株式の財産的価値が高まる。

株式上場のデメリット

1. ディスクロージャーの義務	投資判断のための資料として決算発表、有価証券報告書等の提出が義務づけられており、その他にもタイムリーな企業内容の開示が要求されている。
2. 経営責任・社会的責任の増大	多数の株主のための経営を求められるため、経営責任、社会的責任は飛躍的に増大する。また、コーポレート・ガバナンスや法令遵守が強く求められる。
3. 株主対策・敵対的買収のリスク	自社の株式が投機的取引や、敵対的買収の対象となる可能性がある。また、悪質な株主が少数株主権を濫用する場合や、株主代表訴訟を受ける場合がある。
4. 事務量・事務コストの増大	上場前には経営管理体制の整備や上場申請資料の作成等、また、上場時には上場審査料、募集・売出しに係る引受手数料等、さらに、上場後には株式事務、株主総会の運営等、事務量及び事務コストが飛躍的に増加する。 また、毎年、監査費用、上場管理料、有価証券報告書等の開示資料の作成費用、IR活動費などの費用が発生するようになる。これらのコストは、1年当たり数千万円、場合によっては数億円になることも少なくない。

上場審査

Introduction
課題と対応
相続税・贈与税
民法
M&A
株式評価
法人税
株式上場
会社法
医業承継
巻末資料

内　容	関連法令等

証券市場一覧

上場審査には、形式基準と実質基準の2つの基準がある

証券取引所	本則市場	新興・成長企業向け新市場	プロ向市場
東京証券取引所	市場第一部	マザーズ	TOKYO PRO Market
	市場第二部	JASDAQ（スタンダード/グロース）	－
名古屋証券取引所	市場第一部	セントレックス（成長企業市場）	－
	市場第二部	－	－
札幌証券取引所	既存市場	アンビシャス	－
福岡証券取引所	既存市場	Qボード	－

なお、2022年4月4日以降は3つの市場区分への見直しが決まっている。

市場第一部		JASDAQ
市場第二部　マザーズ		スタンダード
		グロース

↓

プライム市場	スタンダード市場	グロース市場
グローバルな投資家との建設的な対話を中心に据えた企業向けの市場	公開された市場における投資対象として十分な流動性とガバナンス水準を備えた企業向けの市場	高い成長可能性を有する企業向けの市場

新市場における上場基準の概要は以下の通り

■プライム市場

各新市場区分
の上場基準

項目	考え方・狙い	概要（上場維持基準）(注)
流動性	多様な機関投資家が安心して投資対象とすることができる潤沢な流動性の基礎を備えた銘柄を選定する	株主数：800人以上 流通株式数：20,000単位以上 流通株式時価総額：100億円以上
ガバナンス	上場会社と機関投資家との間の建設的な対話の実効性を担保する基盤のある銘柄を選定する	投資家との建設的な対話の促進の観点から、いわゆる安定株主が株主総会における特別決議可決のために必要な水準（3分の2）を占めることのない公開性を求める 流通株式比率：35%以上
経営成績財政状態	安定的かつ優れた収益基盤・財政状態を有する銘柄を選定する	純資産額が正であること

項目	考え方・狙い	概要（上場維持基準）(注)
流動性	一般投資者が円滑に売買を行うことができる適切な流動性の基礎を備えた銘柄を選定する	株主数：400人以上 流通株式数：2,000単位以上 流通株式時価総額：10億円以上
ガバナンス	持続的な成長と中長期的な企業価値向上の実現のための基本的なガバナンス水準にある銘柄を選定する	流通株式比率：25%以上
経営成績財政状態	安定的な収益基盤・財政状態を有する銘柄を選定する	純資産が正であること

■グロース市場

項目	考え方・狙い	概要（上場維持基準）(注)
事業計画	高い成長性を実現するための事業計画を有し、投資者の適切な投資判断が可能な銘柄を選定する	次の要件のいずれにも該当していること ①事業計画が合理的に策定されていること ②高い成長可能性を有しているとの判断根拠に関する主幹事証券会社の見解が提出されていること ③事業計画及び成長可能性に関する事項（ビジネスモデル、市場規模、競争力の源泉、事業上のリスク等）が適切に開示され、上場後も継続的に進捗状況が開示される見込みがあること 時価総額：上場10年経過後40億円以上
流動性	一般投資者の投資対象となりうる最低限の流動性の基礎を備えた銘柄を選定する	株主数：150人以上 流通株式数：1,000単位以上 流通株式時価総額：5億円以上 売買高：月平均10単位以上
ガバナンス	事業規模、成長段階を踏まえた適切なガバナンス水準にある銘柄を選定する	流通株式比率：25%以上

(注) 上記基準のほか、株式の譲渡制限、証券代行機関の選定などの共通の基準を設ける

(1) 形式基準

形式基準の比較（東京証券取引所第一部・第二部/JASDAQ）

項目	東京証券取引所市場第一部	市場第二部・JASDAQ
①株主数	800人以上	400人以上
②流通株式	a. 流通株式数20,000単位以上 b. 流通株式時価総額100億円以上 c. 流通株式数（比率）上場株券等の35%以上	a. 流通株式数2,000単位以上 b. 流通株式時価総額10億円以上 d. 流通株式数（比率）上場株券等の25%以上
③時価総額	250億円以上	－
④事業継続年数	3カ年以前から取締役会を設置して、継続的に事業活動をしていること	同左
⑤純資産の額	連結純資産の額が50億円以上（かつ、単体純資産の額が負でないこと）	連結純資産の額が正

2020〜2021新規上場ガイドブック（市場第一部・第二部/JASDAQ）

⑥利益の額又は時価総額	次のa又はbに適合すること a. 最近2年間の利益の額の総額が25億円以上 b. 最近1年間における売上高が100億円以上、かつ、時価総額が1,000億円以上	最近1年間の利益の額が1億円以上
⑦虚偽記載又は不適正意見等及び上場会社監査事務所による監査	a. 最近2年間の有価証券報告書等に「虚偽記載」なし b. 最近2年間(最近1年間を除く)に終了する財務諸表等の監査意見が「無限定適正」又は「限定付適正」 c. 最近1年間に終了する財務諸表等の監査意見が原則として「無限定適正」 d. 申請会社に係る株券等が国内の他の金融商品取引所に上場されている場合にあっては、次の(a)及び(b)に該当するものでないこと (a)最近1年間の内部統制報告書に「評価結果を表明できない」旨の記載 (b)最近1年間の内部統制監査報告書に「意見の表明をしない」旨の記載	同左
その他	単元株式数及び株券の種類、株式事務代行機関の設置、株式の譲渡制限の廃止等	同左

形式基準(マザーズ)

項目	マザーズ
①株主数	150人以上
②流通株式	a. 流通株式の数1,000 単位以上 b. 流通株式の時価総額が5億円以上 c. 流通株式の数が、上場株券等の25%以上
③公募の実施	500単位以上の新規上場申請に係る株式等の公募を行うこと
④事業継続年数	1カ年以前から取締役会を設置して、継続的に事業活動をしていること
⑤虚偽記載又は不適正意見等及び上場会社監査事務所による監査	a. 「上場申請のための有価証券報告書」に添付される監査報告書(最近1年間を除く。)において、「無限定適正意見」又は「除外事項を付した限定付適正意見」が記載 b. 「上場申請のための有価証券報告書」に添付される監査報告書(最近1年間)及び中間監査報告書又は四半期レビュー報告書において、「無限定適正意見」、「中間財務諸表等が有用な情報を表示している旨の意見」又は「無限定の結論」が記載 c. 上記監査報告書、中間監査報告書又は四半期レビュー報告書に係る財務諸表等、中間財務諸表等又は四半期財務諸表等が記載又は参照される有価証券報告書等に虚偽記載を行っていないこと d. 新規上場申請に係る株券等が国内の他の金融商品取引所に上場されている場合にあっては、次の(a)及び(b)に該当するものでないこと (a)最近1年間の内部統制報告書において、「評価結果を表明できない」旨が記載 (b)最近1年間の内部統制報告書に対する内部統制監査報告書において、「意見の表明をしない」旨が記載

2020〜2021 新規上場ガイドブック(マザーズ編)

その他	単元株式数及び株券の種類、株式事務代行機関の設置、株式の譲渡制限の廃止等

(2) 実質基準(本則市場)

本則市場への新規上場申請が行われた株券等の上場審査は、次に掲げる事項について行うものとする

有価証券上場規程第207条

1 企業の継続性及び収益性	継続的に事業を営み、かつ、安定的な収益基盤を有していること
(1) 事業計画が、そのビジネスモデル、事業環境、リスク要因等を踏まえて、適切に策定 (2) 安定的に利益を計上することができる合理的な見込 (3) 経営活動が、安定かつ継続的に遂行	

上場審査等に関するガイドラインⅡ2.～6.

2 企業経営の健全性	事業を公正かつ忠実に遂行していること
(1) その関連当事者その他の特定の者との間で、取引行為その他の経営活動を通じて不当に利益を供与又は享受していない (2) 役員、監査役又は執行役の相互の親族関係、その構成、勤務実態又は他の会社等の役職員との兼職の状況が、当該新規上場申請者の役員としての公正、忠実かつ十分な職務の執行又は有効な監査の実施を損なう状況でない (3) (申請会社が親会社等を有している場合)親会社等からの独立性を有する	

3 企業のコーポレート・ガバナンス及び内部管理体制の有効性	コーポレート・ガバナンス及び内部管理体制が適切に整備され、機能していること
(1) 役員の適正な職務の執行を確保するための体制が、適切に整備、運用されている (2) 内部管理体制が、適切に整備、運用 (3) 経営活動の安定かつ継続的な遂行及び適切な内部管理体制の維持のために必要な人員が確保 (4) 実態に即した会計処理基準を採用し、かつ、必要な会計組織が、適切に整備、運用法令等を遵守するための有効な体制が、適切に整備、運用され、また、最近において重大な法令違反を犯しておらず、今後においても重大な法令違反となるおそれのある行為を行っていない (5) 法令遵守の体制が適切に整備、運用され、重大な法令違反となるおそれのある行為を行っていない状況にあること	

4 企業内容等の開示の適正性	企業内容等の開示を適正に行うことができる状況にあること
(1) 経営に重大な影響を与える事実等の会社情報を適正に管理し、投資者に対して適時、適切に開示することができる状況にあると認められること。また、内部者取引等の未然防止に向けた体制を適切に整備、運用 (2) 企業内容の開示に係るものについて、法令等に準じて作成されており、かつ、投資者の投資判断に重要な影響を及ぼす可能性のある事項や、主要な事業活動の前提となる事項、その他の事項が適切に記載 (3) 関連当事者その他の特定の者との間の取引行為又は株式の所有割合の調整等により、新規上場申請者の企業グループの実態の開示を歪めていないこと (4) (申請会社が親会社等を有している場合)当該親会社等に関する事実等の会社情報を、投資者に対して適時、適切に開示	

5 その他	公益又は投資者保護の観点から当取引所が必要と認める事項
(1) 株主の権利内容及びその行使の状況が、公益又は投資者保護の観点で適当 (2) 経営活動や業績に重大な影響を与える係争又は紛争等を抱えていないことその他公益又は投資者保護の観点から適当と認められること (3) 反社会的勢力による経営活動への関与を防止するための社内体制を整備し、当該関与の防止に努めていること及びその実態が公益又は投資者保護の観点から適切と認められること (4) 新規上場申請に係る内国株券等が、無議決権株式又は議決権の少ない株式である場合は、ガイドラインⅡ6(4)に掲げる項目のいずれにも適合すること (5) 新規上場申請に係る内国株券等が、無議決権株式である場合は、ガイドライ	

ンⅡ6(5)に掲げる項目のいずれにも適合すること
(6) その他公益又は投資者保護の観点から適当と認められること

ディスクロージャー制度

内　容	関連法令等
上場会社は、金融商品取引法や会社法、証券取引所等の規則に基づいて、様々な会社情報をディスクローズ（開示）する義務を負っている。	

①金融商品取引法

開示内容	提出期限
有価証券報告書 　添付書類 ・定款 ・定時株主総会で承認又は報告された 計算書類及び事業報告 ・確認書	継続 　事業年度経過後3カ月以内
半期報告書（注） 　添付書類 ・確認書	継続 　上半期経過後3カ月以内
四半期報告書 　添付書類 ・確認書	継続 　各期間経過後45日以内
臨時報告書	適時 　遅滞なく提出

（注）　四半期報告書の提出が義務づけられている上場会社等は、半期報告書の提出は不要

②会社法

開示内容	提出期限
定時株主総会招集通知 　添付書類 ・計算書類及び事業報告 ・会計監査人の監査報告書の謄本	継続 　株主総会の2週間前

③証券取引所等の規則

開示内容	提出期限
上場会社の決定・発生事実に関する情報 上場会社の決算に関する情報 子会社等の決定・発生事実に関する情報 非上場の親会社等に関する情報	適時 　遅滞なく提出

関連法令等（右欄）:
金商法24の1
24の4の2
24の4の7
24の5の1
24の5の4

会社299、
435、
436

有価証券上場
規程（東京証
券取引所）
402、
403、
404、
407

東京証券取引所の適時開示（主要なもの）

決定事実に関する情報	発生事実に関する情報	決算に関する情報
・株式等の発行 ・資本の減少 ・自己株式の取得 ・株式の分割又は併合	・災害又は業務に起因する 　損害 ・主要株主又は主要株主で 　ある筆頭株主の移動	・決算内容 ・業績予想の修正等 ・配当予想の修正等

・剰余金の配当 ・合併、株式交換等 ・事業の全部又は一部譲渡、 　譲受 ・解散	・上場廃止の原因となる事 　実 ・訴訟の提起又は判決等 ・仮処分命令の申立て又は 　決定等		

株式上場までに準備すべき事項

株式上場までのスケジュール

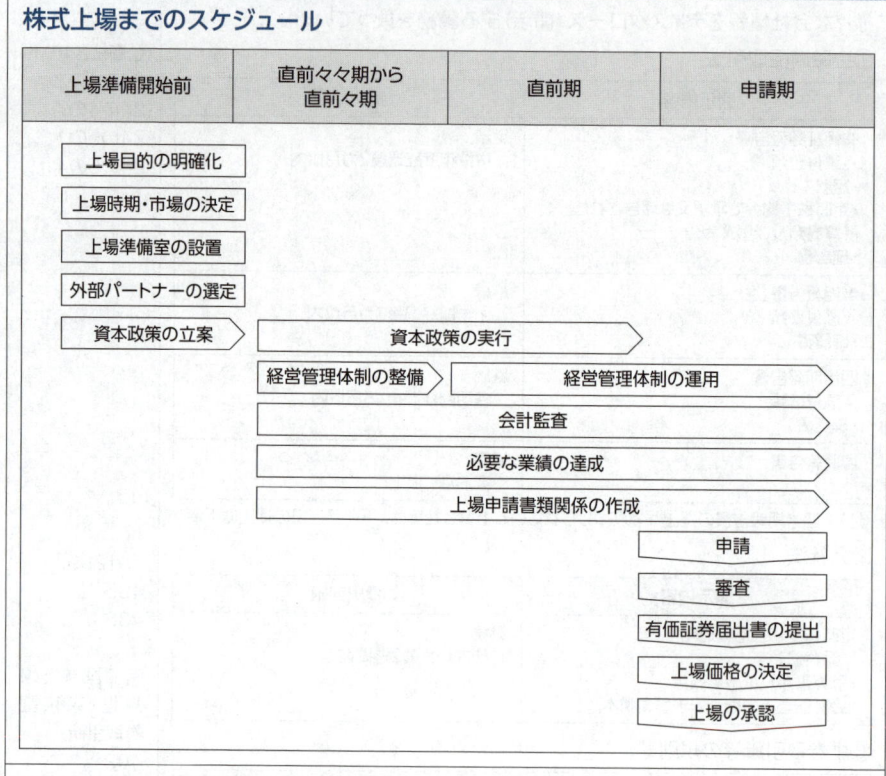

株式上場までに準備すべき事項

①上場準備開始前

(1)　株式上場目的の明確化
株式上場の目的として何を重視するのかを上場準備を始める前に明確にしておく必要がある。

(2)　株式上場の時期の決定
株式上場の時期は、資金ニーズ、業績の見通し、形式基準の充足、同業他社の動向、経営管理体制の整備・運用等を勘案して決定する。

(3)　株式上場市場の決定
株式上場の目的や上場時期、上場の基準を満たすことができるかどうかなどのポイントを検討して、最適な上場市場を選択することになる。

Introduction

課題と対応

相続税・贈与税

民法

M&A

株式評価

法人税

株式上場

会社法

医業承継

巻末資料

(4) 上場準備室の設置

社内の各部門から、当該部門の業務に詳しく、事務処理能力の高いキーパーソンを集め、上場準備のためのプロジェクトチームを結成する必要がある。

(5) 外部パートナーの選定

株式上場準備をサポートしてくれる外部のパートナー(主幹事証券会社 監査法人(公認会計士) 株式事務代行機関等)を選定する必要がある。

(6) 資本政策の立案

株式上場に至るまでの様々な課題(資金調達、経営権の確保、上場基準等)をクリアするために、資本政策の立案が必要となる。

②上場直前々々期から直前々期

(1) 資本政策関係

資本政策に従って、増資、株式移動、新株予約権の付与等を行う。

(2) 金融商品取引法に基づく会計制度の構築

上場会社は、「金融商品取引法」に基づく会計処理が要求される。そのため、金融商品取引法に基づく会計制度を構築する必要がある。

(3) 経営管理体制の整備・運用

経営管理体制の整備は、原則として上場直前々期末までに完了させ、上場直前期は運用実績を作る必要がある。

(4) 上場申請書類関係の作成

上場申請書類の作成は、想像以上に時間と手間がかかるため、上場直前々期の早い時期から作成を始める必要がある。

(5) 会計監査

株式上場のためには、一定期間(1年間から3年間)監査法人の監査を受けて会社の財務諸表が適正である旨の監査意見を表明してもらう必要がある。

(6) 必要な業績の達成

上場予定市場で求められている業績基準を達成する必要がある。

③上場直前期

(1) 資本政策関係

立案した資本政策に基づく増資、株式移動、新株予約権の付与等は、実質的に上場直前期末までに完了していると考えられる。

(2) 経営管理制度の運用

直前期においては、直前々期までに整備された経営管理制度について、実際に運用実績を作る必要がある。

(3) 内部統制報告制度(J-SOX)

上場した期から内部統制報告書の提出及び同報告書に係る監査を受ける必要があり、上場準備の段階からJ-SOXへの対応を進める必要がある。

(4) 上場申請書類関係

新規上場申請のための有価証券報告書の「Iの部」及び「IIの部」は、直前々期までにドラフトを完成させ、主幹事証券会社の審査あるいはチェックを受ける必要がある。

(5) 会計監査

引き続き監査法人による会計監査を受ける。監査意見は、無限定適正であることが必要である。

(6) 必要な業績の達成

直前期も上場予定の市場で求められている業績基準を達成する必要がある。

④上場申請期

(1) 上場申請書類関係

新規上場申請のための有価証券報告書の「Iの部」及び「IIの部」は、直前期まで含めてすべてを完成させる。「Iの部」及び「IIの部」以外の上場申請書類も申請までにすべて作成する。

(2)	会計監査	
	監査法人による会計監査は、継続して受けている必要がある。	
(3)	業績	
	策定した申請期の月次予算と実額に大幅な乖離がないこと、特に実額が予算を下回らないことが要求される。	
(4)	審査対応	
	証券取引所の上場審査に対応する必要がある。	
(5)	公募・売出しのための有価証券報告書の作成及び提出	
	上場時の公募・売出しのために、有価証券届出書を作成し、財務大臣に提出が必要である。	
(6)	上場の承認	
	上場価格の決定、引受証券会社による株式の販売、証券取引所による株主数等の上場基準充足の確認を経て、財務大臣の上場承認が行われ上場会社となる。	

資本政策のポイント

概要

　資本政策とは、株式上場を目指す過程で、上場時においてどのような株主構成が望ましいのか、また、それまでの資金調達をどのようにしていくのか、という課題を解決するための財務戦略のことをいい、上場前に立案・実行が行われる。

資本政策立案時に決定すべき事項

上場市場・上場時期	各上場市場の特徴や形式基準及び実質基準の難易度を考慮して上場市場及び上場時期を決定する。		
資金調達額・調達方法	上場前及び上場時にどの程度の資金調達を行う必要があるのかを事業計画に基づき決定する。必要資金の性格（運転資金・設備資金）や上場時の株主構成を考慮し、増資又は借入金、若しくはその組み合わせで資金調達を行う。		
上場時の株主構成	オーナー経営者が安定して経営権を行使するための適正な株主構成を決定する。		
上場時の株価	直近上場会社や同業上場他社の平均値等をもとに、上場時の株価又は上場時の1株当たり利益（EPS）の目標値を設定する。		
公募及び売出し株数	公募と売出しの比率を決定する。上場株式数、流通株式比率、株主数については、各上場市場で上場基準が設けられているため、基準を満たすように決定する必要がある。		
	公募	新たに株式を発行して不特定多数の一般投資家に引き受けてもらい、自社株を市場に流通させること	
	売出し	既に発行している株式を不特定多数の一般投資家に売却して、自社株を市場に流通させること	
役員・従業員に対するインセンティブプラン	役員・従業員の福利厚生や士気を高める目的で、インセンティブプランの導入の是非を検討する。主な制度にストックオプション（新株予約権）や持株会（役員持株会・従業員持株会）がある。		
関係会社の整備の必要性	上場審査上、関係会社の有無や、関係会社との取引状況については特に注目されるため、存在意義の低い関係会社は、上場準備の過程で合併、営業譲渡、清算等を行うことが考えられる。		

資本政策立案時のポイント

<table>
<tr><td rowspan="3">株主構成
(安定株主比率)</td><td colspan="3">①安定株主の範囲
オーナーグループ以外の株主との関係性を考慮し、どこまでを安定株主の範囲に加えるか検討が必要。</td></tr>
</table>

株主構成 (安定株主比率)	**①安定株主の範囲** オーナーグループ以外の株主との関係性を考慮し、どこまでを安定株主の範囲に加えるか検討が必要。 <table><tr><td colspan="2">一般的な安定株主の候補</td></tr><tr><td>オーナーグループ</td><td>オーナー及びその一族、資産管理会社</td></tr><tr><td>社内関係者</td><td>役員、従業員、持株会</td></tr><tr><td>社外関係者</td><td>取引先、取引金融機関等</td></tr></table> **②安定株主の持分比率** 持分比率に応じた株主の権利に留意しながら、安定株主が保有すべき持分比率を検討する。株主総会の議決権を考慮する場合、次の議決権比率に留意が必要。 <table><tr><td>議決権の3分の2以上</td><td>特別決議を可決できる</td></tr><tr><td>議決権の2分の1超</td><td>普通決議を可決できる</td></tr><tr><td>議決権の3分の1超</td><td>特別決議を否決できる(拒否権)</td></tr></table> **③個々の安定株主の持分比率** 次の点に留意し、個々の株主の持分比率を検討する必要がある。 <table><tr><td>オーナー一族で経営に関与しない者に株式を所有させる場合には、将来、同族間のトラブルを引き起こす可能性はないか</td></tr><tr><td>役員に不満が生じないようにするために、役員間の持株バランスを考えているか</td></tr><tr><td>現在の取引関係にとらわれず、将来の取引も見据えて金融機関への株式の割当を行っているか</td></tr><tr><td>資産管理会社を設立する必要はないか、設立する場合どの程度のシェアが妥当か</td></tr></table>
創業者利益 の実現	一般的に、上場後に大量の株式を売却することは需給関係やインサイダー取引規制等から困難であり、オーナーグループが創業者利益を獲得するためには、株式上場時に所有株式の売出しを行う必要がある。 売出し株式数を増やすと、創業者利益が大きくなるが、安定株主比率の低下にもつながるため、両者のバランスを考慮し、売出し株式数を検討する必要がある。なお、売出しによって生じた譲渡益に対しては所得税が課せられる。
事業承継 ・ 相続対策	一般的に、上場後に大量の株式を移動することは様々な制約があるため、後継者がいる場合には、後継者にどのくらいの株式を保有させるか上場前に検討する必要がある。また、一般的に上場株式の相続税評価額は上場前よりも上場後の方が高くなるため、相続人にどの程度の株式を割り当てるかについても検討が必要である。

資本政策を実行するための主なスキーム

	スキーム	主な効果	内容
①	第三者割当増資	資金調達 安定株主の確保	特定の第三者(既存株主を含む)に対して株式を割り当てることで新株を発行する方法。
②	株主割当増資	資金調達	既存株主に対して持株数に応じて株式の割り当てることで新株を発行する方法。
③	株式の移転	安定株主の確保	既存株主が他の者に対し保有株式を移転する方法。移転方法には売買及び贈与がある。
④	株式分割	投資単位の調整	「1株を2株に分割」のように、発行済の既存株式を細分化して発行済株式数を増加させる方法。資本金の額に変動はなく、株主による追加出資も不要。
⑤	株式併合	投資単位の調整	「2株を1株に併合」のように、発行済の既存株式を集約して発行済株式数を減少させる方法。資本金の額に変動はない。

⑥	ストック オプション	インセンティブ 安定株主の確保	役員や従業員に対して新株予約権（あらかじめ決められた価格で株式を取得できる権利）を付与する方法。将来株価が上昇した時点で権利行使し、取得した株式を売却することにより、役員や従業員がキャピタルゲインを獲得することが可能。
⑦	新株予約権 付社債	資金調達	普通社債とは異なり、新株予約権を付した社債を発行する方法。引受側において、将来株価が上昇すれば新株予約権を行使し、株価が下落すれば社債を保持する選択も可能。
⑧	役員・従業 員持株会	インセンティブ 安定株主の確保	役員や従業員を対象とした持株会を組成し、持株会を通じて株式を保有させる方法。相続等による株式の分散リスクが低下し、経営が不安定になることを防ぐことが可能。また、持株会を通じた配当や従業員への奨励金支給により、インセンティブを与えることも可能。
⑨	資産管理会 社の設立	安定株主の確保	オーナー一族が資産管理会社を通じて株式を間接保有する方法。相続等による株式の分散リスクが低下し、経営が不安定になることを防ぐことが可能。

スキーム	資本政策における主な効果			
	資金調達	安定株主の確保	投資単位の調整	インセンティブ
①第三者割当増資	◎	○	－	－
②株主割当増資	○	－	△	－
③株式の移転	－	○	－	－
④株式分割	－	－	○	－
⑤株式併合	－	－	○	－
⑥ストックオプション	△	○	－	◎
⑦新株予約権付社債	◎	△	－	△
⑧役員・従業員持株会	－	○	－	○
⑨資産管理会社の設立	－	○	－	－

非上場化について

内　容	関連法令等
非上場化の目的 　上場会社が非上場化する際の主な目的は以下の通りである。	

目的	補足
支配権の集中	意思決定のスピード向上、円滑な事業承継
買収防衛	敵対的M&Aに対する防衛策
事業再建	経営体制の再構築
上場維持コストの削減	監査報酬、開示コスト、上場管理料等の削減

非上場化の方法

　上場会社が非上場化するためには、市場に出回っている株券等を買い集める必要があるが、その方法として、主に①MBO、②親会社による上場子会社の完全子会社化の2種類がある。

Introduction

課題と対応

相続税・贈与税

民法

M&A

株式評価

法人税

株式上場

会社法

医業承継

巻末資料

	方法	内容
①	MBO	現在の経営者等が、全部又は一部の資金を出資し、事業の継続を前提として株主から対象会社の株式を取得することをいう（25頁参照）。
②	親会社による上場子会社の完全子会社化	親会社が、上場している子会社株式を取得することにより完全子会社化することをいう。

株券等の買い集め方法（手順）

株券等の買い集め方法（手順）については、以下表記載のように第1段階、第2段階に分けて進めることが一般的である。

	手順	補足
第1段階	株券等の少なくとも3分の2に達するまでの買取り。	買い集める株券等が、一般に3分の1以上となることからTOB（公開買付け）により行われることが多い（TOBの詳細は176頁参照）。
第2段階	残存株主からの強制買取り。	スクイーズ・アウト（少数株主の排除）により強制買取りを行う。具体的には、第1段階で90％以上株式を取得できた場合には、「株式等売渡請求」、90％以上の取得が出来なかった場合には、「株式併合」や「現金交付により株式交換」（注）を用いられることが多い（スクイーズ・アウトの詳細は186頁参照）。

(注)　親会社が子会社株式の3分の2以上を保有している場合には、現金交付型の株式交換であっても税制適格要件を満たしうる

会社2の31、179、180、金商法27の2の1、法法2の12の17

非上場化を行う際の検討事項例

項目	内容
利益相反の問題	26頁記載の通り、MBOとして行う場合には、役員と株式買収者の立場を兼ねることとなるため利益相反の問題が生じる。株主代表訴訟につながる可能性がある。
スクイーズ・アウト	少数株主等の締め出しを前提とした方法であり、買取価格については係争となる可能性が非常に高い。
資金調達	上場株式の買収資金が多額になるケースが多い。資金調達の方法やその後の経営に必要となる資金等の綿密な計画を作成する必要がある。
従業員の士気	非上場化により従業員の士気を低下させてしまう恐れがある。

会社356

上場会社オーナー特有の留意点

内　容	関連法令等
上場会社オーナーについて 　上場会社オーナーには、金融商品取引法を中心とする様々な規制がなされている。代表的な規制は、以下の通りである。また、課税の取扱いについても、上場会社オーナー特有の論点がある。	

大量保有報告書等の提出

提出書類	提出事由	提出期限	提出者
大量保有報告書	上場会社株式等の保有割合（注1）が、5％を超えた場合。	報告義務発生日から5日以内	株式保有者
変更報告書	①大量保有報告書提出後に保有割合が1％以上変動（注2）した場合。②大量保有報告書の記載内容に重要な変更があった場合。	報告義務発生日から5日以内	株式保有者

金商法27の23、27の25

（注1）　保有割合＝（「保有者の保有株式数及び潜在株式数」＋「夫婦等支配関係のある共同保有者の保有株式数及び潜在株式数」）／（「発行済株式総数」＋「保有者及び共同保有者の潜在株式数」）

（注2）　短期大量譲渡の場合には、譲渡の相手方と対価に関する事項を追記する必要がある。
　　　　－短期大量譲渡とは、譲渡時点の保有割合が、譲渡日の前60日間における最高の保有割合の半分未満となり、かつ、その最高の保有割合から5％を超えて減少した場合の譲渡を指す。

臨時報告書の提出・適時開示

提出書類	主な提出事由	提出期限	提出者
臨時報告書	主要株主※に異動があった場合。	遅滞なく	有価証券報告書提出会社
適時開示	主要株主※、筆頭株主に異動があった場合。	直ちに	上場会社

金商法24の5、有価証券上場規定（東京証券取引所）402（2）b

※主要株主とは総株主等の議決権の10％以上の議決権を保有している株主をいう。

TOB（公開買付け）規制

　下記表に記載する株券等の買付けについては、公開買付けが必要となる。公開買付けとは、不特定多数の者に対し公告により株券等の買付け等の申込みの勧誘を行い、市場外で買付けを行うことをいう。また、公開買付者等関係者が公開買付けの実施等の事実を知った場合には、その事実公表前にその公開買付株式の買付け等を行うことは禁止されている。

金商法27の2
金商法167

対象取引	金商法
①市場外買付け後の株券等所有割合※が5％超になる買付け	27の2①一
②市場外買付け後の株券等所有割合が3分の1超になる買付け	27の2①二
③市場内立会外による買付け後の株券等所有割合が3分の1超になる買付け	27の2①三
④3カ月以内に10％超の株券等を取得する一定の買付け（急速な買付け）	27の2①四
⑤他者の公開買付期間中における買付け	27の2①五

※株券等所有割合＝「買付者とその特別関係者の議決権数」／（「発行会社の総議決権数」＋「買付者とその特別関係者の潜在株式に係る議決権数」）

金商法27の2⑧

※適用除外として、買付者と買付け日以前1年間継続して形式基準による特別関係者にある者との間で行われる株券等の買付け等が規定されている。
　－「形式基準による特別関係者」とは、買付者が個人の場合には買付者の親族等を指し、買付者が法人の場合にはその法人の役員等を指す。

金商法27の2⑦一
金商令9①②

有価証券通知書・目論見書の提出

提出書類	要件	提出期限	提出者
有価証券通知書・目論見書	有価証券の発行者等（役員や主要株主を含む）が総額1億円以上の売出しをする場合。	募集（売出し）が開始される前	売出しを行う上場会社

金商法4、13

※なお、ToSTNeT等の立会外取引を含む取引所での取引等は適用除外取引となっている。

インサイダー取引規制の対象取引

　「会社関係者」に該当する者が会社の株価に重大な影響を与える「重要事実」を知った場合、その重要事実公表前に株券等を取引することが禁止されている。「会社関係者」でなくなった後も1年以内は規制の対象となる。

　なお、①上場会社の従業員等が共同し、個々の投資判断に基づかず、継続的に株式を買付ける場合、②重要事実を知った者の間で相対取引をされる場合には適用除外となる。

金商法166

<会社関係者>

会社関係者	該当するケース（例示）
①上場会社等の役員等	役員、社員、契約社員、アルバイト、パートタイマー等がその職務に関して重要事実を知った場合
②上場会社等の帳簿閲覧権を有する者	総株主の議決権又は発行済株式数の3％以上を有する株主等が帳簿閲覧権の行使に関して重要事実を知った場合
③上場会社等に対して法令に基づく権限を有する者	許認可の権限を有する公務員等がその権限の行使に関して重要事実を知った場合
④上場会社等と契約を締結している者又は締結の交渉をしている者	取引先、会計監査を行う公認会計士、増資の際の元引受証券会社、顧問弁護士等がその契約の締結・交渉・履行に関して重要事実を知った場合
⑤②と④が法人の場合その法人の他の役員等	銀行の融資部門から伝達を受けた投資部門の役員等がその職務に関して重要事実を知った場合

<重要事実>

重要事実	内容（例示）
①決定事実	株式の募集・減資、自己株式の取得、株式分割、配当、株式交換、株式移転、合併、会社分割、事業譲渡、解散、新製品又は新技術の企業化等
②発生事実	災害や業務遂行の過程で生じた損害、主要株主の異動、上場廃止等
③決算情報	公表された予想値に差異が乗じた場合 （ア）売上高　10％以上の差異 （イ）経常利益　30％以上、かつ、純資産額と資本金の額のうち高い方の金額の5％以上になる差異 （ウ）純利益　30％以上、かつ、純資産額と資本金の額のうち高い方の金額の2.5％以上になる差異
④バスケット条項	上場会社等の運営、業務、財産に関する重要な事実であって投資者の投資判断に著しい影響を及ぼすもの
⑤子会社の重要事実	上記①～④と同様の事実

課税上の留意点

課税	内容	
所得税（配当所得）	個人の大口株主（保有割合3％以上）が受け取る一定額以上の配当収入は「総合課税」として課税される。	所法24、25 措法8の4、9の3
法人税	資産管理会社等で所有する株式保有割合が、3分の1超の関連法人株式等に該当する場合、配当収入－負債利子が「益金不算入」となる。	法法23
相続税（納税資金）	納税資金確保として、上場会社株式の譲渡（注1）又は上場会社株式そのもので納税を行う物納（注2）を選択することが可能である。 （注1）　納税額を取得費へ加算する「取得費加算の特例」が適用される。 （注2）　上場会社株式は物納優先順位が1位となるため物納がしやすい。	相法41 措法9の7 措法39

Introduction
課題と対応
相続税・贈与税
民法
M&A
株式評価
法人税
株式上場
会社法
医業承継
巻末資料

ストックオプション制度

内　容	関連法令等
概要 　ストックオプション制度とは、法人が従業員等に対し、一定の期間（以下「権利行使期間」という。）中に自社の株式を予め定めた価額（以下「権利行使価額」という。）で取得することができる権利を付与する制度をいう。	

税制適格ストックオプションについて

以下の税制適格要件を満たすストックオプションをいう。

関連法令等：措置法29条の2

人的要件（付与対象者）	自社や子会社の取締役、執行役、従業員等が対象となる。
契約要件	・権利行使は、付与決議の日後2年を経過した日から10年を経過する日までの間に行うこと ・権利行使価額の年間の合計額が1,200万円を超えないこと ・権利行使価額が権利付与契約の締結時における1株当たりの価額に相当する金額以上であること ・新株予約権については、譲渡禁止であること ・新株発行等が付与決議で定める事項に反しないこと ・権利行使により取得する株式は、その株式会社と証券会社等との間で予め締結される取決めにより、その株式会社から証券会社等に直接引渡され、その営業所等の専用の口座に保管の委託等がされること
書面要件	権利行使時において「権利付与時に、その株式会社の大口株主・その特別関係者に該当しないこと」を誓約し、権利行使した年における他のストックオプションの行使の有無等を記載した書類をその株式会社に提出すること

課税関係

関連法令等：法法54の2　所法36の2

種類	人格	①ストックオプション付与時	②権利行使時	③株式売却時
税制適格ストックオプション	受領者	―	―	株式の譲渡所得課税 （売却価額－権利行使価額）
	発行法人	―	損金不算入 （新株予約権を対価とする費用）	―
税制非適格ストックオプション	受領者	―	原則、給与所得課税 （権利行使時の時価－権利行使価額）	株式の譲渡所得課税 （売却価額－権利行使時の時価）
	発行法人	―	損金算入 （新株予約権を対価とする費用）	―

※株式譲渡所得課税は、住民税と合わせて20.315％。

会社法

議決権に応じた株主の権利

内　容				関連法令等
議決権の割合	行使可能な権利	保有期間	内容	
90%以上	特別支配株主の株式等売渡請求	なし	一人の株主が議決権の90%以上を保有している場合、残りの少数株主に対し株式を売り渡すよう請求することができる	会社179
75%以上	特殊決議の可決	なし	属人株導入のための定款変更	会社309④
3分の2以上	特別決議の可決	なし	株主総会で以下の議案を可決することができる ・定款の変更 ・合併・会社分割・株式交換・株式移転・事業譲渡による組織再編 ・特定の株主からの合意による自己株式取得 ・相続人等に対する売渡請求 ・株式併合 ・募集株式の募集事項の決定（非公開会社） ・有利発行 ・資本金の額の減少（減資） ・解散　等	会社309②
50%超	普通決議の可決	なし	株主総会で以下の議案を可決することができる ・計算書類の承認 ・取締役の選任・解任 ・取締役・監査役の報酬の決定 ・剰余金の配当 ・ミニ公開買付けの方法による自己株式取得　等	会社309①
10%以上	解散請求権	なし	一定の事由がある場合、会社の解散を請求することができる	会社833①
3%以上	会計帳簿等閲覧請求権	なし	会計帳簿等（仕訳帳、総勘定元帳、伝票、契約書等をいい、法人税確定申告書は含まれない。）の閲覧謄写を求めることができる	会社433
	株主総会招集権	行使前6カ月(注)	株主総会の招集を求めることができる	会社297
	役員解任の訴えの提起権	行使前6カ月(注)	役員の解任の訴えを提起することができる	会社854
1%以上	最終完全親会社等の株主による特定責任追及の訴え	行使前6カ月(注)	親会社の株主が子会社の役員の責任追及等の訴えを提起することができる	会社847の3

	議題提案権・議案の要領記載請求権 (取締役会設置会社)	行使前6カ月(注)	株主総会において議題を提案することができる・提出した議案の要領を株主に通知するよう請求できる	会社303② 会社305①
1株以上	議決権	なし	株主総会において議決権を行使することができる	会社308①
	議案提案権	なし	株主総会において議案を提案することができる	会社304
	議題提案権・議案の要領記載請求権 (取締役会非設置会社)	なし	株主総会において議題を提案することができる・提出した議案の要領を株主に通知するよう請求できる	会社303① 会社305①
	会社の組織に関する行為の無効の訴え・株主総会決議取消しの訴えの提起権	なし	会社設立・新株の発行・減資・組織再編等の無効の訴えを提起することができる・株主総会の決議取消しの訴えを提起することができる	会社828、831
	各種行為の差止請求権	なし	スクイーズアウト・新株の発行・組織再編等の差止めを請求することができる	会社171の3、179の7、182の3、210、784の2、796の2、805の2
	各種書類の閲覧等請求権	なし	定款・株主名簿・株主総会議事録・取締役会議事録・計算書類(貸借対照表・損益計算書・株主資本等変動計算書・個別注記表)・組織再編に関する書類・スクイーズアウトに関する書類等を閲覧謄写することができる	会社31、125、318、371、442、782、794、803、791、801、811、815、171の2、179の5、182の2、173の2、179の10、182の6
	取締役会招集請求権	なし	取締役会の招集を請求することができる	会社367
	責任追及等の訴え(株主代表訴訟)提起権	行使前6カ月(注)	株主代表訴訟を提起することができる	会社847
	取締役の違法行為差止請求権	行使前6カ月(注)	取締役の違法行為の差止めを請求することができる	会社360

(注) いずれも公開会社(発行する株式の全部又は一部について譲渡制限をしない会社)のみ必要となる。非公開会社(発行する株式の全部に譲渡制限が付されている会社)の株主には保有要件はない。

種類株式

内　容	関連法令等
各種の種類株式	会社108

　株式会社において、種類株式として発行できるのは以下の事項についてである。複数の事項が組み合わさった種類株式を発行することもできる。

項目	内容
①剰余金の配当	他の株式に先んじて（又は劣後して）剰余金の配当を受けられる。他の株式に先んじて配当を受ける場合は「優先株式」、他の株式に後れて配当を受ける場合は「劣後株式」と呼ばれる。
②残余財産の分配	会社の清算時に他の株式に先んじて（又は劣後して）残余財産の分配を受けられる。剰余金の配当とセットで規定されることが多い。
③議決権制限	株主総会における議決権を一定の事項に制限する。議決権を全部制限する株式を「無議決権株式」といい、一部制限する株式を「議決権制限株式」と呼ぶ。
④譲渡制限	当該株式の譲渡による取得には取締役会や株主総会の承認を要することとする。種類株式の一つとして利用されるよりも、全部の株式に譲渡制限を付すことが一般的。
⑤取得請求権	株主が会社に対し当該株式の取得を請求することができる。「取得請求権付種類株式」と呼ばれる。
⑥取得条項	一定の事由が発生したことを条件として会社が当該株式を取得する。「取得条項付種類株式」と呼ばれる。
⑦全部取得条項	当該株式について会社が株主総会決議によって全部を取得する。「全部取得条項付種類株式」と呼ばれる。いわゆる100%減資のために創設された種類株式だが、スクイーズ・アウトに用いられることが多い。
⑧拒否権	株主総会決議事項のうち、一定の事項について、当該株式の種類株主を構成員とする種類株主総会の決議があることを必要とする。「拒否権付種類株式」「黄金株」と呼ばれる。
⑨役員選解任	当該株式の種類株主を構成員とする種類株主総会において取締役・監査役を選任する。「役員選解任種類株式」「クラスボーディング株式」と呼ばれ、合弁会社の設立などで用いられる。

種類株式の利用例

（例1）

・後継者である子には普通株式を承継させ、会社に関与していない子には無議決権配当優先株式を承継させることで、後継者でない子が議決権行使して経営が混乱することを防止するとともに、後継者でない子に配当優先株式を承継させることで経済的な保障もすることができる。

（例2）

・後継者に生前贈与で普通株式を全部承継させつつ、拒否権付種類株式を1株発行しておき、取締役の選任や定款変更、組織再編という重要事項について、オーナーが拒否権を有するようにしておく。この方法により、オーナーは後継者の経営についてモニタリングをすることができる。

（例3） ・会社オーナーが認知症等になり議決権を行使できなくなった場合に備えて、会社オーナーが保有する株式を、株主の成年後見審判開始等を取得事由とする取得条項付種類株式に変更しておく。	

種類株式の導入方法

会社が種類株式を導入するための手法は2つある。

①種類株式を新株として発行する方法

通常の新株発行と同様に、株主割当て、第三者割当ての方法により発行する。非公開会社では原則として株主総会特別決議が必要となる。種類株式ごとに募集事項を決定する必要がある。

②既存の株式を種類株式に変更する方法

(a)定款変更のための株主総会特別決議、(b)当該変更により損害が及ぶおそれのある種類株式の種類株主総会の決議、(c)株主全員（正確には株式の内容が変更される株主と、当該株主と同一種類に属する他の株主全員）の同意のすべての手続が必要となる。

会社199

会社309②xi、466、322①、324②

種類株式の留意点

・種類株式の内容は登記事項であるため、対外的に公開されることを踏まえて設計する必要がある。

・種類株式が想定外の者に承継される可能性があるため、それも踏まえて設計する必要がある。

・一定の定款変更、株式の併合・分割、合併など、ある種類の株式の種類株主に損害を及ぼすおそれがあるときは当該種類の株式の種類株主総会の特別決議がなければ効力が生じないため、種類株主が「拒否権」を持ってしまうことになる。そのため種類株主総会の議決権割合も設計時に確認が必要である。もっとも、種類株式の内容として、一部行為について種類株主総会の決議を要しない旨を定款で定めることも認められている（その代わり、当該株主には株式買取請求権が発生する）。

会社911③vii、915

会社322①②、324②

属人株

非公開会社では、①剰余金の配当を受ける権利、②残余財産の分配を受ける権利、③株主総会における議決権につき、株主ごとに異なる取扱いをする旨を定款で定めることができる。これを「属人株」や「株式の属人的定め」という。なお、属人株は登記事項ではない。

（定款の記載例）

「株主Aは1株につき30個の議決権を有する」

「株主は保有持株数にかかわらず、各1個の議決権を有する」

「株主Aに任意後見人との間の任意後見契約の効力が発生したとき、成年後見、保佐又は補助開始の審判を受けたときは、株主B及びCは1株につき10個の議決権を有する」

会社109②③

譲渡制限株式の譲渡承認手続

内　容	関連法令等

譲渡制限株式を譲渡する場合の手続

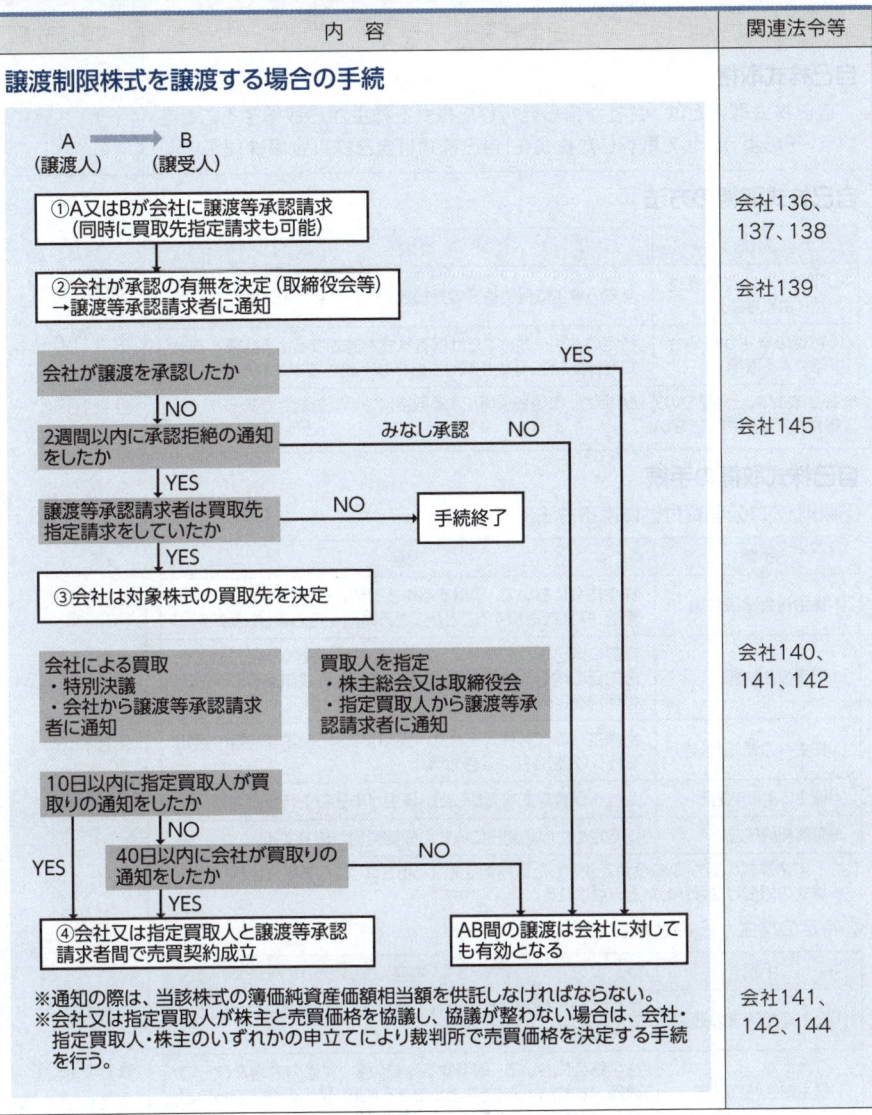

A ━━━━▶ B
（譲渡人）　（譲受人）

①A又はBが会社に譲渡等承認請求
（同時に買取先指定請求も可能）　……会社136、137、138

②会社が承認の有無を決定（取締役会等）
→譲渡等承認請求者に通知　……会社139

会社が譲渡を承認したか — YES

NO

2週間以内に承認拒絶の通知をしたか — みなし承認 — NO　……会社145

YES

譲渡等承認請求者は買取先指定請求をしていたか — NO → 手続終了

YES

③会社は対象株式の買取先を決定

会社による買取
・特別決議
・会社から譲渡等承認請求者に通知

買取人を指定
・株主総会又は取締役会
・指定買取人から譲渡等承認請求者に通知

……会社140、141、142

10日以内に指定買取人が買取りの通知をしたか

NO

40日以内に会社が買取りの通知をしたか — NO

YES

YES

④会社又は指定買取人と譲渡等承認請求者間で売買契約成立

AB間の譲渡は会社に対しても有効となる

※通知の際は、当該株式の簿価純資産価額相当額を供託しなければならない。
※会社又は指定買取人が株主と売買価格を協議し、協議が整わない場合は、会社・指定買取人・株主のいずれかの申立てにより裁判所で売買価格を決定する手続を行う。

……会社141、142、144

Introduction

課題と対応

相続税・贈与税

民　法

M&A

株式評価

法人税

株式上場

会社法

医業承継

巻末資料

183

自己株式取得

内　　容	関連法令等
自己株式取得 　自己株式取得とは、会社が自ら発行した株式を株主から取得することをいう。そのようにして取得した株式を「自己株式」「自己株」「金庫株」という。	会社155

自己株式取得の方法

方法	内容	
①原則（ミニ公開買付けによる方法）	全ての株主に保有株式の売却機会を与える方法。	会社156〜159
②特定の株主からの合意による取得	特定の株主に対してだけ保有株式を売却するよう勧誘する通知を行う方法。①と比較して厳格な手続が要求される。	会社156〜160
※会社法上は、上記2つの方法のほか、市場取引等による取得についても規定があるが、未上場会社では適用できない。		会社165①

自己株式取得の手続

①原則（ミニ公開買付けによる方法）

手続	内容	
(1)株主総会普通決議	株主総会において、取得する株式の数、対価の内容及びその総額、株式を取得することができる期間を定める（普通決議）。	会社156①
(2)取締役会決議	実際に自己株式を取得する都度、取得する株式の数、1株ごとの対価の内容や計算方法、対価の総額、株式譲渡しの申込みの期日を定める。	会社157
(3)株主への通知（公告）	全株主への保有株式を会社へ売却するよう勧誘する旨の通知を行う（公開会社は公告も可）。	会社158
(4)株主による申込み	会社へ保有株式を売却したい株主が申込みを行う。（注）	会社159
(5)売買契約成立	(2)で定めた申込期日に株式の売買契約が成立する。	

(注)　申込株式の数が取締役会で決定した取得数を超えるときは、これを案分比例した数の株式の譲受けを承諾したとみなされる。

②特定の株主からの合意による取得

手続	内容	
(1)売主追加請求の通知	これにより、特定の株主以外の株主も、自己を売主に加えるよう会社に請求できる。（注1）	会社160
(2)株主総会特別決議	株主総会において、取得する株式の数、対価の内容及びその総額、株式を取得することができる期間、特定の株主から自己株式を取得することを定める（特別決議）。（注2）	会社156①
(3)取締役会決議	取得する株式の数、1株ごとの対価の内容や計算方法、対価の総額、株式譲渡しの申込みの期日を定める。	会社157
(4)株主への通知	特定の株主に対し(3)の決定事項を通知する。	会社158
(5)株主による申込	特定の株主が申込みを行う。	会社159
(6)売買契約成立	(3)で定めた申込期日に株式の売買契約が成立する。	

(注1) 定款で売主追加請求権が排除されている場合、非公開会社が株主の相続人の同意を得て相続人から株式を取得する場合、市場価格がある株式を市場価格以下で取得する場合には、売主追加請求の通知は不要となる。

(注2) ここでいう特定の株主は株主総会決議に際し議決権行使をすることができない。

| | 会社164、162、161 |

財源規制

自己株式取得は分配可能額の範囲でしか行うことができない。

分配可能額の計算は以下のように計算する。

会社461
会社計算規則
156〜158

①「剰余金の額」の算出
=最終事業年度末日における「その他資本剰余金」+「その他利益剰余金」
 (加算事由:最終事業年度末日後に起こった次の事実を考慮)
  ・自己株式を処分 (差益を加算)
  ・資本金から剰余金への振替 (当該額を加算)
  ・準備金から剰余金への振替 (当該額を加算)
 (減算事由:最終事業年度末日後に起こった次の事実を考慮)
  ・自己株式の消却 (当該額を減算)
  ・剰余金の配当 (配当財産の総額の帳簿価額を減算)
  ・法務省令に定める事項が発生した場合 (法務省令の定めに従い減算)
計算日における「剰余金の額」が求められる。
②「分配可能額」の算出
=①で算出した「剰余金の額」
 (加算事由)
  ・臨時計算書類を作成した結果、利益が発生 (当該額を加算)
 (減算事由)
  ・自己株式を保有している (その帳簿価額を減算)
  ・最終事業年度末日後に自己株式を処分 (得た対価の額を減算)
  ・臨時計算書類を作成した結果、損失が発生 (当該額を減算)
  ・法務省令に定める事項が発生した場合 (法務省令の定めに従い減算)
計算日における「分配可能額」が求められる。

自己株式の法的地位

自己株式には以下の権利は認められていない。

会社308②、453、504③、186②、202②、180、183

①議決権
②配当請求権
③残余財産請求権
④株主割当てによる募集株式発行等において割当てを受ける権利
　一方、株式の併合、株式の分割の効力は自己株式にも及ぶ。

子会社による親会社株式取得の禁止

会社135、308①

| 原　則 | 子会社は、原則としてその親会社株式を取得することはできない。親会社の取締役が子会社に指示して違法に親会社株式を取得させた場合には、親会社の取締役の任務懈怠責任が生じる。 |
| 例　外 | 子会社が他の会社を吸収合併する際に、当該他の会社が親会社株式を保有している場合などは、親会社株式の取得が許容される。子会社が親会社株式を取得した場合、相当の時期にこれを処分しなければならない。議決権も認められない。 |

Introduction
課題と対応
相続税・贈与税
民　法
M&A
株式評価
法人税
株式上場
会社法
医業承継
巻末資料

株券発行会社と株券不発行会社

内　容	関連法令等
株券発行会社の意義	会社117⑦

株券発行会社	定款で株券を発行する旨を定めた会社
株券不発行会社	定款で株券を発行する旨定めていない会社

※株券発行会社か株券不発行会社かは、会社の全部事項証明書に株券を発行する旨の記載があるか否かによって見分ける。会社法上は、株券不発行が原則とされているため、株券について記載がなければ株券不発行会社、株券を発行する旨の記載があれば株券発行会社である。
　実務上、株券を発行していなくても会社法上の株券発行会社に該当することは非常に多い。

株券発行会社と不発行会社における株式譲渡

　株券発行会社における株式の譲渡と株券不発行会社における株式の譲渡には、以下のような違いがある。

	株券発行会社における株式の譲渡	株券不発行会社における株式の譲渡	関連法令等
株　式　譲　渡	意思表示（株式譲渡契約の締結）と株券の交付	意思表示（株式譲渡契約の締結）のみ	会社128、130、131、133
第 三 者 対 抗 要 件	株券の交付	株主名簿の名義書換	
株主権行使の対抗要件	株主名簿の名義書換	株主名簿の名義書換	
名 義 書 換 請 求	譲受人が株券を呈示	譲渡人と譲受人が共同で請求	
善意取得・失権手続	あり	なし	

※株券発行会社であっても必ずしも株券を発行しなければならないわけではなく、会社は株主が請求しない限り株券を発行しなくてもよい（非公開会社）。また、公開会社でも株主が株券の不所持を申し出た場合には株券を発行しなくてよい。 ／ 会社215、217

スクイーズ・アウト

内　容	関連法令等
スクイーズ・アウトの方法	

(1)　スクイーズ・アウトとは

　少数株主に対し金銭等を交付して排除することをいい、特別支配株主の株式等売渡請求、株式併合、全部取得条項付種類株式による取得等の方法がある。

Introduction

課題と対応

相続税・贈与税

民法

M&A

株式評価

法人税

株式上場

会社法

医業承継

巻末資料

(2) 株式保有割合とスクイーズ・アウトの方法

株式保有割合	スクイーズ・アウトの方法
支配株主（その100%子会社等を含む）の議決権割合が90%以上の場合	特別支配株主の株式等売渡請求（株主総会の決議によらないスクイーズ・アウト）
支配株主と支配株主に与える株主を合わせた議決権割合が3分の2以上の場合	株式併合又は全部取得条項付種類株式による取得

特別支配株主の株式等売渡請求

(1) 意義

株式会社の総株主の議決権の9割（これを上回る割合を定款で定めた場合はその割合）以上を有する者（特別支配株主）は、対象会社の他の株主（売渡株主）全員に対し、その保有株式全部の売渡を請求することができる。対象会社が新株予約権を発行しているときは、株式に加えて新株予約権（新株予約券付社債の場合は、それに加えて社債部分）の売渡しを請求することもできる。

この特別支配株主の株式等売渡請求の制度は、買収者が対象会社の議決権のほとんどを有する場合、対象会社の株主総会決議の帰趨は決まっているため、対象会社の株主総会の決議を経ることなく、特別支配株主が対象会社の株式全部を買い取ることを認める制度である。

会社179①

会社179②③

(2) 手続

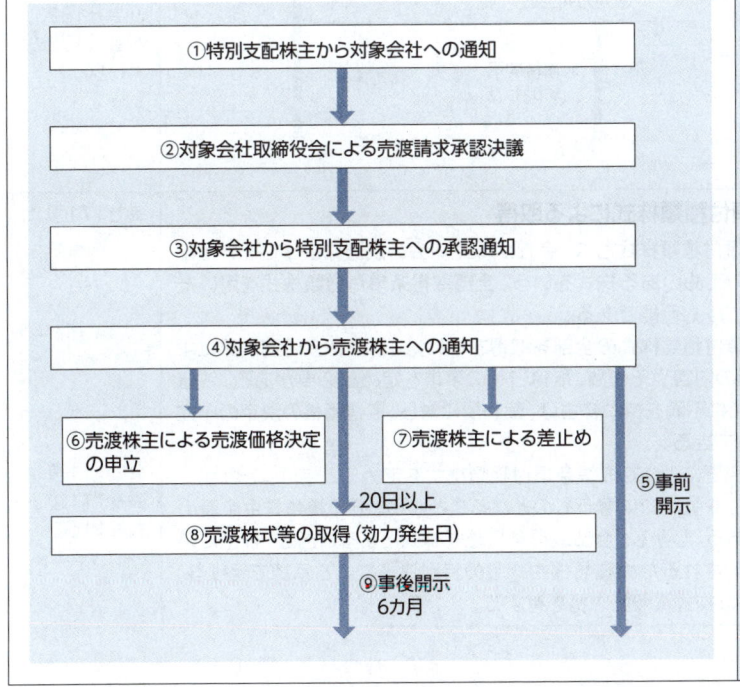

①特別支配株主から対象会社への通知	①会社179の3、179の2①
②対象会社取締役会による売渡請求承認決議	②会社179の3③
③対象会社から特別支配株主への承認通知	③会社179の3④
④対象会社から売渡株主への通知	④会社179の4①
⑥売渡株主による売渡価格決定の申立 ⑦売渡株主による差止め	⑤会社179の5 ⑥会社179の8① ⑦会社179の7
⑧売渡株式等の取得（効力発生日） 20日以上	⑧会社179の9①
⑨事後開示 6カ月 ⑤事前開示	⑨会社179の10①②

株式併合

(1) 意義

株式の併合とは、数個の株式を合わせてそれよりも少数の株式にすることをいう。株式の併合により生じる1株未満の端数の合計数に相当する株式を裁判所の許可を得て売却し、その全部を購入者が購入し、会社が売却代金を購入者以外の株主に交付すれば、スクイーズ・アウトを実現することができる。

(2) 手続

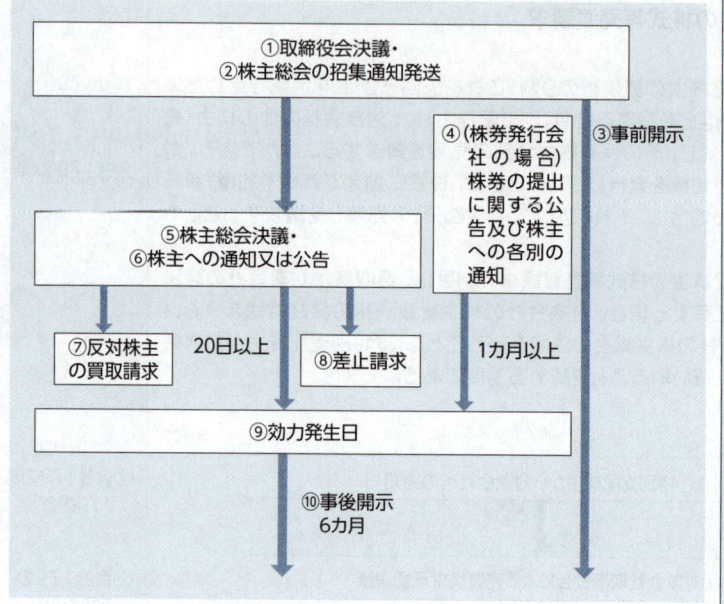

①取締役会決議・
②株主総会の招集通知発送

④(株券発行会社の場合)株券の提出に関する公告及び株主への各別の通知

③事前開示

⑤株主総会決議・
⑥株主への通知又は公告

⑦反対株主の買取請求　　20日以上　　⑧差止請求　　1カ月以上

⑨効力発生日

⑩事後開示
6カ月

①会社298①、④
②会社299①
③会社182の2①
④会社219①
⑤会社309②、180②
⑥会社182の4③
⑦会社182の4、182の5
⑧会社182の3
⑨会社182①
⑩会社182の6①②

全部取得条項付種類株式による取得

会社171①

全部取得条項付種類株式とは、会社が株主総会の決議によってその全部を取得する旨の定めのある株式をいう。全部取得条項付種類株式を用いたスクイーズ・アウトも可能である。

全部取得条項付種類株式の全部を取得するには、株主総会特別決議により、取得の対価の内容やその数、取得日等の事項を定める必要がある。決議された取得対価に不満を持つ株主は、裁判所に対し、取得価格の決定の申立てをすることができる。

会社が定款変更によって取得条項付種類株式を定めるときは、それが一部の株主の地位を強制的に奪うものとなることから、その種類株主全員の同意が必要である。しかし、全部取得条項種類株式とするときは、株主に平等の条件が提示されるため種類株主総会の特別決議による承認で足りる。また、反対株主は株式買取請求権を有する。

会社111①
会社111②
会社116②

譲渡制限株式の相続人等に対する売渡請求

内　容	関連法令等
相続人等に対する売渡請求の定款の定め	会社174

相続人等に対する売渡請求の定款の定め

(1) 概要

　会社は、相続その他の一般承継により譲渡制限株式を取得した者(相続人等)に対し、当該株式を会社に売り渡すことを請求できる旨を定款に定めることができる。これは、相続その他の一般承継によって会社が望まない者が株主にならないよう、相続人等の合意がなくとも会社に売渡請求できる権利を認めたものである。

　相続人等に対する売渡請求の定款の記載例は、次の通りである。

(相続人等に対する売渡請求)
　第○条　当会社は、相続その他一般承継により当会社の株式を取得した者に対し、当該株式を当会社に売り渡すことを請求することができる。

---

(2) 売渡請求の手続

	関連法令等
①株主総会の特別決議 (注1)	①会社175①、309②
②会社から相続人等に対する売渡請求 (注2)	②会社176①
③会社と相続人等との協議	③会社177①
協議成立 → 協議価格での買取	
協議不成立（売渡請求の日から20日以内）	
⑤売渡請求の失効	
④裁判所に対する売買価格決定の申立て	④会社177② ⑤会社177⑤
⑥裁判所による決定価格での買取	⑥会社177③④

(注1)　相続人等は、当該相続人等以外の株主の全部が当該株主総会において議決権を行使できない場合を除き、株主総会において議決権を行使できない。	会社175②
(注2)　会社は相続人等に対して売渡請求ができるのは、相続等があったことを知った日から1年以内である。	会社176①

株主総会手続

内　容			関連法令等
手続			
以下では、非公開会社・取締役会設置会社・監査役設置会社を前提とした参考例を記載する。			
基準日公告	時期	設定する基準日の15日以上前	会社124
	内容	定時株主総会の基準日は通常定款に定められているため、臨時株主総会で問題になる。株主総会で議決権を行使できる株主を一定の日に株主名簿に記載された者とする基準日を定めて公告する。基準日は株主総会当日より前3カ月以内の範囲でなければならない。法律上必須の手続ではないが、議決権者が誰であるかの紛争を回避する観点から公告を行うことが望ましい。	
株主総会招集通知	時期	株主総会当日の8日以上前に発送 (書面投票や電子投票を認める場合や公開会社の場合は15日以上前に発送)	会社298、299、会社規則63
	内容	取締役会の決議に基づき、代表取締役は、議決権を有する全株主に対して次の事項を記載した書面により、株主総会の開催を通知しなければならない。 ①株主総会の日時及び場所 ②株主総会の目的事項 ③株主総会の議案の概要 ④株主総会の日時、場所又は議決権行使方法に特別の定めをする場合の当該事項 ※株主総会当日に株主全員が出席する場合、または書面投票や電子投票を認めない株主総会で招集手続の省略に株主全員が同意する場合には、株主総会招集通知の手続を行わないことができる。 ※また、定時株主総会の場合には計算書類、事業報告及び監査報告について、株主総会招集通知に添付したうえ、附属明細書と併せて株主総会当日の15日以上前から本支店に備え置かなければならない。	会社300 会社437、438①三、442、会社規則133、会社計算規則133
株主総会決議	時期	株主総会招集通知で定めた日	
	内容	株主総会当日に行う手続の例は次の通り。 ①会場設営 ②受付開始 ③出席株主数及び議決権個数の集計 ④議長による開会宣言 ⑤出席株主総数、議決権個数及び定足数を満たしていることの報告 ⑥議長による議案の説明 ⑦株主からの質問と役員からの回答 ⑧審議打切宣言 ⑨議案ごとの決議 ⑩議長からの閉会宣言 また、定時株主総会の場合には計算書類の監査結果報告や事業報告なども行う必要がある。 ※取締役会設置会社では、議決権を有する株主全員が出席のうえ同意している場合を除き、株主総会招集通知に記載した目的事項以外については株主総会決議の対象とすることができない。 ※このほか、議決権を有する株主の全員が株主総会の目的事項にかかる提案について書面又は電子的記録で同意の意思表示をしたときは株主総会を開かずに株主総会決議があったものとみなされる。	会社309⑤ 会社319

株主総会議事録の作成等	株主総会終了後、書面又は電磁的記録により次の事項を記載した株主総会議事録を作成して本店に10年間、写しを支店に5年間備え置かなければならない。 ①株主総会の日時及び場所 ②株主総会の議事の経過の要領及びその結果 ③出席した取締役などの氏名 ④取締役の報酬その他法定の事項についての意見があったときの概要 ⑤株主総会の議長の氏名 ⑥株主総会議事録を作成した取締役の氏名 ⑦電話会議、代理人、書面などの方法により直接出席せずに参加した役員や株主がいるときのその方法		会社318、会社規則72
	このほか、委任状や書面投票や電子投票による議決権行使があった場合、株主総会の日から3カ月、当該委任状や議決権行使書面や電磁的記録を本店に備え置かなければならない。		会社310〜312

株主総会決議要件

株主総会決議では議案の内容によって成立のために賛成が必要な議決権数等が異なる。なお、株主が委任状により代理人を出席させた場合や、書面投票や電子投票をした場合も、株主総会に出席した株主の議決権の数に算入する。 （会社310〜312）

普通決議	議決要件	議決権を有する株主について、議決権の過半数の出席、かつ出席株主の議決権の過半数の賛成	会社309
	内　容	計算書類の承認、取締役・監査役等の選任、取締役の解任（累積投票で選任されていた場合を除く）、取締役・監査役の報酬の決定、剰余金の配当、ミニ公開買い付けの方法による自己株式取得等	
特別決議	議決要件	議決権を有する株主について、議決権の過半数の出席、かつ出席株主の議決権の2/3以上の賛成	
	内　容	監査役の解任、定款の変更、合併・会社分割・株式交換・株式移転・事業譲渡による組織再編、特定の株主からの合意による自己株式取得、相続人等に対する売渡請求、株式併合、募集株式の募集事項の決定（非公開会社）、有利発行、資本金の額の減少（減資）、解散等	
特殊決議	議決要件	議決権を有する株主について、頭数の半数以上の賛成、かつ議決権の2/3以上の賛成	
	内　容	株式譲渡制限を設ける定款変更、譲渡制限のない株式と交換する組織再編対価が譲渡制限株式であるときの吸収合併契約等の承認	
特殊決議	議決要件	総株主の半数以上の賛成、かつ総株主の議決権の3/4以上の賛成	
	内　容	属人株の定めを新設又は変更する定款変更	

取締役会手続

内　容	関連法令等

手続

　以下では、非公開会社・取締役会設置会社・監査役設置会社を前提とした参考例を記載する。

		内　容	関連法令等
取締役会招集通知	時期	取締役会当日の8日以上前に発送	会社366、368
	内容	定款又は過去の取締役会決議で定めた取締役（これらで定まっていないときはどの取締役でもよい）が、取締役及び監査役の全員に対して取締役会の開催を通知しなければならない。 通知は書面でも口頭でもよく、通知事項も法定されていないが、次の点は通知に含めることが適切である。 ①取締役会の日時及び場所 ②取締役会の目的事項 ※取締役及び監査役の全員が同意する場合には、取締役会招集通知の手続を行わないことができる。	
取締役会決議	時期	取締役会招集通知で定めた日	会社369、383
	内容	取締役会の決議は、議決に加わることができる取締役の過半数が出席し、かつ出席取締役の過半数によって行う。決議について特別利害関係を有する取締役は議決に加わることができない。(例) 取締役が利益相反取引承認決議における利益相反者である場合、株式譲渡承認決議における譲渡者である場合 また、監査役も出席しなければならない。 ※取締役会においては、株主総会ほどに厳格に手続を行う必要はないが、定足数の確認、議題内容の説明、賛否の採決は明確に行うべきである。 ※このほか、定款の定めがある場合は、書面決議も可能である。	会社370
取締役会議事録の作成等		取締役会終了後、書面又は電磁的記録により次の事項を記載した取締役会議事録を作成して本店に10年間備え置かなければならない。 ①出席した取締役及び監査役の全員の署名又は記名押印 ②取締役会の日時及び場所 ③取締役会の議事の経過の要領及びその結果 ④特別利害関係を有する取締役がいるときはその氏名 ⑤取締役の利益相反取引その他についての意見があったときの概要 ⑥取締役会の議長の氏名 ⑦法定の特別の方法により取締役会が招集されたときはその旨 ⑧電話会議などの方法により出席した者がいるときのその方法 ※取締役会決議に参加した取締役は議事録に異議をとどめていない場合、決議に賛成したものと推定される。この決議に賛成したことにより任務懈怠となる場合には損害賠償責任を負う可能性があることから、反対した取締役はその旨を記載するよう要求できるとされている。	会社369、371、会社規則101 会社423③三

設立手続

内　　容	関連法令等
概要 　株式会社を設立するには、必要事項を記載した定款に、発起人全員が署名又は記名押印し、公証人の認証を受けて本店所在地で設立登記を行わなければならない。事前に会社実印の作成や書類の準備や公証役場の予約を行っていれば、設立登記の申請まで1日で行うことも可能である。 　以下では、発起設立を前提とした参考例を記載する。	会社26、30、49
設立手続 **⑴　発起人による原始定款の作成** 　発起人が作成した原始定款（設立の最初に作成する定款）に発起人の全員が署名押印（実印）しなければならない。下記のうち①～⑤は必ず原始定款に記載しなければならない事項である。⑥～⑪は原始定款に記載することは必須ではないが、記載していない場合、設立手続の途中で定款変更や発起人全員の同意書作成など別途の手続が必要になるため、原始定款に記載しておくことが望ましい。 ①目的 ②商号 ③本店の所在地 ④設立に際して出資される財産の価額又はその最低額 ⑤発起人の氏名又は名称及び住所 ⑥発起人が割当てを受ける設立時発行株式の数 ⑦発起人が設立時発行株式と引換えに払い込む金銭の額 ⑧成立後の株式会社の資本金及び資本準備金の額に関する事項 ⑨発行可能株式総数 ⑩設立時取締役 ⑪（必要な場合）設立時監査役、設立時会計参与、設立時会計監査人 　また、次の事項があるときにはこれも定款に記載しなければならない。	会社27、32①、37①、38④
⑫金銭以外の財産を出資する者の氏名又は名称、当該財産及びその価額並びにその者に対して割り当てる設立時発行株式の数（現物出資に関する事項） ⑬株式会社の成立後に譲り受けることを約した財産及びその価額並びにその譲渡人の氏名又は名称 ⑭株式会社の成立により発起人が受ける報酬その他の特別の利益及びその発起人の氏名又は名称 ⑮株式会社の負担する設立に関する費用	会社28
⑵　公証人による定款の認証 　原始定款を3通用意して公証人の認証を受けなければならない。この際、原始定款に押印した発起人全員の実印の印鑑証明書が必要である。原則として発起人全員が公証役場に行く必要があるが、委任状（実印）によることも可能である。公証費用や印紙代として約10万円が必要となる。	会社30

なお、電子署名のための機器等が整っているときは、電子定款の形式で作成することも可能であり、この場合は印紙代4万円が不要になる。

(3)　検査役調査（上記(1)⑫〜⑮の事項がない場合は不要）

　上記(1)⑫〜⑮の事項がある場合には、一定の例外に該当する場合を除き、公証人による定款の認証後、遅滞なく裁判所に検査役の選任を申し立てなければならない。

会社33

(4)　出資の履行

　発起人は株式の引受け後、遅滞なく払込みをすべき金銭の全額を出資しなければならない。具体的には発起人代表者名義の銀行口座に入金を行う。発起人代表者が作成する払込証明書にこの通帳の写しを合綴して割印をする必要がある。

会社34

(5)　設立時取締役等の就任及び設立時代表取締役の選定

　出資の履行後、設立時取締役等は就任承諾書に署名押印（認印）し、本人確認証明書（住民票など）を添付する。そして、設立時取締役の過半数により設立時代表取締役を選定する議事録に設立時取締役が署名押印（認印）し、設立時代表取締役は就任承諾書に署名押印（実印）する。

会社47

(6)　設立時取締役等による調査

　設立時取締役等は出資の履行が完了していること、設立手続が法令又は定款に違反していないこと、その他一定の場合に上記（3）について現物出資等が適正に行われているかを調査しなければならない。

会社46

(7)　設立登記

　会社の本店所在地を管轄する法務局に設立登記を申請し、会社実印の印鑑登録を行う。この申請日が会社設立日となる。申請の際、登録免許税として資本金の額の0.7%（最低15万円）の印紙代が必要になる。

会社49

株式会社設立時に決めることが必要な事項

　設立時に検討すべき主な項目は次の通りである。①〜⑯の項目は設立手続時に決まっている必要がある。また、⑰〜㉕は、会社の支配権確立や運営体制に重要であるため、設立前に決めておくべきである。それ以外の項目も設立までに検討しておくことが望ましい。

①	目的	会社で行う事業を列記
②	商号	
③	本店の所在地	
④	設立に際して出資される財産の価額又はその最低額	
⑤	発起人となる者	発起人は実印と印鑑証明書が必要となる
⑥	発起人が割当てを受ける設立時発行株式の数	
⑦	発起人が設立時発行株式と引換えに払い込む金銭の額	
⑧	成立後の株式会社の資本金及び資本準備金の額	
⑨	発行可能株式総数	

⑩	設立時取締役、設立時代表取締役	出資金は設立時代表取締役名義の口座に入金する
⑪	設立時監査役、設立時会計参与、設立時会計監査人等	設立する会社の機関設計より必要な場合
⑫	現物出資財産及びその価額並びにその現物出資に対して割り当てる設立時発行株式の数	該当する内容がある場合
⑬	株式会社の成立後に譲り受けることを約した財産及びその価額	該当する内容がある場合
⑭	株式会社の成立により発起人が受ける報酬その他の特別の利益	該当する内容がある場合
⑮	株式会社の負担する設立に関する費用	該当する内容がある場合
⑯	会社で使用する実印	会社の認印やゴム印も同時に作成しておくと便宜
⑰	会社の機関設計(取締役会、会計参与、監査役、監査役会、会計監査人、監査等委員会及び三委員会の設置)	
⑱	非公開会社の監査役の監査範囲を会計監査に限定すること	
⑲	取締役選任の株主総会における累積投票の排除	
⑳	取締役、監査役、執行役の員数	
㉑	取締役会の招集権者	例:代表取締役
㉒	株券発行の有無、株券の再発行手続	原則は株券不発行
㉓	種類株式	
㉔	属人株の定め	
㉕	全部の株式の譲渡制限及び譲渡承認機関	
㉖	事業年度	1年以内
㉗	公告方法	原則は官報
㉘	定時株主総会の招集時期	
㉙	株主名簿の基準日	例:事業年度の最終日
㉚	株主総会の議長	例:代表取締役
㉛	株主総会の議決権の代理行使	例:代理人は株主に限る
㉜	特定株主からの自己株取得における売主追加請求権の排除	
㉝	市場取引又は公開買付による自己株取得を取締役会が決定できる旨の定め	
㉞	全部の株式の取得請求権、取得条項	
㉟	取得条項付株式の一部を取得する場合の手続	
㊱	株主名簿管理人	
㊲	株主名簿記載事項の記載等の請求	
㊳	譲渡制限株式の相続人等に対する売渡請求	
㊴	単元株式	
㊵	株主総会、取締役会及び監査役会の招集通知期間の短縮	

課題と対応

相続税・贈与税

民 法

M&A

株式評価

法人税

株式上場

会社法

医業承継

巻末資料

㊶	株主総会及び種類株主総会の法定定足数、法定決議要件の変更		
㊷	非公開会社における取締役、監査役及び執行役を株主に限る定め		
㊸	取締役、監査役等の任期		
㊹	補欠監査役の任期制限		
㊺	全取締役の同意による取締役会書面決議の定め		
㊻	取締役、会計参与、監査役、執行役及び会計監査人の責任免除		
㊼	社外監査役、会計参与、社外監査役及び会計監査人の責任免除契約		
㊽	取締役会による中間配当の定め		
㊾	株主割当による募集事項等を取締役会が決定する旨の定め		
㊿	剰余金の配当等を取締役会が決定する旨の定め		

株式会社と合同会社の違い

内　容	関連法令等
概要 　株式会社は出資者が選任した役員が会社を経営する。これに対し、合同会社の社員は出資者であると同時に会社経営も行うことが原則である。株式会社と比較したとき、合同会社は定款自治の範囲が広く、組合的な組織とされる。もっとも株式会社は種類株式の発行等により、合同会社は定款の定めにより、相当程度自由に制度設計できることから、その相違については限定的に理解する必要がある。	
株式会社と合同会社の違い 　下記に株式会社と合同会社の主な相違点を記載するが、個別具体的な場合には専門家に確認を取ることが必要である。	

	株式会社	合同会社	
出資者	株主 (法人も可)	社員 (法人も可)	
役員 (業務執行者)	取締役等 (自然人に限る)	社員 (法人も可)	会社598、580②、576④
出資者の責任範囲	間接有限責任	間接有限責任	
出資比率による差	原則、出資比率による議決権	原則、株主総会のような機関はなく、議決権は出資比率によらない	
最高意思決定機関	株主総会	社員	
定款変更手続	株主総会特別決議	総社員の同意	会社637
決算公告	必要	不要	
役員任期	取締役は原則2年	なし	

Introduction

課題と対応

相続税・贈与税

民法

M&A

株式評価

法人税

株式上場

会社法

医業承継

巻末資料

役員の辞任	原則自由	社員の退社事由（6カ月前の予告による事業年度終了時、総社員の同意、死亡、その他法定の事由）	会社606〜609
現物出資規制	検査役調査等	なし	
出資の資本組入規制	出資の半分以上を資本金としなければない	なし	
出資の払戻制限	自己株取得手続規制及び財源規制	財源規制に基づく債権者異議手続	会社635
出資者による持分譲渡承認請求	譲渡制限株式の譲渡承認を拒否するときは会社又は指定買受人が買い取らなければならない	原則、譲渡禁止であり、譲渡承認を拒否するときも買取不要	会社585
出資持分の取引市場	上場株式市場	なし	
会社更生法の適用	あり	なし	会社更生法1
定款認証費用	約10万円	認証不要	
登録免許税	15万円以上	6万円	

　合同会社は、議決権について出資割合によらないことや、会社更生法の適用がないことによって債権者保護が強いことから、投資スキームにおいて利用するケースが存在する。

　一方で、合同会社は、出資持分の上場市場が存在しないため会社が成長したあとの換金が困難であることや、対外的信用が低く金融機関との取引が限定される場合があるとされることは注意が必要である。

　また、米国親会社を出資者として日本に子会社を合同会社で設立する場合には、米国親会社にパススルー課税のメリットがあるとされるが、日本国内において日本親会社にはパススルー課税が認められていない。

合併

内　容	関連法令等
意義 吸収合併：当事会社のうち1社（存続会社）が合併後も存続し、合併により消滅する他の当事会社（消滅会社）から権利義務一切を承継するもの	会社2二十七

（合併対価が甲株式の場合）

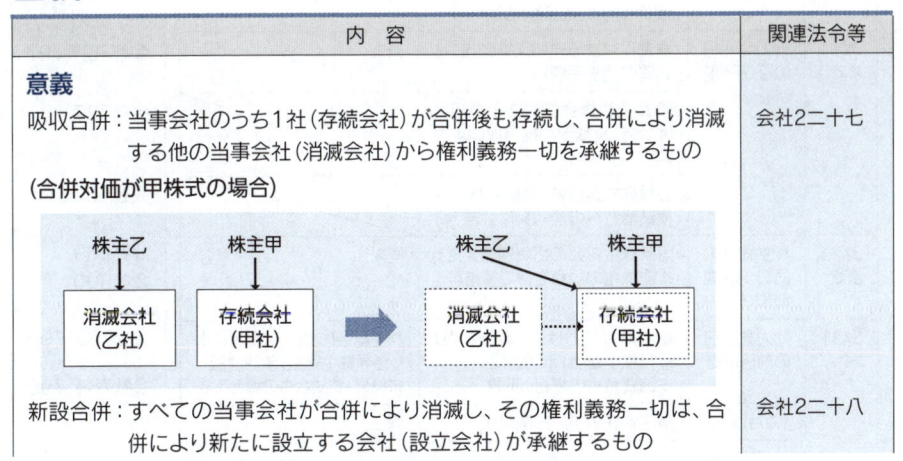

新設合併：すべての当事会社が合併により消滅し、その権利義務一切は、合併により新たに設立する会社（設立会社）が承継するもの	会社2二十八

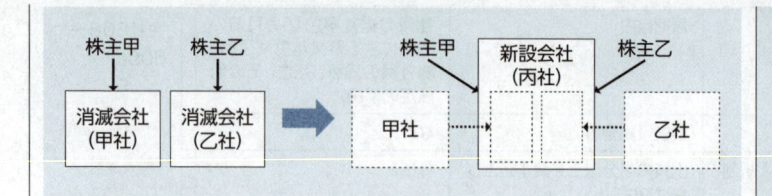

合併が選択される典型的な場面

- 買収対象の会社そのもの（権利義務の全部）を取得したい場合
- 当事会社同士を1つの会社にすることで経営統合（許認可の承継、登録免許税の節減等）を行いたい場合
- 企業グループ内において、経営資源の適正・効率的な配分等を目的として組織再編を図りたい場合
- 企業買収後に重複する機能を有する事業体を統合する（PMIの一環として行う）場合
- 会社分割と異なり、従業員の個別同意を不要として手続実施をしたい場合

非公開会社における吸収合併スケジュール例（4月1日効力発生）

月日	法定期間	消滅会社	存続会社	
2/28 まで	事前開示開始前	吸収合併契約の締結 取締役会の承認	同左	会社748、749
		事前開示事項の本店備置	同左	会社782、794
	効力発生日の1カ月前まで	債権者に対する催告・公告（債権者保護手続）※各別の催告を省略できる場合（ダブル公告）	同左	会社789、799 / 会社789③、799③
		（株券発行会社の場合）株券提出の通知かつ公告（株券提出手続）		会社219①六
		（新株予約権発行会社の場合）新株予約権証券提出の通知かつ公告（新株予約権証券提出手続）		会社293①三
3/11 まで	効力発生日の20日前まで	株主に対する通知又は公告（株式買取請求手続）	同左	会社785、797
		新株予約権者に対する通知又は公告（新株予約権買取請求手続）		会社787
		登録株式質権者・登録新株予約権質権者への通知又は公告		会社783⑤⑥
3/23 まで	株主総会の日の1週間前まで	臨時株主総会の招集通知発送 ※総株主の同意を得て省略可	同左	会社299 会社300
3/31	効力発生日の前日まで	株主総会における（場合により種類株主総会）承認決議 ※略式合併の場合、不要	株主総会における（場合により種類株主総会）承認決議 ※簡易・略式合併の場合不要	会社783、795 / 会社784、796
	1カ月以上	債権者異議申述期間満了	同左	

Introduction

課題と対応

相続税・贈与税

民　法

M&A

株式評価

法人税

株式上場

会社法

医業承継

巻末資料

		株式買取請求期間満了	同左	
効力発生日の20日前の日から効力発生日の前日まで		新株予約権買取請求期間満了	同左	
4/1	効力発生日	効力発生	同左	
	効力発生日まで	株券提出期間満了		
遅滞なく	効力発生日後遅滞なく		事後開示事項の本店備置	会社801
			合併により発行した株式についての株券の交付（株券発行会社の場合）	
4/14まで	効力発生日から2週間以内	解散の登記	吸収合併に関する登記	会社921
9/30	効力発生から6カ月を経過する日		事前開示・事後開示期間終了合併無効の訴えの期間満了	会社828①七

会社分割

内　容	関連法令等
意義 吸収分割：株式会社又は合同会社がその事業に関して有する権利義務の全部又は一部を、分割後他の会社（承継会社）に承継させることを目的とする会社の行為	会社2㉙

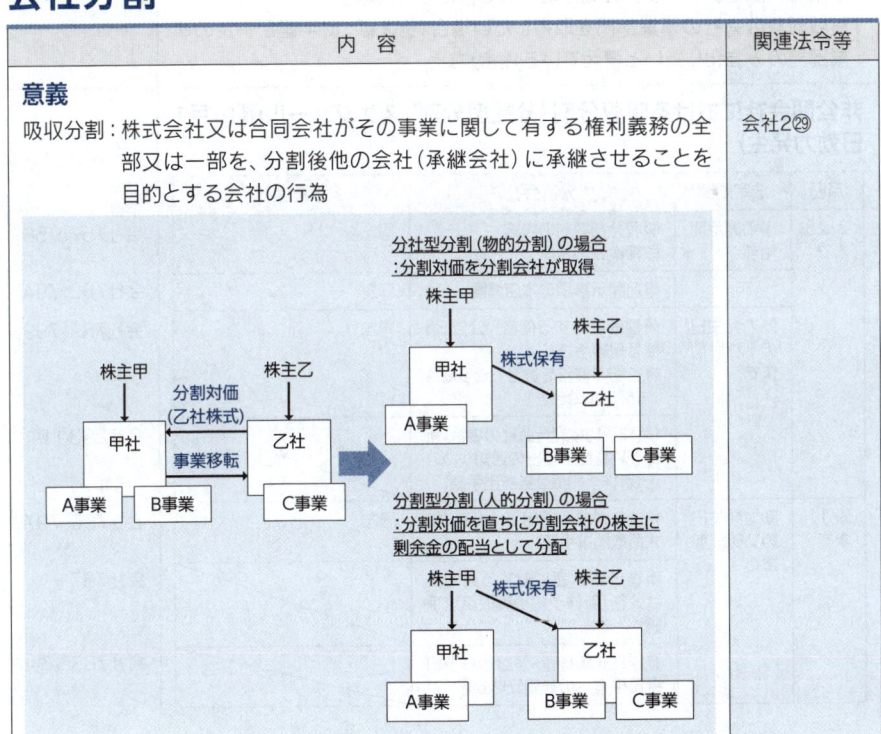

新設分割：株式会社又は合同会社がその事業に関して有する権利義務の全部又は一部を、分割後手続中で新たに設立する会社に承継させることを目的とする会社の行為		会社2㉚

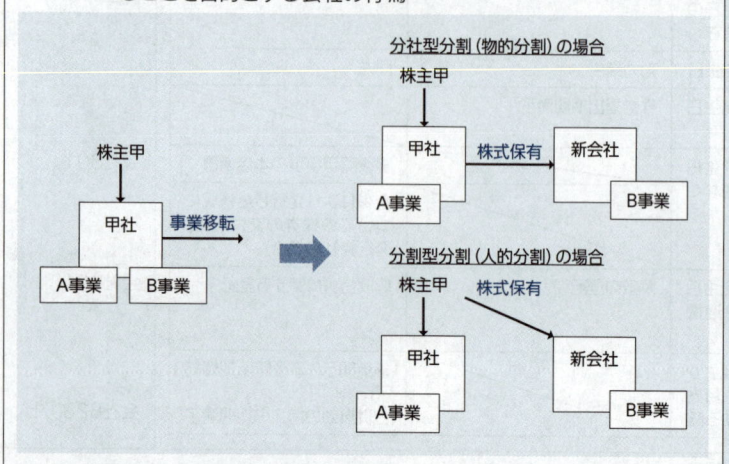

会社分割が選択される典型的な場面

・経営の効率化のため、事業の一部を別会社（子会社）化したい場合
・事業の一部をグループ外に切り離す形で移転したい場合
・買収対象の会社の事業部門を取得したい場合（例えば、買手側が一定の事業部門のみ強化したいと考えている場合）など

非公開会社における吸収分割（分社型分割）スケジュール例（4月1日効力発生）

月日	法定期間	分割会社	承継会社	
2/28まで	事前開示開始前	吸収分割契約の締結取締役会の承認	同左	会社757、758
		事前開示事項の本店備置	同左	会社782、794
	効力発生日の1カ月前まで	債権者に対する催告・公告（債権者保護手続）※各別の催告を省略できる場合（ダブル公告）	同左	会社789、799
		（新株予約権発行会社の場合）新株予約権証券提出の通知かつ公告（新株予約権証券提出手続）		会社293①四
3/11まで	効力発生日の20日前まで	株主に対する通知又は公告（株式買取請求手続）	同左	会社785、797
		新株予約権者に対する通知又は公告（新株予約権買取請求手続）		会社787
		登録株式質権者・登録新株予約権質権者への通知又は公告		会社783⑤⑥

3/14まで	労働者との個別協議より早い時期から開始	労働者の理解と協力を得る努力（労働組合等との協議）			承継法7
3/15	株主総会の2週間前の日の前日まで※下記株主総会の承認を要しない場合は、吸収分割契約が締結された日から起算して2週間を経過する日まで	・労働者との個別協議・承継事業主要従事労働者及び承継事業主要従事労働者以外で分割契約に承継する旨の定めがある者に対する通知・異議申出期間開始・労働協約を締結している労働組合に対する通知			承継法2.4.5平成12年商法等改正法附則5
3/23まで	株主総会の日の1週間前まで	臨時株主総会の招集通知発送※総株主の同意を得て省略可	同左		会社299会社300
3/31	効力発生日の前日まで	株主総会における（場合により種類株主総会）承認決議※簡易・略式分割の場合、不要	同左		会社783、795会社784、796
	1カ月以上	債権者異議申述期間満了	同左		
	効力発生日の20日前の日から効力発生日の前日まで	株式買取請求期間満了	同左		
		新株予約権買取請求期間満了			
4/1	効力発生日	効力発生	同左		
	効力発生日まで	新株予約権証券提出期間満了			
遅滞なく	効力発生日後遅滞なく	事後開示事項の本店備置	同左		会社791、801
			分割により発行した株式についての株券の交付（株券発行会社の場合）		
4/14まで	効力発生から2週間以内	吸収分割による変更登記	同左		会社923
9/30	効力発生から6カ月を経過する日	・事前開示・事後開示期間終了・分割無効の訴えの期間満了	同左		会社828①九

会社分割の主な手続・留意点等

名称	概要	
吸収分割契約の締結（吸収分割の場合）	分割会社及び承継会社は、分割会社及び承継会社の商号・承継する分割会社の資産・債務・雇用契約その他の権利義務・承継会社が交付する対価（株式等）に関する事項・効力発生日等を明記した吸収分割契約を作成する。	会社757、758

項目	内容	条文
新設分割計画の作成（新設分割の場合）	分割会社は、新設する会社の商号・新設会社の定款で定める事項等を定めた分割計画を作成する。	会社762、763
事前開示書類の備置	分割会社及び承継会社は、吸収分割契約・新設分割契約などの法定開示事項を記載した事前開示書類を、次のいずれか早い日から効力発生日（※設立の日）後6カ月間、本店に備置する。 ・株主総会開催日の2週間前の日 ・株主・債権者への公告・通知・催告のいずれか早い日	会社782、794、803、815
株主総会	分割会社及び承継会社（消滅会社等）は、効力発生の前日までに原則として株主総会の特別決議により、吸収分割契約（※新設分割計画）の承認を得る必要がある。	会社309、783、795、804
債権者保護手続	分割会社及び承継会社（※消滅会社等）は、分割の効力発生日前1カ月までに、一定の債権者に対して分割に異議を申し出ることができる旨を官報で公告し、かつ知れたる債権者に各別に催告しなければならない（官報に加え、定款に規定する時事日刊新聞又は電子公告による公告の場合、個別催告は省略可）。	会社789、799、810
反対株主の買取請求手続	分割に係る株主総会前に、会社分割に反対の意思を表明し、かつ当該株主総会において、分割に反対した分割会社及び承継会社（※消滅会社等）の株主等は、分割の効力発生日の20日前から前日までの間、会社に対して公正な価格で株式の買取を請求することができる。	会社785、797、806
効力発生及び登記	分割契約書に規定した効力発生日（※設立の登記の日）に、分割対象の権利義務が承継会社に承継される。分割会社及び承継会社は効力発生日（※新設分割計画の承認日等）から2週間以内に登記を行う。	会社759、764、923、924
事後開示書類の備置	分割会社と承継会社（※新設分割会社）は共同して、効力発生日（※設立日）後6カ月間法定事項を記載した事後開示書類を作成し、各々の本店に備置する。	会社791、801、803
競業避止義務	原則として、競業避止義務の規定の適用はない。分割の対象が、事業としての実質を有している等の場合、分割契約等により競業避止義務を負わない旨を明文化することとが望ましい。	会社21
詐害的会社分割	分割会社が、承継会社（※新設会社）に承継されない債務の債権者（残存債権者）を害することを知って、会社分割を行った場合、残存債権者は承継された財産の価額まで承継会社（※新設会社）に債務の履行を請求できる。	会社759、764
労働者及び労働組合への通知	分割会社は、労働者及び労働組合に、会社分割に関する事項を通知する必要がある。	承継法2
労働者との協議	分割会社は、承継される事業に従事している者等の一定の労働者と、株主総会開催日の2週間前の前日までに労働契約の承継に関する協議を行う必要がある。	平成12年商法等改正法附則5
労働契約の承継	分割事業に主に従事する労働者の労働契約は、会社分割の効力発生日に、分割契約の定めにより、承継会社に承継される。	承継法3
労働承継に対する異議の申し出	①分割事業に主に従事する労働者を、分割会社に残留させる場合（分割契約等に承継する旨の定めがない場合）又は②分割事業に主に従事していない労働者を、承継会社等に承継させる場合（分割契約等に承継させる旨の定めがある場合）には、これらの労働者は、異議を申し出ることができる。 意義を申し出た場合、労働条件を維持したまま労働契約が承継又は、分割会社に残留することとなる。	承継法4、5

※新設分割の場合

Introduction

課題と対応

相続税・贈与税

民法

M&A

株式評価

法人税

株式上場

会社法

医業承継

巻末資料

株式交換・株式移転

内　容	関連法令等
意義 株式交換：既存の株式会社又は合同会社（B）に対し、Aの株主が有する全株 式が移転してBが完全親会社となるもの 	会社2三十一
株式移転：完全親会社となる株式会社（B）が新設され、Bに対しAの株主が 有する全株式が移転するもの 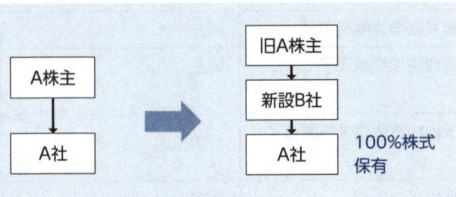	会社2三十二

株式交換が選択される典型的な場面

・買収対象の会社を完全子会社としたい場合
・グループ内の会社を完全子会社化することによるグループ内組織再編を
　行いたい場合

株式移転が選択される典型的な場面

・複数の会社が共同で持株会社を作ることで経営統合を行う場合（共同株式
　移転）
・持株会社を創設することによるグループ内組織再編を行いたい場合
など

非公開会社における株式交換スケジュール例（4月1日効力発生）

月日	法定期間	完全子会社	完全親会社	
2/28 まで	事前開示開 始前	株式交換契約の締結 取締役会の承認	同左	会社767、768
		事前開示事項の本店備置	同左	会社782、794
	効力発生日 の1カ月前 まで	債権者に対する催告・公告（債 権者保護手続） ※各別の催告を省略できる場合 （ダブル公告）	同左	会社789、799 会社789③、 会社799③
		（株券発行会社の場合）株券提出 の通知かつ公告 （株券提出手続）		会社219①7

		（新株予約権発行会社の場合）新株予約権証券提出の通知かつ公告（新株予約権証券提出手続）		会社293①六
3/11まで	効力発生日の20日前まで	株主に対する通知又は公告（株式買取請求手続）	同左	会社785、797
		新株予約権者に対する通知又は公告（新株予約権買取請求手続）		会社787
		登録株式質権者・登録新株予約権質権者への通知又は公告		会社783⑤⑥
3/23まで	株主総会の日の1週間前まで	臨時株主総会の招集通知発送 ※総株主の同意を得て省略可	同左	会社299 会社300
3/31	効力発生日の前日まで	株主総会における（場合により種類株主総会）承認決議 ※略式交換の場合、不要	株主総会における（場合により種類株主総会）承認決議 ※簡易・略式交換の場合不要	会社783、795 会社784、796
	1カ月以上	債権者異議申述期間満了	同左	
	効力発生日の20日前の日から効力発生日の前日まで	株式買取請求期間満了	同左	
		新株予約権買取請求期間満了		
4/1	効力発生日	効力発生	同左	
	効力発生日まで	株券提出期間満了		
遅滞なく	効力発生日後遅滞なく		事後開示事項の本店備置き	会社801
			株式交換により発行した株式についての株券の交付（株券発行会社の場合）	
4/14まで	効力発生から2週間以内	原則登記不要 例外：株式交換完全子会社の新株予約権者に対して完全親会社の新株予約権が交付される場合には、右記登記と同時に変更登記を要する	株式交換に関する登記	会社915 会社768①四 商登法91①②
9/30	効力発生から6カ月を経過する日		事前開示・事後開示期間終了 株式交換無効の訴えの期間満了	会社828① 十一

株式交付

Introduction
課題と対応
相続税・贈与税
民法
M&A
株式評価
法人税
株式上場
会社法
医業承継
巻末資料

内　容	関連法令等
意義 　既存の株式会社(A)が他の株式会社(B)をその子会社とするためにB社の株式を譲り受け、B社の株主に対してB社の対価としてA社の株式を交付すること 	会社2三十二の二 会社774の2〜774の11、816の2〜816の10
概要 ・「株式会社」に限られ、合同会社等の持分会社は利用できない。 ・株式交付前には株式交付親会社が保有する株式交付子会社の議決権数が50%以下であって、株式交付後に議決権数が50%超となる必要がある。(50%超となる1回限り実施できる。) ・同50%を超えるか否かは、会社法施行規則3条3項1号の「自己の計算において所有している議決権」割合をもとに判断される(いわゆる実質支配力基準(同項2号)では判断しない)。 ・株式交付親会社は、株式のほか金銭等を取得対価とする(株式と金銭両方を選択する混合対価)こともできる。 ・株式交付子会社の株式と併せて新株予約権を譲り受けることもできる。	会社774の3② 会社2㉜の2、会社法施行規則4の2 会社774の3①五 会社774の3①七
株式交付が新設(令和元年会社法改正)された理由 　自社の株式を対価として他の会社を子会社とする手段として株式交換の制度があったが、株式交換は完全子会社化する場合しか利用できなかった。また、自社の新株発行とほかの会社の株式の現物出資の方法で対応する場合には、手続が複雑であった。そのため、株式を対価とする買収をより容易にできるよう株式交付の制度が設けられた。	
株式交付が選択される典型的な場面 ・自社株を対価として子会社化を実現したいが、完全子会社とする必要がない場合 ・対象会社(上記B社)の株主に、買収によるシナジーを含め、買収後の買収会社(A社)及び対象会社(B社)の成長や業績向上からもたらされる利益を享受させたい場合 ・買収対価を株式とすることで新規の調達資金額を抑えたい場合　など	

株式交付の手続

① 株式交付計画の作成・承認（原則として株主総会特別決議）
② 株式譲渡の申込み
③ 申込者への割当て・通知
④ 株式交付の効力の発生
⑤ 事前・事後の備置
⑥ 債権者保護手続（子会社株主に対して交付する金銭等（親会社株式の価額合計額を除く）の合計額が、株式交付親会社の株式を含む対価の総額の20分の1未満である場合）

※いずれも株式交付親会社（A社）のみの手続であり、株式交付子会社（B社）側においては、特別な規定はない。ただし、B社株式の譲渡承認手続、金商法上の手続は別途留意が必要である。

会社法774の2、816の3①、309②十二、774の4、774の5、774の7、816の2、816の10、816の8

会社法のみ（株主総会決議・債権者異議手続必要）スケジュール例

月日	法定期間	株式交付親会社	会社法
2/28まで	事前開示開始前	株主交付計画の作成 取締役会の承認	
		事前開示事項の本店備置	会社816の2
	効力発生日の1カ月前まで	債権者に対する催告・公告（債権者保護手続） ※各別の催告を省略できる場合（ダブル公告）	会社816の8 会社816の8③
3/1		株式交付子会社の株式の譲渡しの申込みをしようとする者への通知 ※総数引受の場合、不要	会社774の4① 会社774の6
3/11まで	効力発生日の20日前まで	株主に対する通知又は公告（株式買取請求手続）	会社816の6
3/23まで	株主総会の日の1週間前まで	臨時株主総会の招集通知発送 ※総株主の同意を得て省略可	会社299 会社300
3/31	株式交付計画で定められた期日まで	株式交付子会社の譲渡株主から親会社への申込書面交付 ※総数引受の場合、不要	会社774の4② 会社774の6
	効力発生日の前日まで	株式交付割当の決定・通知 ※総数引受の場合、不要	会社774の5 会社774の6
		株主総会（場合により種類株主総会）承認決議 ※簡易手続の場合、不要	会社816の3 会社816の4
	1カ月以上	債権者異議申述期間満了	
	効力発生日の20日前の日から効力発生日の前日まで	株式買取請求期間満了 申込期日及び割当て通知期限	
4/1		効力発生日	
		子会社株式の給付及び対価の交付	会社774の7② 会社774の9

Introduction

課題と対応

相続税・贈与税

民法

M&A

株式評価

法人税

株式上場

会社法

医業承継

巻末資料

		内　容	関連法令等
遅延なく		事後開示事項の本店備置	会社816の10
それ以降		端数処理（交換比率が整数倍でなく、1株に満たない端数が生じた場合）	会社234①九
9/30	効力発生から6カ月を経過する日	事前・事後開示手続終了 株式交付無効の訴えの期間満了	会社828①十三

事業譲渡

内　容	関連法令等
意義（事業の全部又は重要な一部の譲渡） 　事業譲渡とは、①一定の事業目的のため組織化され、有機的一体として機能する財産の全部又は重要な一部を譲渡し、②これによって譲渡会社がその財産によって営んでいた事業的活動の全部又はその重要な一部を譲受人に受け継がせ、③譲渡会社がその譲渡の限度に応じ法律上当然に競業避止義務を伴うもの	
事業譲渡が選択される典型的な場面 ・潜在債務の承継を避け、事業の全部譲渡を受けたい場合 ・簡便な手続にて、一定の事業の譲渡を受けたい場合 など	
手続 【譲渡会社】 ①株主総会による承認決議（特別決議）（原則） 　（例外）簡易事業譲渡、略式事業譲渡の場合は不要 ②株主への通知（株式買取請求権の付与） 【譲受会社】 ①株主総会決議不要（原則） 　（例外）（他の会社の事業の全部を譲り受ける場合）株主総会による承認決議（特別決議） 　（例外の例外）上記事業の全部を譲り受ける場合でも、簡易・略式譲受けの場合は不要 ②株主への通知（株式買取請求権の付与） 　(1)　事業を構成する債務、契約上の地位の移転を伴う場合、契約上の相手方の同意が必要 　(2)　譲渡会社につき原則20年間競業禁止される（会社法21） 　(3)　許認可等当然に承継されないので注意が必要	 会社467 会社468①② 会社469、470 会社467①三 会社468 会社469、470

内　容	関連法令等
事後設立 　会社設立後2年以内に、成立前から存在する財産で事業のため継続して使用するものを会社の純資産額の5分の1以上にあたる対価で取得する契約を締結する場合 　→株主総会特別決議を要する。	会社467①五

現物出資

内　容	関連法令等
意義 　金銭以外の財産による出資。出資の目的物として、具体的には、動産、不動産、債権、有価証券、知的財産権、事業の全部又は一部などがありえる。	
現物出資による増資を行う場合、別途必要となる手続 ①株式募集事項の決定 　現物出資に関する事項の定め：金銭以外の財産を出資の目的とする旨並びに対象となる財産の内容と価額	会社199①三
②検査役の選任を裁判所へ申立て（原則） （例外）以下のいずれかに該当する場合は不要 (1)　引受人に割り当てる株式総数が発行済み株式総数の10分の1を超えない場合 (2)　現物出資財産の価額の総額が500万円を超えない場合 (3)　現物出資財産である有価証券が市場価格で算定される場合 (4)　現物出資または財産引受けにつき定款で定めた価額が相当であることにつき弁護士、公認会計士、税理士等の証明を受けた場合 (5)　現物出資財産である弁済期の到来した金銭債権の価額が負債の帳簿価額を超えない場合	会社207

減資（資本金・準備金の額の減少）

内　容	関連法令等
目的 　貸借対照表上の純資産の額は、会社の業績により変動する。しかし、純資産の一部を構成する資本金及び準備金の額は、法定のルールにより定まる固定された金額であり、会社の業績によって変動しない。 　同減少の手続を行うことにより、欠損の填補、分配可能額が増加させることができる。また、外形標準課税、法人住民税の均等割等資本金の額を基準とする税制への対応のため用いられることがある。	会社447

会社法上必要な手続

(1) 資本金の額の減少	会社447
①株主総会の特別決議（原則）	
（例外）ⅰ欠損填補のためだけに定時株主総会で行う場合 　　　　普通決議 　　　　ⅱ株式発行と同時に資本金の額を減少する場合において、その効力が生ずる日後の資本金の額がその日前の資本金の額を下回らないとき 　　　　取締役の決定ないし取締役会決議	
②債権者の異議手続	会社449
→ⅰ会社債権者に対する公告・催告	
※各別の催告を省略できる場合（ダブル公告）	会社449③
ⅱ債権者から異議があったときは、債権者を害するおそれがないときを除き、弁済、担保提供又は弁済を目的とした信託をしなければならない。	
(2) 準備金の額の減少	
①株主総会の普通決議（原則）	会社448
（例外）株式発行と同時に準備金の額を減少する場合において、その効力が生ずる日後の準備金の額がその日前の準備金の額を下回らないとき 　　　　取締役の決定ないし取締役会決議	
②債権者の異議手続	会社449
→ⅰ会社債権者に対する公告・催告	
※各別の催告を省略できる場合（ダブル公告）	
ⅱ債権者から異議があったときは、債権者を害するおそれがないときを除き、弁済、担保提供又は弁済を目的とした信託をしなければならない。	会社449③
※準備金を減少してその全額を資本金にする場合または欠損填補のためだけに定時株主総会で行う場合、②は不要	

医業承継

医業承継の概要

医療機関を取り巻く環境

　厚生労働省の公表データーによると、医療機関の経営者も年々高齢化が進んでおり（診療所経営者医師の平均年齢61.7歳、病院経営者医師の平均年齢64.3歳）、多くの医療機関が世代交代の時期に差しかかっていると言える。

　医療機関の場合、経営者は原則医師でなければならないことから、一般事業会社と比べ、後継者が限定されるという特殊性がある。

　さらに、医療機関は地域医療を支える社会的公器という側面があり、医療機関の円滑な承継は、地域にとっても重要な課題となっている。

【医療機関の経営者の平均年齢推移】

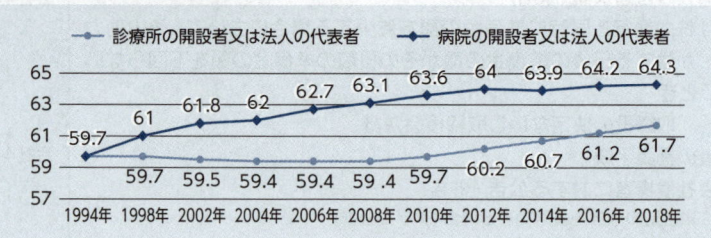

厚生労働省「2018年医師・歯科医師・薬剤師統計」より作成

医業承継の概要

(1) 医療法人数の推移

　現在、医療法人は全国で約5.6万法人存在し、そのうち、約7割（3.8万法人）が持分あり医療法人である。

【医療法人数の推移】

	2009年	2011年	2013年	2015年	2017年	2019年	2021年
社団医療法人（持分あり）	43,234	42,586	41,903	41,027	40,186	39,263	38,083
社団医療法人（持分なし）	1,766	3,970	6,525	9,453	12,439	15,153	17,848
財団医療法人	396	390	392	386	375	374	372
医療法人総数	45,396	46,946	48,820	50,866	53,000	54,790	56,303

厚生労働省「医療法人数の推移（2021年3月31日）」より作成

Introduction

課題と対応

相続税・贈与税

民法

M&A

株式評価

法人税

株式上場

会社法

医業承継

巻末資料

(2) 医業承継の課題

　持分あり医療法人の医業承継は、「理事長ポスト（経営権）」の交代と「出資持分（財産権）」の承継によって完結する。経営権の承継は譲り渡す側・譲り受ける側が然るべきタイミングで行えば問題ない（行政手続としても理事長変更手続で完結）。一方、財産権である出資持分は相続税の課税対象となるため、出資持分を引き継いだ相続人が支払う相続税が多額になり、世代交代を困難にし、医療法人の永続性を脅かす事態につながることが大きな課題となっている。

(3) 持分なし医療法人への移行促進

　このような事態を解消するため、2007年より持分なし医療法人が原則的な医療法人と位置付けられたが、持分あり医療法人から持分なし医療法人への移行は一部に留まっている。

　そこで、持分なし医療法人への移行を促進するため、第6次医療法改正により認定医療法人制度、2014年税制改正により納税猶予制度が創設された。

　さらに、2017年税制改正により、一定の要件を充足した認定医療法人が持分なし医療法人に移行する場合には、贈与税を課さないとする制度が創設され、移行の促進策が整備された。

　持分あり医療法人の経営者が、承継を検討する場合、出資持分を後継者へ移転し、持分あり医療法人を維持し続けるのか、もしくは、出資持分を放棄し、持分なし医療法人へ移行するのか、選択をする必要がある。

医療法人の類型と特徴

内　容	関連法令等
医療法人とは 　医療法人とは、病院、医師若しくは歯科医師が常時勤務する診療所、介護老人保健施設又は介護医療院を開設しようとする社団又は財団で、都道府県知事の認可により、医療法に基づいて設立される法人をいう。	医法39
医療法人の類型 　社団医療法人、財団医療法人、公益性の高い医療法人に区分される。	

社団医療法人		財団医療法人
持分あり医療法人	持分なし医療法人	持分なし医療法人
経過措置型医療法人 ・一般の持分あり医療法人 ・出資額限度法人	社会医療法人 / 特定医療法人 / 拠出型医療法人 / 基金拠出型医療法人	社会医療法人 / 特定医療法人

211

(1)　社団医療法人

　社団医療法人は、出資持分の有無という観点から、「持分あり医療法人（経過措置型医療法人）」と「持分なし医療法人」に区分される。

①持分あり医療法人（経過措置型医療法人）

一般の持分あり医療法人	定款に出資持分（退社に伴う払戻し及び解散に伴う残余財産の分配を受ける権利）に関する規定を設けている医療法人をいう。
出資額限度法人	社員の退社時における出資持分払戻請求権や解散時における残余財産分配請求権の及ぶ範囲を払込出資額に制限することを定款において明らかにした医療法人をいう。

②持分なし医療法人

拠出型医療法人	金銭その他の資産の"拠出"により設立される。出資ではなく、"拠出"のため、出資持分の概念はなく、解散時の残余財産は、国や地方公共団体等に帰属する。
基金拠出型医療法人	拠出型医療法人のうち、基金制度を採用した医療法人を「基金拠出型医療法人」という。 基金とは、医療法人に拠出された金銭やその他の財産で医療法人が返還義務を負うものをいう。基金制度は、剰余金の分配を目的としないという医療法人の基本的性格を維持しつつ、その活動の原資となる資金を調達し、医療法人の財産的基礎の維持を図ることを目的としている。

(2)　財団医療法人

　財団医療法人は、金銭その他の寄附行為により設立されるため、出資持分は存在しない。平成19年3月31日以前に設立申請されたか否かで、解散時の残余財産の処分方法が異なる。

①平成19年3月31日以前に設立申請された法人	解散したときは理事会等で残余財産の処分方法を決め、都道府県知事の認可を受けて処分する。
②平成19年4月1日以後に設立申請された法人	解散時の残余財産は、国や地方公共団体等に帰属する。つまり、従来の理事会等で残余財産の処分方法を決め、都道府県知事の認可を受けて処分するのではなく、直接、国や地方公共団体等に帰属することになる。

(3)　公益性の高い医療法人

医法42の2
措法67の2

社会医療法人	救急医療等の実施が義務付けられ、高い公益性が求められる医療法人で、都道府県知事により認定される。社会医療法人債の発行や収益事業を営むことが認められ、それによって得られた資金を医業経営（当該法人の病院、診療所、介護老人保健施設又は介護医療院の経営）に充てることができる。
特定医療法人	医療の普及及び向上、社会福祉への貢献その他公益の増進に著しく寄与し、かつ、公的に運営されているものとして国税庁長官の承認を受けた医療法人をいう。

社団医療法人のガバナンス

内　容	関連法令等
社団医療法人のガバナンス 　社団医療法人は、社員総会、理事、理事会及び監事を置かなければならない。	医法46の2①

社員総会

社員総会で決議する主な事項	決議数	
定款の変更		医法46の3 医法46の3の3③ 医法46の5② 医法46の5の2①③ 医法46の6の4 医法47の2①② 医法51の2③ 医法54の9① 医法55①② 医法58の2① 医法59の2 医法60の3① 医法61の3 医規30の38 モデル定款
基本財産の設定及び処分（担保提供を含む）		
毎事業年度の事業計画の決定又は変更		
収支予算及び決算の決定又は変更		
事業報告書等の承認	出席社員の過半数	
借入金額の最高限度の決定		
社員の入社及び除名		
基金の返還		
理事監事の報酬額の決定 （定款で額が定められていない場合）		
その他重要な事項		
本社団の解散（社員総会決議事由）	総社員の4分の3以上	
合併及び分割	総社員の同意	
理事及び監事の選任及び解任	出席社員の過半数 （監事の解任は出席社員の3分の2以上）	
役員等の損害賠償責任の免除	総社員の同意（全部免除） 出席社員の3分の2以上（一部免除）	

理事会

理事会で決議する主な事項	決議数
重要な資産の処分及び譲受け	
多額の借財	
重要な役割を担う職員の選任及び解任	
従たる事務所その他の重要な組織の設置、変更及び廃止	出席理事の過半数
役員等の損害賠償責任の免除	
基本財産の処分（担保提供を含む）	
収支予算の決定	
事業報告書等の承認	

医法46の7③
医法46の7の2
医法51⑥
モデル定款

社員

資格	自然人だけでなく法人（営利を目的とする法人を除く）も社員になることができる。なお、未成年者でも、自分の意思で議決権が行使できる程度の弁別能力（義務教育終了程度の者）を有していれば社員となることができる。
議決権	社員は、各1個の議決権を有する。
資格取得	社員になろうとする者は、社員総会の承認を得なければならない。
資格喪失	社員は、除名、死亡、退社により、社員としての資格を失う。
社員名簿	社団医療法人は、社員名簿を備え置き、社員の変更があるごとに必要な変更を加える必要がある。

運管Ⅰ4(1)
医法46の3の3①
運管Ⅰ4(2)
モデル定款15
医法46の3の2①

役員（理事及び監事）

医法46の5
医法46の5の3

(1) 役員の定数

　理事3人以上及び監事1人以上を置かなければならない。ただし、理事については、都道府県知事の認可を受けた場合は、1人又は2人の理事を置けば足りる。

(2) 役員の選任

　社員総会の決議又は評議員会の決議により選任する。

(3) 役員の資格

　次に該当する者は役員に就任することができない。

①法人
②心身の故障のため、職務を適正に執行することができない者
③医療法、医師法、歯科医師法その他医事に関する法律で政令で定めるものの規定により罰金以上の刑に処せられ、その執行を終わり、又は執行を受けることがなくなった日から起算して2年を経過しない者
④③に該当する者を除くほか、禁錮以上の刑に処せられ、その執行を終わり、又は執行を受けることがなくなるまでの者

(4) 役員の任期

　役員の任期は、2年を超えることができない。

Introduction

課題と対応

相続税・贈与税

民法

M&A

株式評価

法人税

株式上場

会社法

医業承継

巻末資料

(5) 役員の定数が欠けたとき

医療法又は定款若しくは寄附行為で定めた役員の員数が欠けた場合には、任期の満了又は辞任により退任した役員は、新たに選任された役員が就任するまで、なお役員としての権利義務を有する。

理事長

理事長の選出	医療法人の理事長は、原則として医師、歯科医師である理事から選出する。ただし、都道府県知事の認可を受けた場合には、医師又は歯科医師でない理事のうちから選出することができる。	医法46の6 医法46の6の2
理事長の権限	理事長は、医療法人を代表し、医療法人の業務に関する一切の行為をする権限を有する。	

監事

監事の職務

	監事の主な職務	医法46の8
①	医療法人の業務を監査すること	
②	医療法人の財産の状況を監査すること	
③	医療法人の業務又は財産の状況について、毎会計年度、監査報告書を作成し、当該会計年度終了後三月以内に社員総会又は評議員会及び理事会に提出すること	
④	監査の結果、医療法人の業務又は財産に関し不正の行為又は法令若しくは定款若しくは寄附行為に違反する重大な事実があることを発見したときは、これを都道府県知事、社員総会若しくは評議員会又は理事会に報告すること	
⑤	監事は、④の報告をするために必要があるときは、社員総会を招集又は理事長に評議員会の招集を請求すること	
⑥	監事は、理事が社員総会又は評議員会に提出しようとする議案等を調査し、法令若しくは定款又は寄附行為に違反し、又は著しく不当な事項があると認めるときは、その調査の結果を社員総会又は評議員会に報告すること	医法46の5⑧ 運管Ⅰ2(6)

監事の資格（留意点）

・医療法人の理事、評議員及び法人の職員でないこと
・役員と親族等の特殊の関係がある者ではないこと
・監事の職務の重要性に鑑み、実際に法人監査業務を実施できない者が名目的に選任されることなく、財務諸表を監査しうる者が選任されていること

※役員・理事長・監事は、財団医療法人も同様

財団医療法人のガバナンス

内　容	関連法令等

財団医療法人のガバナンス

財団医療法人は、評議員、評議員会、理事、理事会及び監事を置かなければならない。

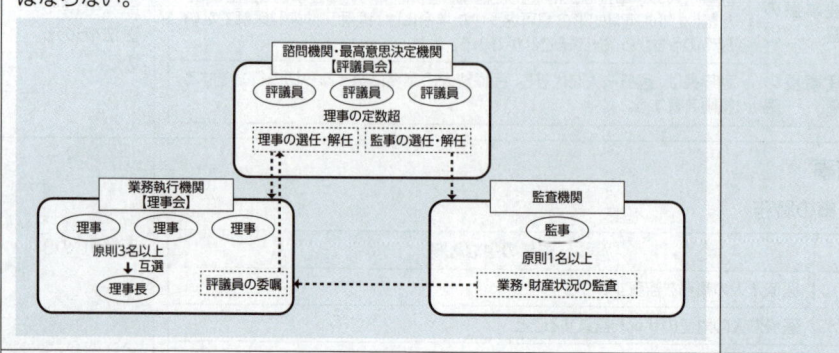

関連法令等: 医法46の2②

評議員会

評議員会の構成

評議員会は、理事の定数を超える数の評議員で構成しなければならない。

評議員会の権限

評議員会で諮問・決議する主な事項	諮問事項	決議事項	決議数
予算の決定又は変更	●	●（注）	出席評議員の過半数
借入金の借入	●	●（注）	出席評議員の過半数
重要な資産の処分	●	●（注）	出席評議員の過半数
事業計画の決定又は変更	●	●（注）	出席評議員の過半数
事業報告書等の承認	－	●	出席評議員の過半数
寄附行為の変更	●	●（注）	総評議員の3分の2以上の同意
合併及び分割	●	●（注）	総評議員の3分の2以上の同意
解散（目的たる業務の成功の不能）	●	●（注）	総評議員の3分の2以上の同意
理事監事の報酬額の決定（寄附行為で額の定めがない場合）	－	●	出席評議員の過半数
理事及び監事の選任及び解任	－	●	出席評議員の過半数（監事の解任は出席評議員の3分の2以上）
役員等の損害賠償施金の免除	－	●	総評議員の同意（全部免除）出席評議員の3分の2以上（一部免除）

（注）　寄附行為で決議事項として定めることができる事項

関連法令等:
医法46の4の2①②
医法46の4の4②
医法46の4の5①
医法46の5③
医法46の6の4
医法46の5の2⑤
医法47の2①
医法47の2③
医法51の2⑤
医法54の9②
モデル寄附

理事会

理事会で決議する主な事項	決議数
重要な資産の処分及び譲受け	出席理事の過半数
多額の借財	
重要な役割を担う職員の選任及び解任	
従たる事務所その他の重要な組織の設置、変更及び廃止	
役員等の損害賠償責任の免除	
基本財産の処分(担保提供を含む)	
収支予算の決定	
事業報告書等の承認	
寄附行為の変更	総理事の3分の2以上の同意
解散(目的たる業務の不能による解散)	
合併及び分割	

医法46の7③
医法46の7の2
医法51⑥
医法58の2③
医法59の2
医法60の3③
医法61の3
モデル寄附

評議員

評議員の要件

(1) 評議員に就任できる者

①医療従事者のうちから、寄附行為の定めるところにより選任された者
②病院、診療所、介護老人保健施設又は介護医療院の経営に関して識見を有する者のうちから、寄附行為の定めるところにより選任された者
③医療を受ける者のうちから、寄附行為の定めるところにより選任された者
④①～③に掲げる者のほか、寄附行為の定めるところにより選任された者

医法46の4

(2) 評議員に就任できない者

①法人
②心身の故障のため、職務を適正に執行することができない者
③医療法、医師法、歯科医師法その他医事に関する法令の規定により罰金以上の刑に処せられ、その執行を終わり、又は執行を受けることがなくなった日から起算して2年を経過しない者
④③に該当する者を除くほか、禁錮以上の刑に処せられ、その執行を終わり、又は執行を受けることがなくなるまでの者
⑤当該財団医療法人の役員又は職員

評議員の選任

評議員は、理事会において推薦した者について、理事長が委嘱する。

モデル寄附15

Introduction
課題と対応
相続税・贈与税
民法
M&A
株式評価
法人税
株式上場
会社法
医業承継
巻末資料

出資持分承継のフローチャート

医業承継の概要

　経過措置型医療法人の医業承継は「理事長ポスト（経営権）」の交代と「出資持分（財産権）」の承継で完了する。

出資持分の承継方法

　出資持分を承継する場合には、「法人形態を維持（経過措置型医療法人を維持）」するのか、「法人形態を変更（持分なし医療法人への移行）」するのか、選択する必要がある。

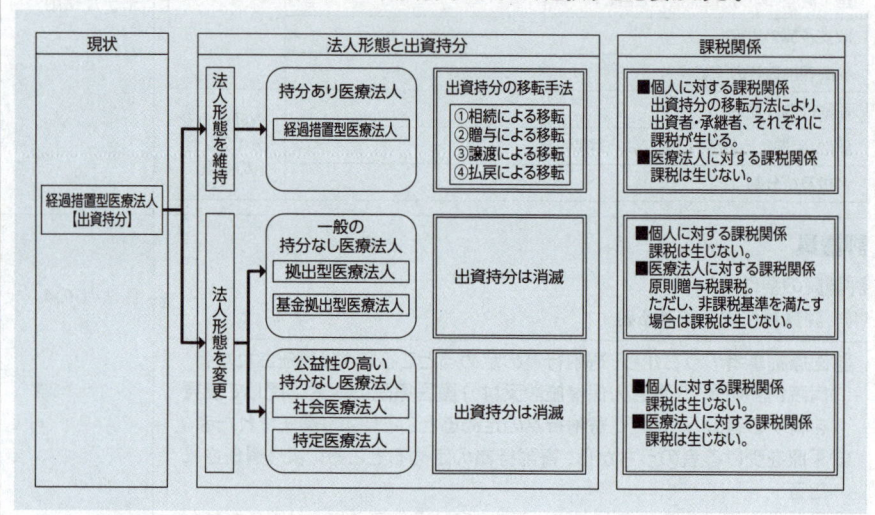

(1) 法人形態を維持（経過措置型医療法人を維持）

相続による移転	・出資者の死亡に伴い、出資者の財産である出資持分は相続人が相続することになる
贈与により移転	・贈与は当事者間の意思で成立するため、生前に両者が合意すれば、出資持分を承継することが出来る ・贈与には「暦年課税贈与」と「相続時精算課税贈与」とがあり、固有の状況にあわせて選択する
譲渡による移転	・譲渡は当事者間の意思で成立するため、生前に両者が売買に合意すれば、出資持分を承継することが出来る ・税務上、妥当な譲渡価額は時価（いわゆる第三者間で成立する価額）とされるが、親族間の譲渡の場合は恣意性の介入が懸念されるため、譲渡時の価額（時価）を相続税評価額により行うのが一般的である
払戻による移転	・直接的な承継手法ではないが、理事長交代と払戻しを組合せることで、後継者へ理事長ポストと出資持分を承継することが可能となる

(2) 法人形態を変更

出資持分は消滅	・持分あり医療法人から持分なし医療法人への移行について、種類の異なる法人への組織変更である ・当該移行は、定款変更により行うものであり、現実に解散・設立という手続がとられるものではない上、事業内容等からみた実態面でも従前の法人格が継続しているものであるから、解散・設立があったとしての課税関係は生じない ・出資者は、持分なし医療法人への移行に伴い出資持分を放棄することになる

出資持分評価額

内　容	関連法令等
評価方式の判定	財基通194-2

(1) 評価方式

医療法人の規模		評価方法
大会社		「類似業種比準価額」と「純資産価額」のいずれかを選択
中会社	大	「類似業種比準価額×0.9+純資産価額×0.1」と「純資産価額」のいずれかを選択
	中	「類似業種比準価額×0.75+純資産価額×0.25」と「純資産価額」のいずれかを選択
	小	「類似業種比準価額×0.6+純資産価額×0.4」と「純資産価額」のいずれかを選択
小会社		「類似業種比準価額×0.5+純資産価額×0.5」と「純資産価額」のいずれかを選択

(2) 医療法人の規模

①従業員数が70人以上の医療法人は大会社

②従業員数が70人未満の医療法人は、

　㋑取引高基準
　㋺従業員数を加味した総資産基準　⎫のいずれか大きい方の区分

㋑取引高基準

取引金額	会社区分
20億円以上	大会社
5億円以上 ～20億円未満	中会社の㋐
2.5億円以上　～5億円未満	中会社の㊥
6,000万円以上～2.5億円未満	中会社の㊩
6,000万円未満	小会社

□従業員数を加味した総資産基準

総資産価額 ＼ 従業員数	35人超 69人以下	20人超 35人以下	5人超 20人以下	5人以下
15億円以上	大会社			
5億円以上 15億円未満	中会社の㋐			
2.5億円以上 5億円未満		中会社の㊥		
4,000万円以上 2.5億円未満			中会社の㋭	
4,000万円未満				小会社

(3) 評価算式

①純資産価額方式

1口当たりの純資産価額＝

$$\frac{((総資産の相続税評価額－総負債の相続税評価額)－(評価差額×37\%))}{総出資口数}$$

②類似業種比準価額方式

1口当たりの類似業種比準価額＝

$$A \times \frac{\dfrac{ⓒ}{C}+\dfrac{ⓓ}{D}}{2} \times 斟酌率\begin{bmatrix} 大会社 & 0.7 \\ 中会社 & 0.6 \\ 小会社 & 0.5 \end{bmatrix} \times \frac{1口当たりの資本金等の額}{50円}$$

A＝類似業種の株価
ⓒ＝評価法人の1口当たりの利益金額
C＝課税時期の属する年の類似業種の1口当たりの年利益金額
ⓓ＝評価法人の1口当たりの純資産価額
D＝課税時期の属する年の類似業種の1口当たりの純資産価額

取引当事者間における出資持分の時価

出資持分の移転	取引関係者		出資持分の時価
相続	理事長(出資者)	個人	相続税法上の時価
贈与	理事長(出資者)	個人	相続税法上の時価
譲渡	理事長(出資者)	個人	相続税法上の時価
払戻	理事長(出資者)	医療法人	所得税法上の時価

出資持分移転の税務

相続による移転

(1) 概要

理事長（出資者）に相続が発生した場合には、後継者である相続人は払戻請求権又は出資持分を相続することになる。

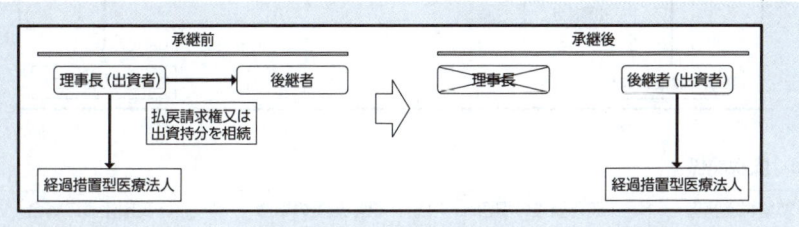

(2) 課税関係

納税義務者	払戻請求権を相続した場合	出資持分を相続した場合
被相続人 理事長	配当課税 （払戻額と出資額の差額）	－
相続人 後継者	相続税課税 （相続した払戻請求額）	相続税課税 （出資持分の時価）
医療法人	－	－

贈与による移転

(1) 概要

理事長（出資者）が出資持分を後継者に贈与する。税務上は暦年課税贈与か相続時精算課税贈与を選択することになる。

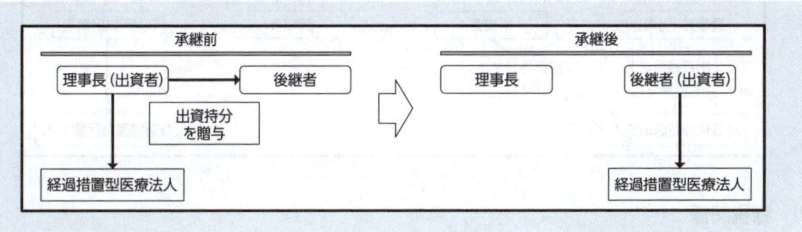

(2) 課税関係

納税義務者	暦年贈与の場合	相続時精算課税贈与の場合
贈与者 理事長	－	－
受贈者 後継者	贈与課税 （出資持分の時価）	相続税課税 （出資持分の贈与時の時価）
医療法人	－	－

Introduction
課題と対応
相続税・贈与税
民法
M&A
株式評価
法人税
株式上場
会社法
医業承継
巻末資料

譲渡による移転

(1) 概要

理事長（出資者）が出資持分を後継者に譲渡する。

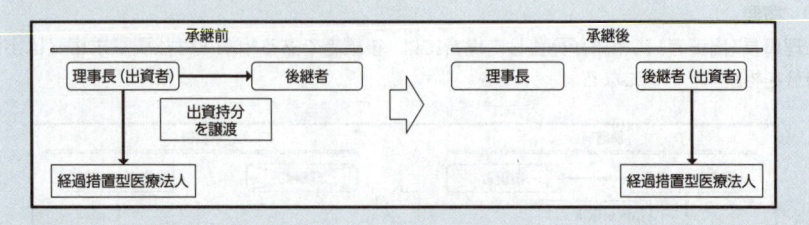

(2) 課税関係

納税義務者	時価譲渡の場合	低額譲渡の場合	高額譲渡の場合
譲渡人 理事長	譲渡所得課税 （譲渡価額と簿価の差額）	譲渡所得課税 （譲渡価額と簿価の差額）	譲渡所得課税 （時価と簿価の差額） 贈与税課税 （譲渡価額と時価の差額）
譲受人 後継者	–	贈与税課税 （時価と譲受価額の差額）	–
医療法人	–	–	–

払戻による移転

(1) 概要

理事長（出資者）が生前に退社し、出資持分の払戻を受けると同時に、後継者が改めて出資し、社員となることで出資持分の移転を完結。

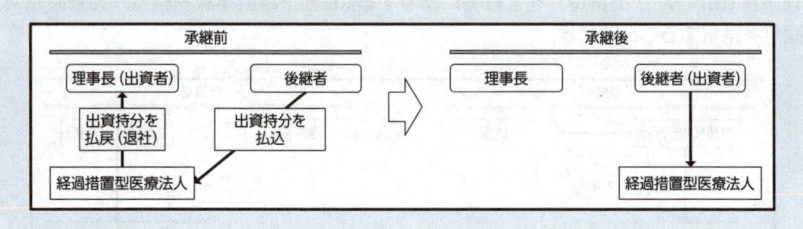

(2) 課税関係

納税義務者	時価払戻の場合	低額払戻の場合	高額払戻の場合
理事長	配当課税 （払戻請求額と出資額の差額）	配当課税 （払戻請求額と出資額の差額）	–
後継者	–	贈与税課税 （価値移転部分）	–
医療法人	–	–	–

※高額払戻は医療法第54条に抵触するため、時価払戻及び低額払戻のみ記載

拠出型医療法人又は基金拠出型医療法人への移行

内　容	関連法令等
「経過措置型医療法人」から「拠出型医療法人」への移行時課税 　出資持分を放棄するため、出資者は退社や死亡に伴う出資払戻請求権の行使、解散時の残余財産の分配請求はできなくなるが、出資持分に対する相続税の問題は解消されることになる。原則として、出資持分の放棄に伴い医療法人に贈与税が課税される。ただし、非課税基準を充たした場合は、贈与税は課税されない。 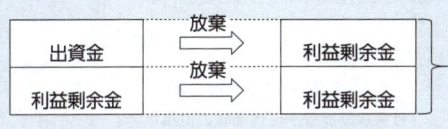	相法66④
「経過措置型医療法人」から「基金拠出型医療法人」への移行時課税 **⑴　出資持分の全額を基金へ振替える場合** 　経過措置型医療法人から基金拠出型医療法人へ移行する際、出資者が有する持分の全額を基金へと振替える場合、基金振替額のうち当初出資金を超える部分（利益剰余金に対応する部分）に対応する金額は配当とみなされ所得税が課される。 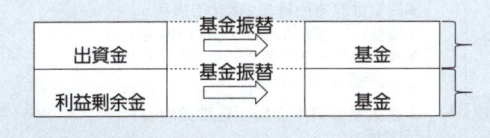	所得25①六
⑵　出資持分のうち出資金部分のみを基金へ振替える場合 　経過措置型医療法人から基金拠出型医療法人へ移行する際、出資者が有する持分のうち当初出資金部分のみを基金へと振替える場合、みなし配当課税は生じない。一方、当初出資金を超える部分（利益剰余金に対応する部分）は出資者により放棄されるため、医療法人に贈与税が課税される。ただし、非課税基準を充たした場合は、贈与税は課税されない。	相法66④

非課税基準

相令33③

　次の要件を充足する場合は、持分の放棄により出資者の親族等の相続税又は贈与税の負担が不当に減少する結果になると認められず、医療法人に対し贈与税は課税されない。

1	運営組織の適正性

(1) 定款などに定めるべき事項

理事の定数は6人以上、監事の定数は2人以上であること、役員等には、その地位にあることのみに基づき給与等を支給しないこと　等

(2) 事業運営が適正であること

贈与等を受けた法人の事業の運営及び役員等の選任等が、法令及び定款、寄附行為又は規則に基づき適正に行われていること

(3) 事業が社会的存在として認識される程度の規模を有していること

（特定医療法人と同程度の要件）		（社会医療法人と同程度の要件）
社会保険診療等に係る収入金額が全収入金額の80%を超えること		社会保険診療等に係る収入金額が全収入金額の80%を超えること
自費患者に対する請求金額が、社会保険診療報酬と同一基準により計算されること		自費患者に対する請求金額が、社会保険診療報酬と同一基準により計算されること
医療診療収入≦患者等のために直接必要な経費×1.5		医療診療収入≦患者等のために直接必要な経費×1.5
役職員1人の年間給与総額が3,600万円以下	又は	役員及び評議員に対する報酬等が不当に高額とならないように支給基準を定めること
(病院)40床以上又は救急告示病院(診療所)15床以上かつ救急告示診療所		病院又は診療所等の名称が5疾病5事業並びに居宅等における医療の確保等に係る医療連携体制を担うものとして医療計画に記載
各医療施設の差額ベット数が各医療施設毎の病床数の30%以下であること		本来業務の費用の額が経常費用の60%超

2	役員等のうち親族・特殊関係者は3分の1以下であること(定款・寄附行為にその旨の定めがあること)
3	法人関係者に対する特別の利益供与の禁止
4	残余財産の帰属先を国若しくは地方公共団体又は公益法人等に限定(定款・寄附行為にその旨の定めがあること)
5	法令違反等の事実なし

特定医療法人への移行

内　容	関連法令等
「経過措置型医療法人」から「特定医療法人」への移行時課税 　特定医療法人は公益性の高い医療法人であり、公益性を維持するための要件を充たす必要がある。なお、経過措置型医療法人から特定医療法人へ移行した場合には、移行による出資持分の放棄について出資者と医療法人のいずれにも課税は生じない。	

承認要件

(1)		厚生労働省告示で定める基準	
	①	病院を開設する医療法人にあっては(イ)又は(ロ)に、診療所のみを開設する医療法人は(ハ)に該当すること。 (イ)　40床以上（専ら皮膚泌尿器科、眼科、整形外科、耳鼻いんこう科又は歯科の診療を行う病院にあっては、30床以上） (ロ)　救急告示病院 (ハ)　救急診療所である旨を告示された診療所であって15床以上	
	②	社会保険診療等に係る収入金額が、全収入金額の80％を超えること	
	③	自費患者に対し請求する金額が社会保険診療報酬と同一の基準により計算されていること	
	④	医療診療収入の額が患者のために直接必要な経費の額（医師への給与や投薬費等）の1.5倍以内であること	
	⑤	役職員に対する年間の給与総額（給料、賃金、賞与ほかこれらの性質を有する給与の総額）が一人当たり3,600万円を超えないこと。	
	⑥	各医療施設等の差額ベッド数が当該医療施設の病床数の30％以下であること	
(2)		社員、理事・監事・評議員など役員等に占める同族割合がいずれも3分の1以下であること。（なお、理事は6名以上、監事は2名以上、評議員は理事の数の2倍以上の人数であること）	
(3)		設立者、社員、役員等又はこれらの者の親族等に対し、特別の利益を与えないこと	
(4)		寄附行為・定款に、解散に際して残余財産が国若しくは地方公共団体又は財団たる医療法人若しくは社団たる医療法人で持分の定めがないものに帰属する旨の定めがあること	
(5)		帳簿書類を備え付けてこれにその取引を記録し、かつ、当該帳簿書類を保存していること。また、その支出した金銭でその費途が明らかでないものがあることその他の不適正な経理が行われていないこと	
(6)		法令違反等の事実がないこと	

社会医療法人への移行

内　容	関連法令等
「経過措置型医療法人」から「社会医療法人」への移行時課税 　社会医療法人は公益性の高い医療法人であり、公益性を維持するための要件を充たす必要がある。なお、経過措置型医療法人から社会医療法人へ移行した場合には、移行による出資持分の放棄について出資者と医療法人のいずれにも課税は生じない。	

認定要件

医法42の2
医規30の35
の3

(1)	役員等の同族支配要件
	役員、社員又は評議員に占める同一親族の割合が、それぞれその総数の3分の1を超えないこと
(2)	救急医療等確保事業
	医療法人が開設する病院又は診療所のうち、1以上（2以上の都道府県において病院又は診療所を開設する医療法人にあっては、異なる都道府県に所在する病院と診療所が一体的に医療を提供している場合を除き、病院または診療所の所在するすべての都道府県で1以上）のものが、医療計画に記載された「救急医療等確保事業」を行っていること。この「救急医療等確保事業」とは、救急医療、災害時における医療、へき地医療、周産期医療、小児医療（小児救急医療を含む）を指し、当該事業を行う病院または診療所の構造設備、体制、実績が、厚生労働大臣の定める基準に該当する必要がある。
(3)	公的な運営に関する要件
①	理事の定数が6人以上、監事の定数が2人以上であること
②	財団医療法人の評議員は理事会が推薦した者を理事長が委嘱すること
③	理事、監事に占める同一団体に属する者の割合が、それぞれの総数の3分の1を超えないこと
④	理事、監事、評議員に対する報酬について支給基準を定めており、不当に高額でないこと
⑤	医療法人の関係者（社員、評議員、理事、監事、使用人等含む）に対し特別の利益を与えないものであること
⑥	株式会社その他の営利法人、特定の個人等に対し特別の利益を与えないものであること（公益法人等に対する公益目的事業のための寄附等を除く）
⑦	遊休財産額が本来事業損益に係る事業費用の額を超えないこと
⑧	株式等の他の団体の意思決定に関与できる財産を保有していないこと。ただし、他の団体の事業活動を実質的に支配するおそれがある場合はこの限りでない
⑨	法令違反等の事実がないこと
⑩	本来業務事業損益に係る事業費用額が経常費用額の60%を超えること
⑪	社会保険診療等に係る収入金額が、全収入金額の100分の80を超えること
⑫	自費患者に対し請求する金額が、社会保険診療報酬と同一の基準により計算されること
⑬	医療診療収入の額が患者のために直接必要な経費の額（医師への給与や投薬費等）の1.5倍以内であること
(4)	解散時の残余財産の帰属
	定款又は寄附行為において解散時の残余財産を国、地方公共団体又は他の社会医療法人に帰属させる旨を定めていること

認定医療法人制度

Introduction

課題と対応

相続税・贈与税

民　法

M&A

株式評価

法人税

株式上場

会社法

医業承継

巻末資料

内　　容	関連法令等
認定医療法人制度 　認定医療法人とは、経過措置型医療法人のうち持分なし医療法人への移行を決定し、移行計画について厚生労働大臣の認定を受けた法人をいう。 　なお、移行計画の認定期限は令和5年9月30日までとなっている。	

(1)　認定要件

		関連法令等
①	移行計画が医療法人の社員総会において議決されたものであること	平18年改正法 附則10の3④
②	移行計画が有効かつ適切なものであること	
③	移行計画に記載された移行期限が認定日から起算して3年以内であること	
④	社会保険診療等に係る収入金額が、全収入金額の100分の80を超えること	
⑤	自費患者に対し請求する金額が、社会保険診療報酬と同一の基準であること	
⑥	医療診療収入の額が、患者のために直接必要な経費の額（医師への給与や投薬費等）の1.5倍以内であること	
⑦	社員、理事、監事、使用人その他の医療法人の関係者に対し、特別の利益を与えないこと	
⑧	株式会社その他の営利事業を営む者又は特定の個人若しくは団体の利益を図る活動を行う者に対し、寄附その他の特別の利益を与える行為をしないこと（公益法人等に対する一定の利益供与を除く）	
⑨	理事及び監事に対する報酬等について、民間事業者の役員の報酬等及び従業員の給与、医療法人の経理の状況その他の事情を考慮して、不当に高額とならないような支給の基準を定めていること	
⑩	遊休財産額が本来業務事業損益に係る事業費用の額を超えないこと	
⑪	法令違反等の事実がないこと	

(2)　認定取消

		関連法令等
①	持分なし医療法人への移行に向けた取組を行っていない場合	平18年改正法 附則10の4② ③
②	認定医療法人の認定要件④～⑪を充足できなくなった場合	
③	合併以外の理由により解散した場合	
④	他の法人と合併し、消滅した場合	
⑤	分割した場合	
⑥	不正の手段により移行計画の認定を受けたことが判明した場合	
⑦	移行計画の変更について、厚生労働大臣の認定を受けなかった場合	
⑧	実施状況・運営状況を厚生労働大臣に報告しなかった、又は虚偽の報告をした場合	
⑨	移行期限までに「持分なし医療法人」へ移行できなかった場合	

出資者 (個人) に対する課税

(1) 相続税の納税猶予

相続人が経過措置型医療法人の出資持分を相続又は遺贈により取得した場合において、当該経過措置型医療法人が相続税の申告期限において認定医療法人であるときは、担保の提供を条件に、その出資持分に係る相続税が認定移行計画に記載された移行期限まで猶予される。

さらに、移行期限までに当該相続人が有する出資持分のすべてを放棄した場合には、猶予税額は免除となる。

措法70の7の12①⑪

(2) 贈与税の納税猶予

経過措置型医療法人の出資者が、出資持分を放棄したことにより、他の出資者の出資持分価値が増加した部分 (経済的利益) につき、贈与税が課される場合において、当該医療法人が認定医療法人であるときは、担保の提供を条件に、その経済的利益に対する贈与税が移行期限まで猶予される。

さらに、移行期限までに当該他の出資者 (受贈者) が有する出資持分のすべてを放棄した場合には、猶予税額は免除となる。

措法70の7の9第①⑪

(3) 納税猶予の打切事由

措法70の7の9⑤⑥
措法7の7の12⑤⑥

打切事由	納付する納税猶予額
相続人 (受贈者) に関する事由	納税猶予額の全額
・出資持分の払戻を受けた場合 ・出資持分を譲渡した場合	
認定医療法人に関する事由	納税猶予額の全額
・持分の定めのない医療法人へ移行しなかった場合 ・認定医療法人の認定の取り消しを受けた場合 ・認定医療法人が解散した場合 ・認定医療法人が合併により消滅した場合	
・基金拠出型医療法人に移行した場合 　(納税猶予対象の持分相当額のうちに、基金として拠出した部分がない場合を除く)	納税猶予額のうち、基金として拠出した額に相当する部分

(4) 相続税の税額控除

認定医療法人の出資持分を相続又は遺贈により取得した相続人が、相続税の申告期限までに出資持分の全部又は一部を放棄した場合には、放棄した出資持分に対応する相続税額を当該相続人の納付すべき相続税額から控除する。

措法70の7の13

(5) 贈与税の税額控除

贈与者が認定医療法人の出資持分を放棄したことにより、受贈者が価値移転を受ける場合に、受贈者が、贈与税の申告期限までに出資持分の全部又は一部を放棄したときは、放棄した出資持分に対応する贈与税額を当該受贈者の納付すべき贈与税額から控除する。

措法70の7の10

医療法人に対する課税

(1) 移行時課税

認定医療法人の出資者が出資持分を放棄し、認定移行計画に記載された移行期限（認定日から3年以内）までに持分なし医療法人へ移行をした場合には、医療法人が放棄により受けた経済的利益については、医療法人に対して贈与税は課されない。

措法70の7の14①

(2) 移行後課税

認定医療法人が、持分なし医療法人へ移行をした日以後6年を経過する日までの間に認定が取り消された場合には、当該医療法人を個人とみなして贈与税が課される。

措法70の7の14②

認定医療法人制度と課税関係

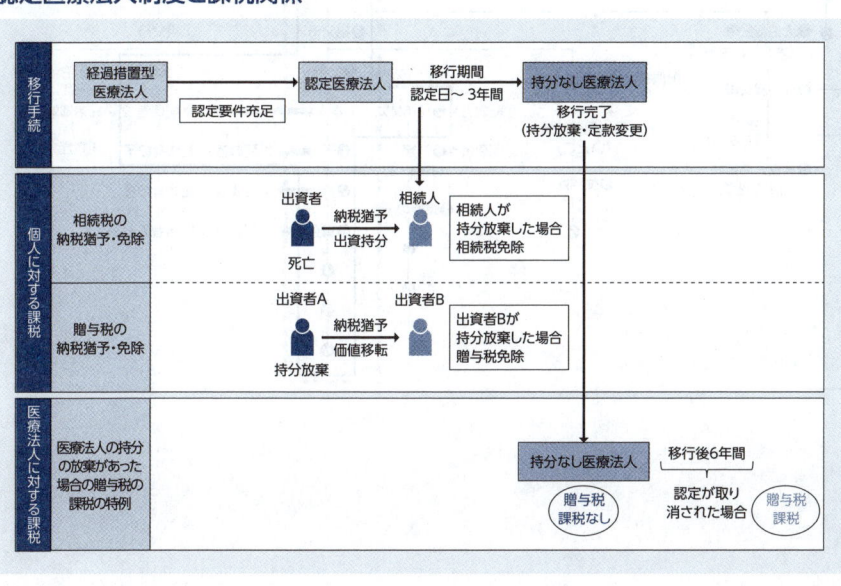

Introduction
課題と対応
相続税・贈与税
民法
M&A
株式評価
法人税
株式上場
会社法
医業承継
巻末資料

巻末資料

●親族の範囲　（民法725）

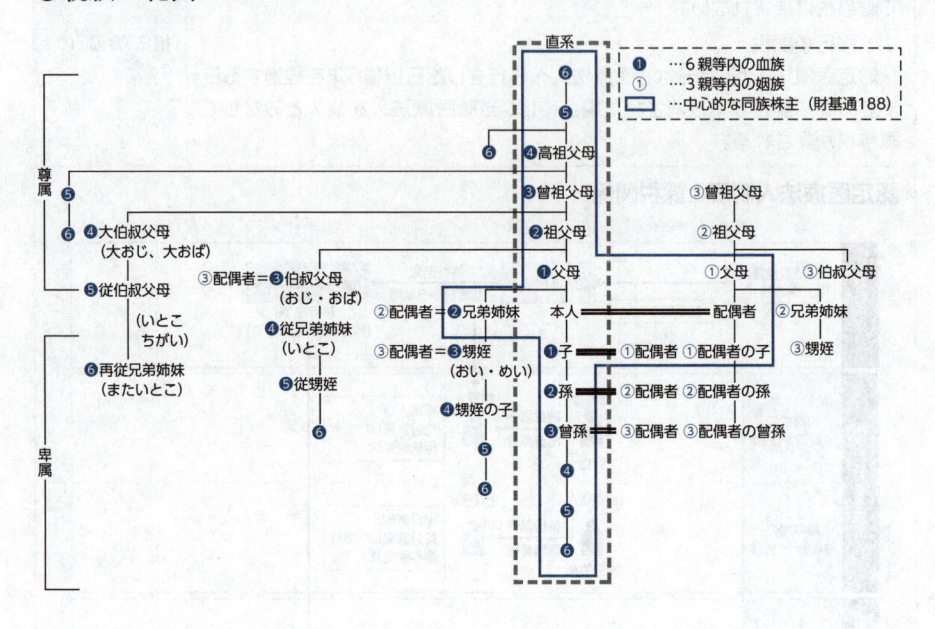

遺言書

Introduction
課題と対応
相続税・贈与税
民法
M&A
株式評価
法人税
株式上場
会社法
医業承継
巻末資料

第1条　遺言者は、遺言者の有する下記不動産を、遺言者の妻・○○○○（昭和○年○月○日生）に相続させる。

　2　遺言者の死亡開始以前又は同時に前記妻・○○○○が死亡したときは、本条記載の財産を、遺言者の長男・○○○○（平成○年○月○日生）に相続させる。

記

＜不動産の表示＞

　1　土　　　地

　　　所　　在　　○○○○

　　　地　　番　　○○番○○

　　　地　　目　　宅地

　　　地　　積　　○㎡

　2　建　　　物

　　　所　　在　　○○○○

　　　家屋番号　　○○番○○

　　　種　　類　　居宅

　　　構　　造　　○○○○

　　　床面積　　　1階　○㎡

　　　　　　　　　2階　○㎡

第2条　遺言者は、遺言者の有する下記預貯金債権その他一切の財産を長男・○○○○に相続させる。

記

　預貯金

　　（1）○○銀行　○○支店　普通預金　口座番号○○○○○○○

　　（2）○○銀行　○○支店　定期預金　口座番号○○○○○○○

　　（3）○○銀行　通常貯金　記号番号　○○○○○－○○○○○○○

第3条　遺言者は、遺言者及び祖先の祭祀を主宰すべき者として長男・○○○○を指定する。

付言事項

　…。

以上

遺産分割協議書

【被相続人の表示】

氏　　　　名：○○○○
生 年 月 日：昭和○年○月○日
死 亡 年 月 日：令和○年○月○日
最 後 の 本 籍：○○○○
最 後 の 住 所：○○○○
登記簿上の住所：○○○○

　上記被相続人○○○○（令和○年○月○日死亡）の共同相続人である相続人○○○○（昭和○年○月○日生）及び相続人○○○○（昭和○年○月○日生）との間で、被相続人の遺産につき、以下のとおり分割する旨の協議が成立した。

第1条（遺産の範囲）
　　相続人○○○○（以下「○○」という。）及び相続人○○○○（以下「○○」という。）は、被相続人の遺産及び負債が、別紙「遺産目録」（以下「遺産目録」という。）、別紙「負債目録」（以下「負債目録」という。）記載のとおりであることを確認する。

第2条（○○の取得する遺産）
　　○○は、遺産目録記載の財産を取得する。

第3条（代償金の支払）
　　○○は、遺産目録記載の財産を取得することの代償として、○○に対し、金○○万円を支払う。

第4条（支払方法）
　　○○は、前条に定める代償金○○万円を、令和○年○月○日限り、○○名義の○○銀行○○支店普通預金口座（口座番号○○○○○○○）に振り込む方法により支払う。なお、振込手数料は○○の負担とする。

第5条（債務の確認及び負担）
　1　○○は、負債目録第1ないし3の債務及び葬儀費用を、負担するものとする。
　2　○○は、負債目録第4及び5の債務を負担するものとする。

第6条（協力事項）
　　○○及び○○は、それぞれが取得した遺産の換価手続ないし名義変更手続等が円滑に行われるよう、印鑑登録証明書等の交付及び金融機関に提出する必要書類作成等当該手続に必要な協

力をする。ただし、換価手続ないし名義変更手続等に要する費用は、当該遺産を取得した者の負担とする。

第7条（協議事項）

　〇〇及び〇〇は、本協議書に定めのない財産及び債務並びに後日発見された財産及び債務の帰属は、別途協議して定めるものとする。

第8条（祭祀承継）

　〇〇及び〇〇は、被相続人の祭祀の承継者を〇〇と定め、〇〇は、その祭具及び墳墓等に関する一切の権利を取得する。

　以上の合意を証するため、本書2通を作成し、各相続人が署名・押印のうえ、各自1通を保管するものとする。

　令和　　年　　月　　日

　　　　　　　　　　　　　　　　　住所：

　　　　　　　　　　　　　　　　　氏名：＿＿＿＿＿＿＿＿＿＿＿＿＿＿＿＿　㊞

　　　　　　　　　　　　　　　　　住所：

　　　　　　　　　　　　　　　　　氏名：＿＿＿＿＿＿＿＿＿＿＿＿＿＿＿＿　㊞

※各別紙省略

Introduction
課題と対応
相続税・贈与税
民法
M&A
株式評価
法人税
株式上場
会社法
医業承継
巻末資料

株式譲渡契約書

　○○（以下「甲」という。）と○○（以下「乙」という。）は、○○株式会社（以下「対象会社」という。）の株式の譲渡について、以下のとおり契約を締結する（以下「本契約」という。）。

第1条（株式譲渡の合意）
　甲は、乙に対し、令和○年○月○日（以下「譲渡日」という。）に、甲が所有する対象会社の普通株式○株（以下「本件株式」という。）を譲渡し、乙はこれを譲り受ける。

第2条（代金）
　本件株式の譲渡代金は、金○○円（1株○円）とする。

第3条（代金の支払期限）
　乙は、甲に対し、譲渡日までに、第2条の代金を一括して甲の指定する銀行口座に振り込む方法にて支払う。振込手数料は乙の負担とする。

第4条（譲渡承認）
　甲は、譲渡日までに、本件株式の譲渡につき、対象会社の取締役会の譲渡承認を得るものとする。

第5条（名義書換）
　甲と乙は、譲渡日以降速やかに、対象会社に対し、共同して名義書換の請求を行うものとする。

第6条（合意管轄）
　甲及び乙は、本契約に関する一切の紛争については、○○地方裁判所を第一審専属管轄裁判所とすることを合意する。

本契約の成立を証するため、本書2通を作成し、甲乙それぞれ署名押印のうえ、各1通を保有する。

令和○年○月○日

　　（甲）住所
　　　　　氏名＿＿＿＿＿＿＿＿＿＿＿＿＿　　㊞
　　（乙）住所
　　　　　氏名＿＿＿＿＿＿＿＿＿＿＿＿＿　　㊞
※株券不発行会社が発行する譲渡制限株式の親族間の譲渡を想定しています。

株式贈与契約書

　○○（以下「甲」という。）と○○（以下「乙」という。）は、○○株式会社（以下「対象会社」という。）の株式の贈与について、以下のとおり契約を締結する（以下「本契約」という。）。

第1条（株式贈与の合意）
　甲は、乙に対し、令和○年○月○日（以下「贈与日」という。）に、甲が所有する対象会社の普通株式○株（以下「本件株式」という。）を贈与し、乙はこれを譲り受ける。

第2条（譲渡承認）
　甲は、贈与日までに、本件株式の贈与につき、対象会社の取締役会の譲渡承認を得るものとする。

第3条（名義書換）
　甲と乙は、贈与日以降速やかに、対象会社に対し、共同して名義書換の請求を行うものとする。

第4条（合意管轄）
　甲及び乙は、本契約に関する一切の紛争については、○○地方裁判所を第一審専属管轄裁判所とすることを合意する。

本契約の成立を証するため、本書2通を作成し、甲乙それぞれ署名押印のうえ、各1通を保有する。

令和○年○月○日

　　　　（甲）住所
　　　　　　　氏名　　　　　　　　　　　　　　　　　　　　㊞
　　　　（乙）住所
　　　　　　　氏名　　　　　　　　　　　　　　　　　　　　㊞
※株券不発行会社が発行する譲渡制限株式の親族間の贈与を想定しています。

Introduction
課題と対応
相続税・贈与税
民法
M&A
株式評価
法人税
株式上場
会社法
医業承継
巻末資料

株式譲渡承認請求書

令和○年○月○日

○○株式会社　御中

住所　東京都○区○○

氏名　○○　　　　㊞

　私は、貴社の下記株式を下記の者に譲渡したいので、ご承認をお願い致します。貴社が承認しない場合は、貴社または会社法第140条第4項に規定する指定買取人が下記株式を買い取ることを請求します。

記

1　譲渡する株式の種類及び数
　　　　　普通株式　　　○株

2　譲渡の相手方
　　　　　東京都○区○○
　　　　　株式会社○○

以上

※譲渡人からの請求を想定した書面です。

株式譲渡承認通知書

Introduction

課題と対応

相続税・贈与税

民法

M&A

株式評価

法人税

株式上場

会社法

医業承継

巻末資料

令和○年○月○日

○○様

○○株式会社
代表取締役　　○○

拝啓　時下ますますご清栄のこととお慶び申し上げます。

　令和○年○月○日、貴殿より下記のとおりの株式譲渡の承認請求を受けましたが、令和○年○月○日の取締役会の決議により、当該譲渡につき承認いたしましたので、その旨通知いたします。

敬具

記

1　譲渡する株式の種類及び数
　　　　　　普通株式　　○株

2　譲渡の相手方
　　　　　　東京都○区○○
　　　　　　株式会社○○

以上

株式名義書換請求書

令和○年○月○日

○○株式会社　御中

　貴社株式について、下記のとおり、株主名簿記載事項の書換を株式譲渡人および株式取得者の共同で請求いたします。

記

（株式に関する事項）

対象株式	普通株式
対象株式数	○株
取得事由	譲渡
取得日	令和○年○月○日

以上

株式譲渡人
　　住所　東京都○区○○
　　氏名　○○　　㊞

株式取得者
　　住所　東京都○区○○
　　氏名　株式会社○○
　　　　　代表取締役　○○　　㊞

Introduction

課題と対応

相続税・贈与税

民法

M&A

株式評価

法人税

株式上場

会社法

医業承継

巻末資料

取締役会議事録

1．日　　時：令和○年○月○日（○）　午前○時○分から午前○時○分まで
2．場　　所：東京都○○区○○○丁目○番○号　○○株式会社　本社会議室
3．取締役総数　　○名、出席取締役　　○名
4．出席取締役：代表取締役　○○○○、取締役　○○○○、取締役　○○○○
5．議　　長：代表取締役　○○○○
6．議事の経過の要領およびその結果：

　　議長は開会を宣言し、上記のとおり本取締役会のすべての議案の決議に必要となる法令及び定款に定める要件を充たしている旨を述べた。

第1号議案　株式譲渡承認の件

　　議長は、次のとおり、株式譲渡人○○○○氏から当社株式の譲渡承認請求がなされており、これを承認することとしたい旨述べ、その賛否を議場に諮ったところ、満場一致をもってこれを承認可決した。

　　なお、取締役○○○○は特別利害関係人に該当することから、本議案の審議及び議決には参加しなかった。

（1）株式譲渡人
　　住所　○○○○
　　氏名　○○○○
（2）株式譲受人
　　住所　○○○○
　　氏名　○○○○
（3）譲渡対象株式
　　当社普通株式
（4）譲渡対象株式数
　　○株

　　以上をもって本取締役会におけるすべての議案の審議を終了したので、議長は閉会を宣言した。

　　上記決議を明確にするため、本議事録を作成し、議長及び出席取締役が記名押印する。

令和○年○月○日

　　　　　　　　　　株式会社○○○○　取締役会
　　　　　議長・代表取締役　○○○○　　㊞
　　　　　　　　　出席取締役　○○○○　　㊞
　　　　　　　　　出席取締役　○○○○　　㊞

臨時株主総会議事録

1．日　時：令和○年○月○日（○）午前○時○分から午前○時○分まで
2．場　所：東京都○○区○○○丁目○番○号　○○株式会社　本社会議室
3．出席者：総株主数　　　　　　　　　　　　　　　　　　○名
　　　　　　発行済株式総数　　　　　　　　　　　　　　○株
　　　　　　議決権を有する株主総数　　　　　　　　　　○名
　　　　　　議決権を有する株主の議決権数　　　　　　　○個
　　　　　　出席株主総数（委任状による出席者も含む）　○名
　　　　　　出席株主の議決権数　　　　　　　　　　　　○個
4．議　長：代表取締役　○○○○
5．出席役員：代表取締役　○○○○、取締役　○○○○、取締役　○○○○、
　　　　　　監査役　○○○○
6．議事録作成者：代表取締役　○○○○
7．会議の目的事項並びに議事の経過の要領及び結果：
　　議長は開会を宣言し、以上のとおり本総会のすべての議案の決議に必要となる法令及び定款
　の規定に定める要件を満たしている旨を述べ、次の各議案を付議した。

第1号議案　当社株式の併合の件
　　議長は、下記のとおり議案に係る株式の併合をしたい旨述べ、株式の併合を必要とする理由に
ついて、詳細に説明を行った。
　　議長は、本議案の承認を議場に諮ったところ、出席株主の議決権の3分の2以上の賛成をもっ
て、これを承認可決した。
記

　　併合の割合　当社普通株式○株を1株に併合する。
　　効力発生日　令和○年○月○日
　　効力発生日における発行可能株式総数　○株

第2号議案　定款一部変更の件
　　議長は、第1号議案が承認可決され、本株式併合の効力が発生した場合は、発行済株式総数は
○株となり、単元株式数を定める必要がなくなるため、本株式併合の効力発生を条件として、別
紙定款変更案のとおり、定款の一部を削除し、当該変更に伴う条数の繰り上げを行いたい旨を説
明した。
　　議長は、本議案の承認を議場に諮ったところ、出席株主の議決権の3分の2以上の賛成をもっ
て、これを承認可決した。

　　議長は、以上をもって本日の議事を終了した旨を述べ、午前○時○分閉会を宣言した。

上記決議を明確にするため、本議事録を作り、議長及び出席取締役がこれに記名押印する。
令和〇年〇月〇日

株式会社〇〇〇〇　臨時株主総会
議長・代表取締役　〇〇〇〇　　㊞
出席取締役　〇〇〇〇　　㊞
出席取締役　〇〇〇〇　　㊞

※別紙定款変更案省略

税理士法人 山田&パートナーズ

人員数：795名（令和３年８月現在）

■所在地
東京本部
〒100-0005　東京都千代田区丸の内１−８−１
丸の内トラストタワーN館８階
TEL：03-6212-1660
URL：https://www.yamada-partners.gr.jp/

・国内拠点

札幌事務所	TEL：011-223-1553	京都事務所	TEL：075-257-7673
盛岡事務所	TEL：019-903-8067	大阪事務所	TEL：06-6202-5881
仙台事務所	TEL：022-714-6760	神戸事務所	TEL：078-330-5290
北関東事務所	TEL：048-631-2660	広島事務所	TEL：082-568-2100
横浜事務所	TEL：045-411-5361	高松事務所	TEL：087-823-3303
新潟事務所	TEL：025-333-9794	松山事務所	TEL：089-913-6551
金沢事務所	TEL：076-234-1511	福岡事務所	TEL：092-235-2780
静岡事務所	TEL：054-205-3210	南九州事務所	TEL：096-300-8870
名古屋事務所	TEL：052-569-0291		

・海外拠点

シンガポール	TEL：+65-6922-9097
中国(上海)	TEL：+86 (0)21-5866-0525
ベトナム(ハノイ)	TEL：+84-24-3223-4155
アメリカ(ロサンゼルス)	TEL：+1 (424)340-9415
アメリカ(ニューヨーク)	

＜令和２年業務実績＞
顧問件数：2037件（うち上場会社数：120件、うち医療機関数：128件、うち日系海外法人数：104件）
相続税申告件数：1895件
M&A 実績：123件
企業再編・企業再生実績件数：280件
国際業務関与件数：616件
相続・事業承継コンサルティング件数：1091件

弁護士法人 Y&P 法律事務所

人員数：34名(うち弁護士17名)令和３年７月現在

■所在地
〒100-0005　東京都千代田区丸の内１−８−１
丸の内トラストタワーN館８階
TEL：03-6212-1663
URL：https://www.yp-law.or.jp/

■業務内容
・会社関係
　未上場会社株式に関する法律問題の処理、組織再編・M&A、会社支配権紛争、各種
　契約書・規程の作成、労務、コンプライアンス、医療法人対応、破産・再生・特別清算・
　私的整理対応、国際取引業務、各種訴訟対応、法律顧問
・一般民事事件
　相続関係（遺産分割協議、遺留分侵害額請求、遺言作成、遺言執行、信託、国際相続等）、
　不動産関係（賃貸借、売買等）、法律顧問
・税務争訟
　税務調査対応、再調査請求、審査請求、税務訴訟

〔執筆者紹介〕

編著者　税理士法人山田&パートナーズ
佐伯　草一（税理士）

執筆者　税理士法人山田&パートナーズ

浅川　典子（税理士）	荒川　勝彦（税理士）	安藤　拓（公認会計士）
上田　峰久（税理士）	海老原　大貴	遠藤　元基（税理士）
太田　雄介（税理士）	門田　英紀（公認会計士・税理士）	金沢　東模（税理士）
木本　有紀（税理士）	楠美　智弘（税理士）	齋木　航（公認会計士・税理士）
下豊留　剛	下村　武司（税理士）	菅原　俊之
平　秀一（税理士）	田中　匠（税理士）	丹野　秀則
寺尾　絵里（税理士）	冨田　大智（税理士）	中村　耕平
西村　卓哉（税理士）	春田　憲重（税理士）	半田　生穂（税理士）
保谷　智洋（税理士）	馬瀬　洋二郎（公認会計士・税理士）	山村　雄一
横山　勝彦（税理士）	芳山　翔良（税理士）	若松　太（税理士）

弁護士法人 Y&P 法律事務所

池田　悠二（弁護士）	伊藤　彰紀（弁護士）	奥村　暁人（弁護士）
平良　明久（弁護士）	高柴　将太（弁護士）	田中　康敦（弁護士）
三宅　智啓（弁護士）		

本書の内容に関するご質問は、ファクシミリ等、文書で編集部宛に
お願いいたします。
Fax：03-6777-3483
E-mail：books@zeiken.co.jp
なお、個別のご相談は受付けておりません。

令和3年度版

事業承継インデックス

令和3年10月5日　令和3年度版第1刷印刷　（著者承認検印省略）
令和3年10月10日　令和3年度版第1刷発行

©編　者　税理士法人山田&パートナーズ
　　　　　弁護士法人 Y&P 法律事務所

発行所　税務研究会出版局
週刊 [税務通信][経営財務] 発行所
代表者　山　根　　毅

郵便番号100-0005
東京都千代田区丸の内1-8-2　鉄鋼ビルディング
当社HP ⇒ https://www.zeiken.co.jp

乱丁・落丁の場合は、お取替えします。　　　印刷・製本　奥村印刷㈱

ISBN978-4-7931-2657-4

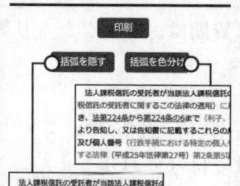